U0512161

高水平数字领域制度型开放

《数字经济伙伴关系协定》

释义解析

彭德雷 等 著

上海人民出版社

序　言

　　"开放带来进步，封闭导致落后"，坚定不移推进高水平对外开放，坚持以开放促改革、促发展、促创新，形成更大范围、更宽领域、更深层次对外开放格局，是中国式现代化的必然要求。党的二十大报告在推进高水平对外开放的战略部署中，明确指出要稳步扩大规则、规制、管理、标准等制度型开放；要致力于推动货物贸易优化升级，创新服务贸易发展机制，发展数字贸易，加快建设贸易强国。主动对接国际高标准经贸规则，是建设更高水平开放型经济新体制，加快构建新发展格局的应有之义。

　　对接国际高标准经贸规则，稳步推进制度型开放，必将不断拓展中国式现代化的发展空间。相较于商品和要素流动型开放，制度型开放具有更高的价值属性，它要求聚焦以市场规范与法治规则为代表的制度要素，在更高层次、更宽领域上主动与国际高标准规则接轨，在全面清理与新发展理念不相适应的法律法规的基础上，构建与国际贸易和投资通行规则相契合的、规范透明的基本制度体系和监管模式。

　　改革开放以来，特别是加入世界贸易组织以来，中国经济逐步融入全球市场体系，通过大幅降低进口关税和全方位对外开放国内市场，吸引了大量外国商品、资本及技术等要素的流入，为中国经济增长注入了强劲动力。然而，随着中国经济步入新的发展阶段，以及国际形势的深刻变革，我们面临的各种挑战也日益严峻，中国企业对外贸易和投资随之也面临各种新的风险挑战。在新的形势下，如何通过实施高水平开放战略，为经济高质量发展提供持续而强大的新动力，已成为摆在我们面前的一项极具挑战的工作。作为世界第二大经济体，无论从促进自身发展角度营造更加有利的外部环境，还是从负责任大国的角度推进全球经济治理体系变革，都要求我们必须坚定推进制度型开放。

　　新一轮的科技革命与产业革命方兴未艾，数字经济正成为引领世界经济增长的重要驱动力。作为制度型开放的重要内容，数字领域的制度型开放已成为建设更高水平开放型经济新体制的关键举措，更是"数字中国"建设的必然要求。构建以数据为关键要素的数字经济，推动实体经济和数字经济融合发展，成为推动高质量发展的时代要求。2023年2月，中共中央、国务院印发《数字中国建设整体布局规划》，将"建设数字中国"提升至"数字时代推进中国式现代化的重要引擎，构筑国家竞争新优势的有力支撑"的战略高度。规划明确要求完善数字经济等领域的建设，致力于构建开放共赢的数字领域国际合作格局，积极参与数据跨境流动等相关国际规则的构建。

中国正式提出加入《数字经济伙伴关系协定》(DEPA)的进程，是坚定推进制度型开放的具体体现，对于经济高质量发展具有重要意义。加快与DEPA高标准数字规则对接，有利于中国以更加积极的姿态推动科技交流合作，加快落实《亚太经合组织互联网和数字经济路线图》，进而助推亚太自贸区数字经济规则的形成，构建开放型亚太经济和世界经济。

首先，中国加入DEPA有助于系统集成近年来中国在数字领域取得的改革成果，明确未来的改革发展方向。目前，中国将自贸试验区作为制度型开放的重要载体，在制造业和服务业等核心经济领域积极推进数字化转型。国务院印发的《全面对接国际高标准经贸规则推进中国（上海）自由贸易试验区高水平制度型开放总体方案》等文件，均体现了中国在服务贸易扩大开放、货物贸易自由化便利化、实施高标准数字贸易规则、加强知识产权保护、推进相关"边境后"管理制度改革以及强化风险防控体系建设等方面的坚定决心。通过加入DEPA，中国可以将国内的制度改革经验推向国际舞台，从而助推中国制度型开放。其次，DEPA作为数字经济领域的国际合作框架，将为中国带来更多发展机遇与合作空间。通过加入DEPA，中国可以引进更多先进技术和管理经验，促进数字技术与实体经济深度融合，优化产业结构，培育新的经济增长点，激发市场创新活力，从而实现更高水平的对外开放。最后，加入DEPA的谈判将为后续加入CPTPP等协定的谈判奠定基础。DEPA所涵盖的数字产品非歧视待遇、监管一致性等内容，在很大程度上延续了CPTPP中的高标准数字规则。通过加入 DEPA，中国将在新发展格局下加强与各成员的数字经济合作，为未来参与 CPTPP 等更高层次的谈判做好充分准备。

从国际层面看，作为世界上最大的发展中国家和数字经济大国，中国积极参与 DEPA 进程对全球治理规则和体系，尤其是数字经济领域的全球治理具有重要意义。其一，中国加入 DEPA 将增强该数字经济协定的代表性和影响力，推动更多国家参与数字经济治理，共同构建开放、包容、普惠、平衡、共赢的数字经济合作架构。目前，数字经济领域的国际规则和标准的制定尚处于起步阶段，各国之间的规则差异和分歧较大。中国加入 DEPA 后可以更加深入地参与国际相关规则的制定，贡献中国的智慧和方案，推动形成更加公正、合理、有效的数字经济规则体系，缩小数字鸿沟。其二，中国加入 DEPA 将促进国际数字贸易的发展。DEPA 致力于消除数字贸易壁垒，推动数字产品和服务的自由流通。中国作为世界上最大的数字产品和服务市场之一，加入 DEPA 将有助于推动全球数字贸易的发展，促进各国之间的互利共赢。

彭德雷教授领衔的《高水平数字领域制度型开放——〈数字经济伙伴关系协定〉释义解析》一书出版，本书作为国内较早系统性研究 DEPA 的理论成果，从数字领域制度型开放和国际法视角对 DEPA 高标准数字规则进行释义解析，有助于激发实务界与理论界对相关问题的深入探讨，也有助于社会各界更加清晰地理解国际高标准数字规则，从而加强对开放工作的战略性、技术性、前瞻性规划，提升运用国际规则和参与全球治理的能力。因此，本书的出版可谓正逢其时，意义重大。

阎海峰

华东理工大学副校长、教授

相关阅读

附　录

前　言

　　党的二十大报告指出，要推进高水平对外开放，稳步扩大规则、规制、管理、标准等制度型开放，加快建设贸易强国，推动共建"一带一路"高质量发展，维护多元稳定的国际经济格局和经贸关系。高水平对外开放是新时代中国经济高质量发展的重要战略选择，是在更高起点上全面深化改革开放，在制度层面寻求开放红利，实现经济高质量发展的关键之举。制度型开放是高水平对外开放的重要依托。制度型开放是相对于商品和要素流动型开放的一个新的概念，以国内制度安排与高水平国际经贸规则对标与衔接为主要目标。在过去，商品和要素流动型开放重在"边境开放"，突出表现为降低关税、压缩成本、提供政策优惠；而新发展阶段的制度型开放则重在"边境内开放"，主要表现为在知识产权、绿色环保、人才流动、争端解决、数据流动等制度层面主动进行升级迭代，与门槛越来越高的国际经贸新规则相接轨，实现更深层次的制度机制改革与更高水平的对外开放范式更新。

　　数字领域开放是制度型开放的核心之一。当前，数字经济已成为全球经济发展的主要动力，与之相关的国际规则处于不断更新变动的过程之中。《中共中央关于制定国民经济和社会发展第十四个五年规划和二〇三五年远景目标的建议》明确提出中国要发展数字经济，推进数字产业化和产业数字化，积极参与数字领域国际规则和标准的制定，对新发展阶段中国数字领域的制度型开放指明了基本道路。与全球核心数字经济规则有效对接是实现我国数字领域制度型开放的关键，而《数字经济伙伴关系协定》（以下简称"DEPA"）则是当前全球数字经济高标准规则的重要标杆，对标乃至超越 DEPA 规则成为中国实现数字领域的高水平制度型开放的必由之路。

　　DEPA 是当前最为全面的全球首份数字经济区域协定，由新西兰、新加坡和智利于 2020 年 6 月签署。DEPA 旨在为数字经济制定前瞻性标准，以支持数字时代的数字经济和贸易发展，其主要特点是设定了便利性条款而非约束性规则，意图提供一个关于数字经济的政府间合作框架。DEPA 由 16 个主题模块构成，涵盖商业和贸易便利化、处理数字产品及相关问题、数据问题、更广阔的信任环境、商业和消费者信任、数字身份、新兴趋势和技术、创新和数字经济、中小企业合作、数字包容、透明度和争端解决等。其中最具特色的条款包括：（1）数字贸易便利化：数字身份认证（Digital Identity）、无纸化贸易（Paperless Trade）、电子发票（E-Invoicing）、金融科技与电子支付（Fintech and E-payment）；（2）数据跨境流动与创新：个人信息保护（Personal Information Protection）、跨境数据流动（Cross-border Data Flows）、政府信息公开（Open Government Data）、信息创新与监管沙盒机制（Data Innovation and Regulatory Sandboxes）；（3）构建值得信赖的数字环境，促进中小企业和民众数字参与程度：人工智能（AI）、线上消费者保护（Online Consumer Protection）、中小企业合作（SME Cooperation）、数字包容性（Digital Inclusivity）等。

2021 年 10 月，中国正式决定申请加入 DEPA。2022 年 8 月，根据 DEPA 联合委员会的决定，中国加入 DEPA 工作组成立，中国加入 DEPA 的谈判全面推进。截至 2024 年 3 月，中国与 DEPA 成员在各层级已举行了十余次部级层面的专门会谈和四次首席谈判代表会议。后续谈判工作组将由智利担任主席方，这意味着中国加入 DEPA 的进程步入了实质性阶段。下一步谈判工作组将审查中国的加入请求，并就加入承诺等进行讨论和相关谈判，届时可能涉及国内法律和政策的修改问题。加入 DEPA 对中国数字领域制度型开放具有重要意义，不仅有助于借此契机系统集成梳理近年来中国在数字领域的改革成果，明确下一步改革发展方向，还有助于进一步推动中国数字治理规则和治理体系的全面建立，提升中国在区域乃至国际数字规则的法律话语权与市场创新活力，提升中国的数字经济竞争力，助推亚太乃至全球数字经济规则的形成，推动亚太自贸区建设等。

在国内层面，中国已就对接并实施 DEPA 规则开展试点工作。2023 年 6 月 1 日，国务院印发《关于在有条件的自由贸易试验区和自由贸易港试点对接国际高标准推进制度型开放的若干措施》，其中指出，下阶段我国将重点聚焦货物贸易、服务贸易、商务人员临时入境、数字贸易、营商环境、风险防控六个方面，制定并实施具体试点措施和风险防控举措，充分发挥自贸试验区和自贸港的改革开放综合试验平台作用，主动对接国际高标准经贸规则，深化重点领域改革，积极推动制度创新，为更高水平和更高质量的对外开放探索路径、积累经验。该措施的颁布标志着我国正式进入了对接 DEPA 的实验运行阶段。2023 年 11 月 26 日，国务院印发《全面对接国际高标准经贸规则推进中国（上海）自由贸易试验区高水平制度型开放总体方案》，要求上海自贸试验区全面实施自由贸易试验区提升战略，主动对标国际规则，率先在试验区内试点实施高标准数字经贸规则，实现以更高水平压力测试推进制度型开放。2024 年 3 月 22 日，国家互联网信息办公室公布的《促进和规范数据跨境流动规定》正式施行，标志着中国在促进和规范数据跨境流动领域迈出了坚实的一步，也为全球数据跨境流动治理贡献了中国智慧与方案。

为了更准确地理解 DEPA 条款，我们组织国内的资深专家、青年学者编写了这一部释义。本书不仅对 DEPA 条文进行逐条阐释，还将 DEPA 与《全面与进步跨太平洋伙伴关系协定》（CPTPP）、《区域全面经济伙伴关系协定》（RCEP）等相似规则进行了对比分析，希望能对中国申请加入 DEPA、对接高水平国际数字经贸规则、不断提升对外制度型开放水平等工作有所帮助。本书由华东理工大学法学院院长彭德雷教授领衔，统领全书的选题框架、主题分配、阐释方法与阶段进展，组织、指导多轮研讨与审阅。上海交通大学凯原法学院孙安艺，华东理工大学法学院刘慧讲师，福建农林大学公共管理与法学院王达坡副教授，华东理工大学商学院张子琳、陆征征，同济大学法学院严驰，华东理工大学法学院闻凯、席鹤立、侯佳静、仇默苒、娄岩、徐娟、向彦霖、杨李潼画、刘永亮等参与了本书相关内容的讨论、初稿撰写工作，彭德雷、孙安艺、王达坡对初稿作了进一步校对、完善并最终定稿。本书在撰写的过程中，也进行了多次的专题研讨工作，包括召开"上海自贸试验区成立十周年暨中国式现代化与制度型开放系列研讨会"等系列活动，撰写者也赴中国（上海）自由贸易试验区管理委员会、中国（上海）自由贸易试验区临港新片区管理委员会、上海数据交易所、上海证券交易所、上海临港新片区跨境数据科技有限公司等有关单位进行调研访谈。本书的撰写得到了商务部世界贸易组织司原司长洪晓东、南京大学法学院院长彭岳教授、华东政法大学国际金融法律学院院长贺小勇教授、上海交通大学凯原法学院胡加祥教授、复旦大学法学院龚柏华教授、海南大学法学院韩龙教授、广东外语外贸大学广东国际战略研究院陈伟光教授、上海市人大常委会法工委副处长林圻、阿里研究院副院长欧阳澄、腾讯政策研究总监王优酉、上海临港新片区跨境数据科技有限公司总经理李晶、副总经理张启心等专家学者和实务部门人士的大力支持。感谢华东理工大学法学院郑依彤、任虎、祝宁波、魏圣香、肖梦黎、粟瑜、苏今等就相关内容的交流启发。华东理工大学法学院吕丹丹、徐静也提供了帮助。当然，尽管参与编写的各位作者都认真负责，但是由于时间匆忙、水平有限，难免有错误与遗漏之处，欢迎社会各界批评指正。

　　最后，特别感谢上海市浦东新区发展和改革委员会肖林主任、郑海鳌处长等各位领导在研究过程中的指导和支持。感谢上海人民出版社冯静编辑、宋子莹编辑对本书进行的精心编辑，方使得本书得以面世。

《数字经济伙伴关系协定（DEPA）》序言

序言：

本协定缔约方，决心：

认识到数字经济的重要性，并认识到持续的经济成功取决于它们利用技术进步改善现有业务、创造新产品和新市场以及改善日常生活的综合能力；

认识到互联网及其开放结构作为数字经济的推动者和全球创新催化剂的全球价值；

认识到标准、特别是开放标准，在促进数码系统之间的可交互操作性和提升增值产品和服务方面的作用；

忆及联合国2030年可持续发展议程中的可持续发展目标，特别是目标8和目标9；

认识到数字经济对促进包容性经济增长的重要性；

认识到有必要利用先进技术为所有人带来利益；

认识到有必要确定数字经济中与贸易有关的壁垒，并有必要相应更新全球规则；

认识到数字经济正在发展，因此本协定及其规则与合作也必须持续发展；

认为数字经济政策的有效国内协调可以进一步促进实现可持续经济增长；

认识到它们在与数字经济有关的事项方面的相互依存关系，并认识到作为主要的网络经济体，在保护关键基础设施和保证安全可靠的互联网以支持创新和经济社会发展方面的共同利益；

确认致力于在与数字经济有关事项方面开展伙伴合作；

> 认识到它们固有的监管权利，并决心保持缔约方在制定法律法规重点、保障公共福利和保护合法公共政策目标方面的灵活性；
>
> 以及重申促进企业社会责任、文化认同和多样性、环境保护、性别平等、原住民族权利、劳工权利、包容性贸易、可持续发展和传统知识以及维护其为公共利益而进行监管的权利的重要性。

释义

《数字经济伙伴关系协定》（以下简称"DEPA"）序言部分阐述了DEPA 的缔约背景，强调了数字经济对促进包容性经济增长和推动可持续发展的重要性，同时探讨了数字经济发展中涉及的贸易壁垒、网络安全及国家规制等核心议题。DEPA 由新西兰、智利和新加坡三国于 2019 年 5 月共同发起，并于 2020 年 6 月签署。该协定致力于深化缔约方之间的数字经贸合作并建立相关规范，是全球首份数字经济区域协定。[①]

2021 年 10 月 30 日，中国国家主席习近平在出席二十国集团领导人第十六次峰会时宣布，中国已决定正式申请加入 DEPA。随后，中国政府按照既定程序，向 DEPA 保存方新西兰提交了书面加入申请。2022 年 8 月 18 日，根据 DEPA 联合委员会的决议，中国加入 DEPA 工作组正式成立，全面启动并推进中国加入 DEPA 的谈判进程。这一重要举措不仅有利于深化数字经济领域的国际合作，更将促进创新和可持续发展，为相关国家带来实质性利益与贡献。[②] 截至 2024 年 3 月，中国就加入 DEPA 已顺利完成十余轮的部级谈判、司局级谈判和技术层谈判，并与 DEPA 缔约方完成了所有条款的初步探讨。2024 年 3 月 26 日，中国加入 DEPA 工作组举行了第四次首席谈判代表会议，中方与新西兰、智利、新加坡和已完成加入谈判的韩国就下一阶段谈判工作计划和数字经济领域合作等深入交换了

---

① New Zealand Ministry of Foreign Affairs and Trade, The Digital Economy Partnership Agreement is a New Initiative with Chile and Singapore, https://www.mfat.govt.nz/en/trade/free-trade-agreements/free-trade-agreements-in-force/digital-economy-partnership-agreement-depa/overview/.

② 《中国加入〈数字经济伙伴关系协定〉(DEPA) 工作组正式成立》，载中华人民共和国中央人民政府官网，http://www.gov.cn/xinwen/2022-08/23/content_5706451.htm，访问日期 2023 年 5 月 24 日。

意见。①

　　DEPA 序言首先强调了数字经济的重要性。当前，全球数字经济正蓬勃发展，中国信息通信研究院于 2017 年将数字经济定义为"以数字化的知识和信息为关键生产要素，以数字技术创新为核心驱动力，以现代信息网络为重要载体，通过数字技术与实体经济深度融合，不断提高传统产业数字化、智能化水平，加速重构经济发展与政府治理模式的新型经济形态"。②2016 年，二十国集团领导人在第十一次峰会上（杭州峰会）通过了《二十国集团数字经济发展与合作倡议》，其中明确指出："数字经济是指以使用数字化的知识和信息作为关键生产要素、以现代信息网络作为重要载体、以信息通信技术的有效使用作为效率提升和经济结构优化的重要推动力的一系列经济活动。"③中国国家统计局在《数字经济及其核心产业统计分类（2021）》文件中，也基本沿用了上述数字经济的定义。

　　在国际层面，唐·塔普斯科特（Don Tapscott）于 1996 年在其出版的《数字经济：网络智能时代的前景与风险》（*The Digital Economy: Promise and Peril in the Age of Networked Intelligence*）一书中首次提出数字经济（Digital Economy）的概念，他指出，与传统经济中以实体方式呈现信息流不同，在新经济形态中信息以数字方式呈现，因此数字经济在本质上等同于新经济或知识经济。④1998 年，美国商务部发布了一份关于数字经济的报告，数字经济的提法正式成型。鲁马纳·布柯特（Rumana Bukht）和理查德·希克斯（Richard Heeks）指出，数字经济是由数字技术推动的，主要基于数字产品或服务的商业模式所创造的经济产出。他们以数字技术

---

① 《中国加入〈数字经济伙伴关系协定〉工作组第四次首席谈判代表会议在线举行》，载中华人民共和国商务部官网，http://gjs.mofcom.gov.cn/article/dongtai/202403/20240303486578.shtml，访问日期 2024 年 3 月 30 日。

② 参见中国信息通信研究院：《中国数字经济发展白皮书（2017）》，http://www.caict.ac.cn/kxyj/qwfb/bps/201804/P020170713408029202449.pdf，访问日期 2023 年 5 月 24 日。

③ 参见《二十国集团数字经济发展与合作倡议》，载中共中央网络安全和信息化领导小组办公室官网，http://www.cac.gov.cn/2016-09/29/c_1119648520.htm，访问日期 2023 年 5 月 24 日。

④ Tapscott Don. *The Digital Economy: Promise and Peril in the Age of Networked Intelligence*. New York: McGraw-Hill, 1996.

应用程度为基准，进一步将数字经济分为三个层次：首先是核心层，涵盖软件制造业、信息服务等关键行业；其次是扩展层，包括除核心部门外，由信息通信技术（ICT）催生的新型商业模式，如平台经济、共享经济、数字服务等；最后是最外层，涵盖所有基于数字技术的经济活动，既包括核心层和扩展层，也包括工业4.0、精准农业、电子商务等。① 这种划分方法有助于更准确地理解数字经济的内涵和构成。美国商务部经济分析局则将数字经济定义为：计算机网络存在和运行所需的数字基础设施，通过此类系统进行的数字交易，以及数字经济用户创造和访问的内容。据此，数字经济被分为三大组成部分：一是基础设施，包括硬件、软件和相关支撑设施三个子行业；二是电子商务；三是收费的数字服务，包括云服务、数字中介服务和其他收费数字服务三个子行业。②

DEPA序言进而指出"认识到互联网及其开放结构作为数字经济的推动者和全球创新催化剂的全球价值"，突出了互联网在推动数字经济发展中的核心地位。众所周知，"互联网之父"、美国计算机科学家罗伯特·卡恩（Robert Kahn）发明了传输控制协议（TCP），并与温顿·瑟夫（Vinton Cerf）共同开发了网际协议（IP）。这两项协议在全球互联网数据传输中发挥着至关重要的作用。除此之外，卡恩还提出了"数字对象体系架构"（Digital Object Architecture，以下简称"DOA"）的概念，对互联网演进具有深远影响。传统的互联网是树状结构，根节点位于美国，DOA旨在打破国界制约，实现互联网向"多中心开放结构"的转变，即构建一个去中心化、多节点的开放网络架构。③

互联网及其开放结构建立在标准接口、协议、基本数据格式和统一标识符的基础上。④ 计算机网络系统的开放性得益于互联网与各类网络互联

---

① Rumana Bukht and Richard Heeks. Defining, Conceptualising and Measuring the Digital Economy. GDI Development Informatics Working Paper, 2017.

② 参见美国商务部官网，https://www.commerce.gov/data-and-reports/reports/2014/01/digital-economy-and-cross-border-trade-value-digitally-deliverable-services，访问日期2023年5月24日。

③ 参见《"互联网之父"罗伯特·卡恩：数字未来不可预测　唯有做好准备》，载央广网，http://news.cnr.cn/dj/20171215/t20171215_524063565.shtml，访问日期2023年5月24日。

④ Raul Rojas: Encyclopedia of Computers and Computer History. Chicago: Fitzroy Dearborn, 2001.

设备的协同作用，这些设备包括但不限于路由器、集线器、局域网、交换机和网关设备等。以互联网为代表的计算机互联网结构正是开放结构的具体体现，其他开放结构还包括云架构（Cloud Architecture）、分层架构（Layered Architecture）和微核架构（Microkernel Architecture）等多种形式。互联网及其开放结构不仅提升了网络的安全性和可靠性，更实现了跨越不同网络边界的数据传输与流通，丰富了信息传播的形式与途径。正因如此，它打破了传统贸易在时间和空间上的束缚，成为数字经济发展的重要推动力和全球创新的催化剂。

DEPA 序言亦指出，"认识到标准、特别是开放标准，在促进数码系统之间的可交互操作性和提升增值产品和服务方面的作用"。开放标准的核心在于推进数字经济领域的标准合作，通过制定标准化的数据格式等实现数据之间的无缝连接，进而促进数字经济一体化发展。可交互操作性作为一项核心特性，强调不同数字系统之间应具备的相互兼容与协同工作（即相互操作）的能力。可交互操作性的实现有赖于一套稳定的开放标准的确立与普及。DEPA 倡导各类程序系统采用统一的交换格式和开放的交换标准，以此来加强数据交换的效能，推动数字经济的持续繁荣与发展。

DEPA 序言特别谈及联合国 2030 年可持续发展目标，特别是目标 8 和目标 9。可持续发展目标（Sustainable Development Goals，以下简称"SDGs"）已成为国际社会普遍关注的议题，它代表着人类命运共同体下具有全球共识的战略目标，指引着各国共同迈向可持续发展的未来。SDGs 针对长期以来全球所面临的共同挑战和问题，公布了一份旨在增进全人类福祉的行动清单，共涵盖 17 项具体发展目标。在 2000 年至 2015 年的联合国千年发展目标（MDGs）到期后，2015 年，联合国 193 个成员国在峰会上正式通过了这 17 项可持续发展目标。这些目标致力于在 2015 年至 2030 年间，以综合方式全面解决社会、经济和环境三个维度的发展问题，推动全球转向可持续的发展道路。其中，第 8 项目标（Decent Work and Economic Growth）旨在推动持久、包容、可持续的经济增长，实现充分和生产性就业，确保每个人都能够享有体面的工作。第 9 项目标（Industry, Innovation and Infrastructure）则着重于构建具备风险抵御能力的基础设施，推动包容的可持续工业发展并促进创新。这两大目标都与数字经济的发展息息相关，是实现经济繁荣和社会进步的重要支柱。

DEPA 序言强调"数字经济对促进包容性经济增长的重要性"。包容性经济增长强调经济增长的普遍性和公平性，让更多人得以分享经济发展的成果。数字经济作为数字化时代的新型经济形态，打破了传统经贸模式的地域限制，为偏远地区和弱势群体提供了更多参与经济活动的机会，能更高效地实现资源的优化配置。同时，数字经济降低了创业和创新的门槛。例如，许多互联网企业和初创公司只需要少量资金和一台电脑就可以开始运营。这种低门槛为更多人提供了创业和创新的机会，进一步促进了包容性经济增长。此外，依托互联网平台的数字经济极大促进了知识传播和技能普及，有助于缩小不同群体之间的技能差距，提高整体劳动力素质。但在数字经济时代，"数字鸿沟"成为阻碍包容性经济增长的一大挑战。对此，应加强数字基础设施建设，采取切实有效的措施缩小"数字鸿沟"，进一步激发数字技术的创新活力，还应积极培育经济新业态，提升公共服务水平，推动产业结构优化升级，协调数字经济"质"和"量"的发展，发挥数字经济在促进包容性经济增长中的重要引擎作用。

DEPA 缔约方也深刻认识到，发展先进数字技术能够推动社会生产方式变革，促进社会生产力发展，为全球人民带来更大的好处、更多的利益。先进数字技术的广泛应用，使传统产业得以改造升级，新兴产业也应运而生，为各行各业带来了前所未有的发展机遇，也为消费者带来了更加便捷、个性化的消费体验。例如，在线教育、远程医疗等新型服务模式的出现，使人们在家中就能享受到优质的教育和医疗资源。同时，在数字技术的驱动下，社会运行更加合理、更有动力，有助于建立新的社会秩序与规则。例如，区块链技术的运用，为信息追溯、防伪溯源等提供了有效手段；大数据技术为政府决策提供了有力支持，使政策制定更加科学、精准，提升了社会公共服务的效率和质量。

DEPA 序言表达了对当前数字经济领域与贸易相关的壁垒的关切，并强调相关规则更新和完善的必要性。2014 年，美国国际贸易委员会（USITC）在其第二版《美国与全球经济的数字贸易》报告中列举了数字贸易壁垒的七种主要形式，包括本地化要求、市场准入限制、数据和隐私保护、知识产权侵权、不确定的法律责任、审查措施以及海关措施。① 尽管这些数字贸易壁垒较为突出，但仍存在其他多种形式的贸易壁垒。因此，有必要及时、合理地更新相应的全球规则以消除贸易壁垒，促进数字经济的有序发展。缔约方应共同抵制贸易保护主义倾向，协调各方利益，增强贸易新动能，为构建新型全球数字贸易规则而共同努力。

当前，数字经济正迎来新的发展机遇。多边治理平台致力于推动以"共识"为基础的数字经济发展，中国坚守多边主义立场，坚持以发展为导向，强调开放包容原则，积极推动构建新的全球性数字经济规则体系。在数字经济谈判中，议题应当由简入繁，避免部分发达国家的高标准对发展中国家构成"发展壁垒"。同时，应提升政策透明度，努力构建规范、便利、安全、可信的交易和市场环境，消弭数字鸿沟，促进多方协商性谈判的开展。中国积极参与数字经济规则谈判，既顺应了全球数字经济领域的国际发展趋势，也有助于推动全球经济治理体系向更加公正、合理、有效的方向变革，从而发挥负责任大国的作用。②

DEPA 序言亦强调数字经济政策的有效国内协调对于实现可持续经济增长的重要性。在国内层面，通过加强政府、企业和社会各界的沟通与协作，创新协同治理模式，能够有效提升数字经济政策的执行效率。国内协调还能促进资源合理配置，避免资源浪费，为数字经济的可持续发展奠定坚实基础。同时，在国际层面加强各国数字经济政策的有效协调，有助于共同应对数字经济带来的挑战，推动全球数字经济的健康发展。

DEPA 强调数字经济的发展离不开各方的协同合作，同时认识到保护关键基础设施和网络安全对于数字经济繁荣的重要性。随着数字技术的广泛应用，关键基础设施如电力、交通、通信等日益数字化，网络安全问题也随之凸显。一旦这些基础设施遭受攻击或破坏，不仅会影响数字经济的

---

① See United States International Trade Commission (USITC), Digital Trade in the U. S. and Global Economies, Part 2, August 2014, https://www.usitc.gov/publications/332/pub4485.pdf.

② 《构建全球数字经济规则》，载求是网，https://m.gmw.cn/baijia/2019-07/15/32997225.html，访问日期 2023 年 6 月 7 日。

正常运行，还可能对国家安全和社会稳定造成严重影响。因此，各方必须共同努力，加强关键基础设施的安全防护和网络安全治理，确保关键基础设施安全可靠，提升网络的安全性与稳定性，从而为数字经济的平稳运行提供坚实的安全保障，推动技术革新，助力经济社会稳步发展。

DEPA 敦促缔约方积极开展数字经济伙伴关系合作。新加坡、新西兰和智利已在多个层面建立了稳固的沟通机制。中国亦致力于探索跨境数字治理框架的最优路径，积极开展双边与多边数字治理合作，为全球数字经济的稳步发展、贸易投资的持续增长以及经济的全面复苏作出了显著贡献。中国加入 DEPA 不仅将为各方带来更加广阔的市场机遇，巩固缔约方间的数字经济合作纽带，为企业与民众带来更大福祉，同时也将有力推动亚太地区乃至全球数字经济的开放融合与长期繁荣。积极参与构建国际数字经济伙伴关系，能够有效弥合数字鸿沟，明确数字经济的合作方向和重点领域，为数字经济合作迈上新的台阶奠定基础。

DEPA 再次强调了缔约方的监管权利和在保护合法公共政策目标方面的自主权。这一表态不仅体现了 DEPA 对缔约方主权的尊重，也为缔约方在数字经济领域提供了更大的发展空间。在数字经济蓬勃发展的当下，信息共享更加便捷，数字交流更加通畅。然而，这并不意味着数字经济活动可以不受监管、为所欲为。数字经济领域的监管涉及数据安全、个人隐私、知识产权保护等多个方面，对于维护市场秩序、保护消费者权益、防范金融风险等具有不可替代的作用。保障缔约方固有的监管权利，是促进数字经济发展、落实 DEPA 条款的重要保证。缔约方在制定法律法规与福利政策等方面保留灵活性与自主权，不仅不会妨碍协定的正常运行，还能兼顾各方的特殊情况和差异化需求，促进数字技术创新，进而调动缔约方在数字经济治理过程中的积极性、主动性和创造性，为各国数字经济发展提供持续动力和保障。

DEPA 重申了促进企业社会责任、文化认同和多样性、环境保护等价值理念。数字经济时代，数字技术不仅使得企业的社会责任行动变得容易和高效，也使企业的履责行为变得更为透明和可追溯。企业可以充分利用新一代的数字技术赋能业务流程、商业模式，在获取新发展机遇的同时，帮助社会解决更多问题，促进企业与社会的可持续发展。

　　DEPA 序言彰显了以人为本的价值理念，强调数字经济发展中的性别平等、原住民族权利、劳工权利、保护公共利益等价值导向。对于性别平等而言，数字时代的到来是一个机遇。数字技术的发展催生了更多脑力劳动岗位，体力和生理的差异不再构成女性参与工作的障碍，机械化、自动化、人机协作等使得女性获得更多的工作机会。数字技术的发展促进了企业用工模式的变化，大量的线下业务逐渐向线上转移，开辟了就业新渠道。新业态的发展使得市场对人才的需求扩大，为社会增加了就业及创业机会。

模块1：初始条款和一般定义

第1.1条：范围

1. 本协定应适用于一缔约方采取或维持的，在数字经济中影响贸易的措施。

2. 本协定不得适用于：

（a）为行使政府权力而提供的服务；

（b）金融服务，但第2.7条（电子支付）除外；

（c）政府采购，但第8.3条（政府采购）除外；或

（d）由一缔约方或以其名义持有或处理的信息，或与该信息相关的措施，包括与信息收集相关的措施，但第9.5条（政府公开数据）除外。

释义

DEPA第1.1条通过正面定义与否定列举的方式，对DEPA的适用范围进行了明确界定。

本条第1款从正面明确了DEPA的适用范围，类似于近期一些国际经贸协定中的电子商务（数字贸易）章节的规定。例如，RCEP（第12章）、CPTPP（第14章）和USMCA（第19章）的相应章节均在范围条款中指出"协定适用于缔约方通过或维持的、以电子手段影响贸易的措施"。值得注意的是，DEPA首次在适用范围中提及"数字经济"领域中影响贸易的措施，但对于"数字经济中影响贸易的措施"，目前国际社会尚未形成统一的界定。国内外学者在研究中通常将这类措施称为"数字贸易壁垒""数字贸易限制措施""数字贸易障碍"或"数字保护主义"。国外对于数字贸易壁垒的关注由来已久，其中美国国际贸易委员会（USTIC）和美国贸易代表办公室（USTR）较早开展了相关调查，并在各自的年度报告中对数字贸易壁垒进行了分类。美国国际贸易委员会在其2013年的《美国与全球

经济的数字贸易》报告中将数字贸易壁垒分为五类：本地化障碍、数据隐私和保护、知识产权相关的措施、审查措施和海关措施。① 随后，美国国际贸易委员会在 2014 年的《美国与全球经济的数字贸易》报告中进一步确定了七种数字贸易壁垒，分别是本地化要求、市场准入门槛、数据和隐私保护、知识产权侵权、不确定的法律责任、审查措施和海关措施。②

美国贸易代表办公室于 2016 年针对数字贸易组建了数字贸易工作组，并围绕"数字贸易的关键壁垒"这一主题发布了一系列调查报告。早在 2016 年发布的报告中，数字贸易壁垒被粗略地分为"互联网服务与电子商务"和"电信服务与设备"两大类。③ 随后的 2019 年至 2021 年的报告则单独列出数字贸易和电子商务壁垒，但范围上没有太大变化，只是重点强调了跨境数据流动的障碍。④ 尽管上述报告在分类标准上有所不同，但它们均将数据本地化壁垒、数据隐私保护、互联网服务壁垒、审查措施以及歧视性做法等纳入数字贸易壁垒的范畴。

本条第 2 款通过否定列举方式，规定了 DEPA 不得适用的具体范围。其中（c）项"政府采购"和（d）项"缔约方收集、持有或处理信息的措施"的规定与 RCEP、CPTPP 和 USMCA"电子商务"章节的规定保持一致。而在 DEPA 中，（a）项"为行使政府权力而提供的服务"和（b）项"金融服务"被特别提及，这显示出 DEPA 对适用范围的限制比其他数字经济协定更为广泛。

根据世界贸易组织（以下简称"WTO"）对（a）项作出的定义，"为行使政府权力而提供的服务"是指既不基于商业基础而提供，也不与一

---

① USITC, Digital Trade in the U. S. and Economies, Part 1, Investigation No.332-531, USITC Publication 4415, July 2013.

② USITC, Digital Trade in the U. S. and Economies, Part 2, Investigation No.332-540, USITC Publication 4485, August 2014, p.80.

③ The Office of the U. S. Trade Representative (USTR), Fact Sheet: Key Barriers to Digital Trade, 31 March 3, 2016, https://ustr.gov/about-us/policy-offices/press-office/fact-sheets/2016/march/fact-sheet-key-barriers-digital-trade.

④ USTR, 2019 National Trade Estimate Report on Foreign Trade Barriers, 2019, https://ustr.gov/sites/default/files/2019_National_Trade_Estimate_Report.pdf; USTR, 2020 National Trade Estimate Report on Foreign Trade Barriers, https://ustr.gov/sites/default/files/2020_National_Trade_Estimate_Report.pdf.

个或多个服务提供者竞争的任何服务。① 这些服务通常涉及国家的卫生、教育以及其他关键敏感领域，直接关系到社会稳定和公民福祉。因此，DEPA 将它们排除在协定之外，确保公民和政府无需担忧这些至关重要的服务会受到协定的约束，保证了政府对这些服务的自主决策权，为各国在数字经济领域的合作提供了更大空间。②

对于（b）项"金融服务"，WTO《服务贸易总协定》（以下简称"GATS"）将之定义为"一成员和金融服务提供者提供的任何金融性质的服务。金融服务包括所有保险与保险有关的服务，以及所有银行和其他金融服务（保险除外）"。由于金融服务自身具有独特性（主要源于其内在的复杂性和风险性），需要受到严格的金融监管规则的约束，DEPA 选择将其排除在外。然而，电子支付作为数字经济的核心成分，就成为 DEPA 规制的对象。电子支付的发展和普及推动了金融服务的数字化转型，为消费者带来了更加便捷的支付体验。与此同时，电子支付也给信息安全、数据保护、跨境支付等领域带来诸多问题和挑战。对电子支付进行有效规制，有助于保障金融市场的稳定，促进数字经济健康发展。

（c）项"政府采购"是指公共机构（如政府机构）使用公共资金进行的货物、服务和工程的采购活动。政府采购行为受到法律监管，旨在防止欺诈、浪费、腐败或地方保护主义的发生。政府采购在全球经济和美国经济中占有显著比重，是政府维持日常运作和改善设施所必需的采购方式。③DEPA 的适用范围不包括政府采购，除非符合第 8.3 条规定的情形。DEPA 第 8.3 条实为倡议性条款，即政府采购应遵循"开放、公平和透明"的原则。DEPA 这一倡议条款在数字经济协定中具有开创性，有助于提高政府采购的效率和质量，促进各国之间的经济合作。

（d）项规定了"由一缔约方或以其名义持有或处理的信息，或与该信息相关的措施"，并将第 9.5 条关于政府公开数据的规定排除在外。这意

---

① 参见 WTO 官网，https://www.wto.org/english/tratop_e/serv_e/1-scdef_e.htm。

② Ministry of Employment and Investment British Colombia, GATS and Public Service Systems, https://www.iatp.org/sites/default/files/GATS_and_Public_Service_Systems.htm.

③ Government Procurement—The Ultimate Guide for 2023, https://procurementtactics.com/governor-procurement/.

味着政府公开数据适用于 DEPA 协定，通过要求缔约方公开政府数据，可以促进数据共享和利用，推动数字经济的发展。与 CPTPP 和 RCEP 相比，DEPA 在政府采购和公开政府数据方面的开放幅度更为显著，体现了其在推动数据治理方面的积极态度和对数据公开透明度的重视。

关联规定

《全面与进步跨太平洋伙伴关系协定》（CPTPP）第 14.2 条、《区域全面经济伙伴关系协定》（RCEP）第 12.3 条、《美墨加协定》（USMCA）第 19.2 条

第 1.2 条：与其他协定的关系

1. 认识到缔约方旨在使本协定与其现有国际协定共存，每一缔约方确认：

（a）对于所有缔约方均为缔约方的现有国际协定，包括《WTO 协定》，其相对于其他缔约方的现有权利和义务；及

（b）对于该缔约方和至少另一缔约方为缔约方的现有国际协定，其对该另一个或多个缔约方的现有权利和义务（视情况而定）。

2. 如一缔约方认为本协定一条款与该缔约方和至少另一缔约方为缔约方的另一协定一条款不一致，则应请求，该另一协定的相关缔约方应进行磋商，以期达成双方满意的解决办法。本款不损害第 14 章（争端解决）项下一缔约方的权利和义务。①

释义

DEPA 第 1.2 条第 1 款指出 DEPA 与其他国际协定的共存关系。缔约方在遵守 DEPA 规则的同时，也必须履行其加入的其他国际协定，例如《WTO 协定》等所规定的义务。该款旨在说明，加入 DEPA 并不损害该缔

---

① 就本协定的适用而言，缔约方同意一协定对货物、服务、投资或人员规定比本协定所规定的更优惠待遇的事实，并不意味着存在第 2 款范围的不一致。

约方在其他条约下所享有的权利和义务。这种共存关系体现了国际法的平等和互惠原则，也能够确保各缔约方在参与数字经济国际合作时保持独立性和自主性。

本条第 2 款则针对多个协定条款间可能出现的不一致情况进行了规定，要求双方应进行磋商以寻求解决方案。该条款与 RCEP 中的相关表述基本一致，RCEP 将该条款置于最后条款中，而 DEPA 则是在初始条款中进行规定。中国学者王铁崖主编的《中华法学大辞典（国际法学卷）》中谈到了与条约冲突近似的概念——条约的抵触。按照其解释，这一概念是指："规定同样事项的先后所订条约由于规定不同而发生的彼此抵触。"① 根据本条第 2 款的规定，磋商是解决本协定与其他协定不一致的首选方法。当然，DEPA 第 14 章专门规定了争端解决机制，其中涉及斡旋和调解、调停和仲裁等多种方式。因此，第 14 章中规定的争议解决方式和权利义务同样适用于缔约方。

类似地，在争端解决方式之中，磋商是争端解决程序的前置程序，争端的解决往往首先应经过争端各方的积极磋商。RCEP 中规定任何缔约方可以就协定项下的任何事项与另一缔约方进行磋商。磋商的内容主要包括提出请求的理由、确认争议措施以及申诉的事实和法律基础。通过设立磋商程序，争端各方的意思自治得到最大程度的尊重，有助于妥善解决分歧。

关联规定

《区域全面经济伙伴关系协定》（RCEP）第 20.2 条、《全面与进步跨太平洋伙伴关系协定》（CPTPP）第 1.2 条

第 1.3 条：一般定义

就本协定而言，除非本协定中另有规定：

本协定指《数字经济伙伴关系协定》；

APEC 指亚太经济合作组织；

---

① 王铁崖：《中华法学大辞典（国际法学卷）》，中国检察出版社 1996 年版，第 550 页。

关税包括对货物进口征收的或与货物进口有关的任何种类的税费，以及与此种进口有关的任何附加税或附加费，但不包括下列各项：

（a）以与 GATT 1994 年第 3 条第 2 款相一致的方式征收相当于一国内税的费用；

（b）与进口有关的、与所提供服务的成本相当的规费或其他费用；或

（c）反倾销税或反补贴税；

天指日历日；

企业指根据适用法律建立或组织的任何实体，无论是否以营利为目的，也无论是由私人或政府所有或控制，包括任何公司、信托、合伙企业、个人独资企业、合资企业、协会或类似组织；

现行指本协定生效之日有效的；

金融服务的定义见《服务贸易总协定》《金融服务附件》第 5 款（a）项；

GATS 指《WTO 协定》附件 1B 中所列《服务贸易总协定》；

GATT 1994 指《WTO 协定》附件 1A 中所列《1994 年关税与贸易总协定》；

货物指任何商品、产品、物品或材料；

联合委员会指根据第 12 章（联合委员会和联络点）设立的联合委员会；

措施包括任何法律、法规、程序、要求或做法；

缔约方指本协定对其生效的任何国家或单独关税区；

人指一自然人或一企业；

缔约方的人指缔约方的一国民或一企业；

个人信息指关于一已确认或可确认的自然人的任何信息，包括数据；

中小企业指中小型企业，包括微型企业；

WTO 指世界贸易组织；

《WTO 协定》指 1994 年 4 月 15 日订于马拉喀什的《马拉喀什建立世界贸易组织协定》。

释义

DEPA 第 1.3 条对 DEPA 协定中的术语进行了明确界定，主要包括 APEC、关税、企业、金融服务、GATS、GATT 1994、措施、个人信息、中小企业等。这些定义在很大程度上遵循了 WTO 的既有解释，以确保术语的一致性和准确性。

"APEC"是亚太经济合作组织（Asia-Pacific Economic Cooperation）的英文缩写。该组织是亚太地区层级最高、领域最广、最具影响力的经济合作机制。1989 年 11 月 5 日至 7 日，澳大利亚、美国、日本、韩国、新西兰、加拿大及当时的东盟六国在澳大利亚首都堪培拉举行 APEC 首届部长级会议，标志 APEC 正式成立。①APEC 诞生于全球"冷战"结束的年代。20 世纪 80 年代末，随着"冷战"的结束，国际形势日趋缓和，经济全球化、贸易投资自由化和区域集团化逐渐成为潮流。同时，亚洲地区在世界经济中的比重也明显上升。该组织在推动区域贸易投资自由化、加强成员间经济技术合作等方面发挥了不可替代的作用。它是亚太地区重要的经济合作论坛，也是亚太地区最高级别的政府间经济合作机制。1991 年 11 月，中国以主权国家身份正式加入该组织，中国台北和中国香港也以地区经济体名义参与其中。APEC 汇聚了 21 个成员，共同致力于促进区域繁荣与和谐。中国始终高度重视并积极参与 APEC 的各领域合作。通过参加 APEC 的一系列活动，中国为推动国际秩序朝着更加公正、合理的方向发展作出了建设性贡献。

DEPA 将"关税"定义为与货物进口相关的各种税费和附加费，同时明确规定以下三种情形不被纳入关税范畴：一是"以与 GATT 1994 第 3 条第 2 款相一致的方式征收相当于一国内税的费用"。GATT 1994 第 3 条第 2 款强调国民待遇原则，该款明确规定"一缔约方领土的产品输入到另一缔约方领土时，不应对它直接或间接征收高于对相同的国产品所直接或间接征收的国内税或其他国内费用。同时，缔约方不应对进口产品或国产品采

---

① 参见中国外交部官方网站，http://russiaembassy.fmprc.gov.cn/web/gjhdq_676201/gjhdqzz_681964/lhg_682278/jbqk_682280/.

用其他与本条第一款规定的原则有抵触的办法来实施国内税或其他国内费用"。这意味着缔约方必须确保进口产品和本国产品在国内税或其他国内费用征收方面获得公平对待。这种"一视同仁"的国内税及相关国内费用不属于关税的范畴。二是"与进口有关的、与所提供服务的成本相当的规费或其他费用"。此处的"规费或其他费用"通常指政府或机构在提供某种服务时收取的与服务成本相当的费用。在进口过程中，这些费用可能包括物流费用、清关费用和仓储费用等。三是"反倾销税或反补贴税"。"反补贴税"是针对进口商品征收的一种高于正常关税的特殊关税，旨在抵消国外竞争者因接受奖励和补助而获得的竞争优势，从而维护进口国制造商的利益。反补贴税是按补贴数额进行征收的，出口国为提升出口商品在国外市场的竞争力，会给予其出口商品相应的补贴。进口国征收反补贴税，目的在于消除受补贴商品因人为因素而获得的竞争优势。进口商品被征收反补贴税后，其价格将上升，从而抵消其所享受的补贴，削弱其竞争能力，防止其在进口国市场上进行低价竞争或倾销。"反倾销税"旨在防止外国商品以低于正常价值的价格进入本国市场，保护国内产业和市场秩序。反倾销税是一种进口附加税，这意味着，当倾销商品进口时，进口商除需要缴纳正常的进口关税外，还需要额外支付反倾销税。

《WTO 协定》指 1994 年 4 月 15 日订于马拉喀什的《马拉喀什建立世界贸易组织协定》（Marrakesh Agreement Establishing the World Trade Organization）。《WTO 协定》由四个附件组成，附件一包含《1994 年关税与贸易总协定》《农产品协议》《与贸易有关的投资措施协议》等货物贸易多边协定（附件 1A）、《服务贸易总协定》（附件 1B）和《与贸易有关的知识产权协定》（附件 1C）；附件二是《关于争端解决规则与程序的谅解》；附件三是《贸易政策审议机制》；附件四包含《政府采购协议》《民用航空器贸易协议》《国际奶制品协议》和《国际牛肉协议》等诸边贸易协定，仅对签署方有约束力，成员可以自愿选择参加。其中，《国际奶制品协议》和《国际牛肉协议》已于 1997 年 12 月 31 日终止。①

---

① 参见 WTO Legal Texts, https://www.wto.org/english/docs_e/legal_e/legal_e.htm。

"GATS"指《WTO 协定》附件 1B 中所列《服务贸易总协定》(General Agreement on Trade in Services)。GATS 是关贸总协定乌拉圭回合谈判达成的第一套有关国际服务贸易的多边协定，于 1995 年 1 月正式生效。其宗旨是在透明度和逐步自由化的条件下扩大服务贸易，促进各成员的经济增长和发展中国家服务业的发展。GATS 文本包括序言和六个部分，共 29 个条款、8 个附录以及 8 项部长会议决定。GATS 首次为国际服务贸易构建了总体规则框架，是国际服务贸易迈向自由化的重要里程碑。此外，GATS 将原则性与灵活性有机结合，并给予发展中国家适当照顾，有利于各成员在服务贸易方面的合作和交流。①

"GATT 1994"指《WTO 协定》附件 1A 中所列《1994 年关税与贸易总协定》(General Agreement on Tariffs and Trade)。GATT 1994 的历史可以追溯到 20 世纪 40 年代末期。第二次世界大战之后，国际经济严重萧条，国际贸易秩序混乱，各国意识到通过降低关税和消除贸易壁垒可以实现互利共赢的局面。1944 年 7 月，在美国布雷顿森林召开的国际货币与金融会议上（44 个国家参加），与会方建议成立国际货币基金组织、国际复兴开发银行（即世界银行）和国际贸易组织，作为支撑全球经济的三大支柱，来调节世界经贸关系，推动全球经济的复苏和发展。由于各国对外经济政策存在较大分歧，国际贸易组织未能如期成立。1947 年 10 月 30 日，经过多轮谈判和协商，英国、美国和澳大利亚等 23 个国家签订了《关税与贸易总协定》（以下简称"GATT 1947"），于 1948 年 1 月 1 日通过《临时适用议定书》产生效力。GATT 1994 作为 WTO 协定的重要组成部分，继承了 GATT 1947 的核心原则和规则，并作较大修改和补充以应对新的贸易挑战。

DEPA 对"金融服务"的定义引用了 GATS《金融服务附件》第 5 款（a）项的相关规定。GATS《金融服务附件》第 5 款（a）项指出，"金融服务是一成员和金融服务提供者提供的任何金融性质的服务。金融服务包括所有保险与保险有关的服务，以及所有银行和其他金融服务（保险除

---

① 参见陆雄文：《管理学大辞典》，上海辞书出版社 2013 年版。

外）"。这一定义非常宽泛，涵盖了金融领域内的所有服务类型。随着金融科技的发展和创新，金融服务的形态和模式也在不断扩展。在理解和应用 DEPA 中关于"金融服务"的定义时，需要保持开放和包容的态度，不断适应金融领域的新变化和新挑战。

　　DEPA 对于"个人信息"的定义与 RCEP、CPTPP 保持一致，即"个人信息指关于一已确认或可确认的自然人的任何信息，包括数据"。由此可知，"个人信息"具有两个显著特征：一是信息主体仅限于自然人，不包括法人或非法人组织。二是强调对特定自然人的可识别性。我国在《个人信息保护法》中采用了"识别 + 相关"的方法对个人信息进行概念界定，并将匿名化处理后的信息排除在外，与 DEPA 等协定对个人信息的定义没有本质区别。

　　"中小企业"，顾名思义，指的是规模相对较小，经营权和所有权相对集中的企业。它们在资金、技术和市场影响力上与大型企业存在明显差距。但中小企业在促进就业、推动创新、增加经济活力等方面发挥着不可替代的作用，因此是 DEPA 关注的重点内容之一。DEPA 将"中小企业"定义为"中小型企业，包括微型企业"。中型、小型、微型企业的划分，通常会考虑企业从业人员、营业收入、资产总额等指标，并结合行业特点进行确定。例如，根据我国《中小企业促进法》和《中小企业划型标准规定》等相关规定，在软件和信息技术服务行业，从业人员 100 人及以上，且营业收入 1000 万元及以上的为中型企业；从业人员 10 人及以上，且营业收入 50 万元及以上的为小型企业；从业人员 10 人以下或营业收入 50 万元以下的为微型企业。

模块 2：商业和贸易便利化

第 2.1 条：定义

就本章而言：

电子发票指供应商和购买者之间使用结构化数字格式自动创建、交换和处理支付请求；

电子支付指付款人通过电子方式将货币债权转移给收款人可接受的人；

电子记录指以电子方式在信息系统中产生、传递、接收或存储的记录，或用于自一信息系统向另一信息系统传输的记录；

开放标准指公众可获得的、为促进不同产品或服务之间的交互操作性和数据交换而开发或采用且通过协作和共识驱动过程维护、旨在被广泛采用的标准；

单一窗口指允许从事贸易交易的人以电子方式通过单一接入点提交数据和文件以满足所有进口、出口和转口监管要求的设施；

贸易管理文件指由一方签发或控制、进口商或出口商必须填写的与货物进口或出口有关的表格；以及

UNCITRAL 指联合国国际贸易法委员会。

释义

DEPA 模块 2 涵盖定义、无纸贸易、国内电子交易框架、物流、电子发票、快运货物和电子支付等 7 项内容，旨在促进数字技术与跨境贸易深度融合，核心是实现国际贸易流程的电子化和标准化。[①] 该模块重点强调

[①] 参见殷敏、应玲蓉：《DEPA 数字贸易互操作性规则及中国对策》，载《亚太经济》2022 年第 3 期，第 27 页；文洋、王霞：《DEPA 规则比较及中国加入路径分析》，载《国际商务研究》2022 年第 6 期，第 82 页。

缔约方在数据交换等数字贸易基础设施技术标准及法律适用方面的协调性、兼容性与可互操作性，创设了一系列独有的数字贸易便利化规则，是对 WTO《贸易便利化协定》（以下简称"TFA"）和区域经贸协定中传统贸易便利化条款的扩充和升级。对比 TFA、CPTPP 和 RCEP 等协定的贸易便利化条款，可以发现，DEPA 的贸易便利化章节淡化了传统意义上海关的角色，不再以"海关管理和贸易便利化"为章节名称（如 RCEP 第 4 章、CPTPP 第 5 章），而代之以"商业和贸易便利化"模块。主要原因在于，数字贸易的监管对象已由有形扩展到无形，监管范围显著扩张，海关作为传统监管主体，需要面对数据跨境流动等数字经济时代的监管难题。[①] 从章节内容看，TFA、CPTPP 和 RCEP 等协定的贸易便利化条款主要聚焦于无纸化贸易、快运货物和国内电子交易框架等领域。而 DEPA 这一开放性的数字经济协定，将物流、电子发票和电子支付等前沿议题纳入其中，极大拓展了贸易便利化条款的深度和广度。

DEPA 第 2.1 条对模块 2 所涉及的若干核心术语作了阐释。

"电子发票"是数字信息时代发票形态及管理方式转型的产物，也是电子商务发展的必然，在 DEPA 中被定义为"供应商和购买者之间使用结构化数字格式自动创建、交换和处理支付请求"。具言之，电子发票指买卖双方依托大数据、云计算、区块链、自动化财务管理系统等技术支持，按照一定规则和格式，自动形成交易（收付款）事实的无纸化凭证。各交易主体可以通过提取电子发票号码和税控密码等证实真伪，保障交易信息的真实完整。因此，推行电子发票有助于降低经营成本，节约社会资源，方便存储管理。部分欧洲国家，如德国、意大利等，推行电子发票的时间较早。德国联邦政府已于 2018 年颁布专门的《电子发票条例》，规定企业在参与公共采购时有义务向政府提供符合数据交换标准 XRechnung 的电子发票，并且自 2020 年 11 月 27 日起，所有供应商均有义务为 1000 欧元以上的合

---

① 易贰：《数字贸易视域下 WTO 改革的趋势研判》，载《对外经贸实务》2021 年第 2 期，第 35 页。

同提供符合要求的电子发票。① 我国《电子商务法》也为电子发票在我国的推广扫除了法律障碍，该法第 14 条明确规定"电子商务经营者销售商品或者提供服务应当依法出具纸质发票或者电子发票等购货凭证或者服务单据。电子发票与纸质发票具有同等法律效力"。2019 年 10 月，我国国务院通过的《优化营商环境条例》第 46 条要求税务机关"加大推广使用电子发票的力度"，进一步推动我国发票电子化改革实践的深化。但在国际层面，电子发票的推广受制于各国立法差异产生的制度障碍，如发票开具格式、内容及存储等方面的不同标准和要求。②

"电子支付"是电子商务交易活动的关键组成部分，其与传统现金支付模式相对，主要指付款人依托互联网等智能化技术手段（电子方式）将资金转移给收款人，典型的交易方式为网上银行支付服务和由第三方支付平台参与的电子支付服务。③ 目前学界和实务界还未形成对电子支付的权威解释和规范性表述。RCEP 和 CPTPP 等协定均未提及电子支付，TFA在第 7.2 条鼓励缔约方"在可行限度内，采用或设立程序，允许以电子支付方式支付海关对进口和出口收取的关税、国内税、规费及费用"，但并未对"电子支付方式"作进一步阐明。DEPA 首次对"电子支付"作了释义，即"付款人通过电子方式将货币债权转移给收款人可接受的人"。一般而言，我国个人用户跨境电子支付的应用场景主要有跨境网络消费和跨境转账汇款。目前各国监管政策的差异及尚不完善的国家间金融机构数据交互机制严重制约了跨境电子支付的发展，因为在进行跨境资金结算时，不仅需符合当地结算准则，还需与当地支付结算系统实现有效对接。

"电子记录"是指依托信息处理系统，以电子数据交换、电子邮件、电报等多种电子方式生成、发送或存储的一切相关信息。TFA、RCEP 和

---

① 郑洁燕：《意大利及德国电子发票发展经验和借鉴》，载《国际税收》2022 年第 7 期，第 42 页。
② 余丹、李森焱：《我国发票电子化的技术与制度并进治理研究》，载《税收经济研究（双月刊）》2022 年第 2 期，第 84 页。
③ 姚军：《欧美发达国家跨境电子支付金融消费者权益保护制度对我国的启示》，载《金融纵横》2014 年第 8 期，第 29 页。

CPTPP 等协定并未提及电子记录，DEPA 将之定义为"以电子方式在信息系统中产生、传递、接收或存储的记录，或用于自一信息系统向另一信息系统传输的记录"。根据 2005 年《联合国国际合同使用电子通信公约》（United Nations Convention on the Use of Electronic Communications in International Contracts）第 4 条规定，"信息系统"是指生成、发送、接收、存储或用其他方法处理数据电文的系统。而"数据电文"是指经由电子手段、电磁手段、光学手段或类似手段生成、发送、接收或存储的信息，这些手段包括但不限于电子数据交换、电子邮件、电报、电传或传真。2017 年联合国国际贸易法委员会（UNCITRAL）通过的《UNCITRAL 电子可转让记录示范法》①旨在从法律上支持"电子可转让记录"的国内使用和跨境使用，其在第 2 条将"电子记录"定义为"通过电子手段生成、传送、接收或存储的信息，该信息可酌情包括在逻辑上有联系或者以其他方式共同链接，从而成为该记录一部分的一切信息，不论其是否同时生成"。2021 年 2 月生效的《亚洲及太平洋跨境无纸贸易便利化框架协定》（Framework Agreement on Facilitation of Cross-border Paperless Trade in Asia and the Pacific）第 3 条对"电子通信"和"数据电文"的定义也与"电子记录"相关，"电子通信"是指参与贸易各方以数据电文方式进行的任何通信，"数据电文"是指以电、磁、光或类似手段生成、发送、接收或存储的信息，包括但不限于电子数据互换。我国《电子签名法》第 2 条以几乎相同的表述定义了"数据电文"。

"开放标准"是指"公众可获得的、为促进不同产品或服务之间的交互操作性和数据交换而开发或采用且通过协作和共识驱动过程维护、旨在被广泛采用的标准"。因此"开放标准"的核心是推进数字贸易领域的标准合作，通过制定标准化的贸易单证和数据格式等实现无缝数据链接和真正的无纸化数字贸易，促进数字经济一体化发展。目前，WTO、联合国贸易便利化与电子商务中心（UN/CEFACT）、世界海关组织（WCO）、经济

---

① 《UNCITRAL 电子可转让记录示范法》，https://uncitral.un.org/sites/uncitral.un.org/files/media-documents/uncitral/zh/mletr_ebook_c.pdf。

合作与发展组织（OECD）、国际标准化组织（ISO）以及国际商会（ICC）等众多国际组织均积极参与数字贸易国际标准化工作的推进过程，已出台一系列数字贸易国际标准，例如 ISO 7372:2005《贸易数据元目录》、ISO/DIS 23355《物流信息服务提供商之间的可视数据交换》、ISO 9735《行政、商业和运输业电子数据交换（EDIFACT）应用级语法规则》等系列标准。① 相较而言，TFA、RCEP 和 CPTPP 中的相关表述只有"国际标准"，例如 TFA 第 10.3 条（国际标准的适用）和 RCEP 第 4.12 条（信息技术的应用）。CPTPP 第 5.6 条对数据共享的"国际标准"作了细化规定，提出努力开发一套以世界海关组织标准数据模型和相关指南为基础的进出口数据共同标准及共同数据项，以便利政府间电子数据共享。

"单一窗口"指的是对国际贸易中产生的各种信息进行集约化和自动化处理的系统，其能够实现国际贸易数据共享，是实现贸易便利化的重要途径。② TFA 第 10.4 条要求缔约方"努力建立或设立单一窗口，使贸易商能够通过一单一接入点向参与的主管机关或机构提交货物进口、出口或过境的单证和 / 或数据要求"。CPTPP 第 5.6 条使用了"单一接入点"的表述。DEPA 将"单一窗口"定义为"允许从事贸易交易的人以电子方式通过单一接入点提交数据和文件以满足所有进口、出口和转口监管要求的设施"。根据联合国贸易便利化与电子商务中心（UN/CEFACT）第 33 号建议书作出的解释，"单一窗口"是指参与国际贸易和运输的各方，通过单一平台提交标准化的信息和单证以满足相关法律法规及管理的要求，其特点是"一次申报，统一平台，标准化的数据元，满足政府部门和企业的需要"。③ 由于不同国家的数字基础设施建设水平和数字贸易发展水平不同，涉及"单一窗口"及相关数字系统的互操作性等问题仍然是目前 WTO 电子商务谈

---

① 参见章建方等：《数字贸易国际标准化现状与发展趋势研究》，载《中国标准化》2023 年第 9 期，第 41—47 页。

② 王玲等：《我国国际贸易"单一窗口"建设现状评述及建议》，载《对外经贸》2019 年第 5 期，第 16 页。

③ 方少林：《APEC 跨境无纸贸易发展模式研究》，载《亚太经济》2011 年第 4 期，第 25 页。

判的重点问题。①

"贸易管理文件"是指"由一方签发或控制、进口商或出口商必须填写的与货物进口或出口有关的表格"。DEPA、RCEP 和 CPTPP 对"贸易管理文件"作了几乎一致的规定。但 TFA 没有直接使用"贸易管理文件"的概念，而是在第 1 条（信息的公布与可获性）规定"进口、出口和过境程序及需要的表格和单证"需要及时通过互联网提供。《亚洲及太平洋跨境无纸贸易便利化框架协定》第 3 条第 5 款定义了"贸易文件"，指完成商业交易所需的商业性和监管性文件，此处的监管性文件与 DEPA 中的"贸易管理文件"相对应。

"UNCITRAL"是联合国国际贸易法委员会（United Nations Commission on International Trade Law）的英文缩写。联合国国际贸易法委员会于 1966 年由联合国大会设立。② 大会在设立贸易法委员会时承认，由于各国的国际贸易法律存在差异，给贸易流通造成了障碍，因此大会把贸易法委员会视作联合国可凭借的对减少或消除这些障碍发挥更积极作用的工具。大会赋予贸易法委员会促进国际贸易法逐步协调和统一的核心任务，贸易法委员会自此成为联合国系统在国际贸易法领域的核心法律机构。贸易法委员会由大会选出的 60 个成员国组成，成员的构成代表了世界各个不同地理区域及其主要经济和法律体系。委员会成员经选举产生，任期六年，每三年半数成员任期届满。③

关联规定

WTO《贸易便利化协定》（TFA）第一部分第 10 条第 4 款（单一窗口）、《全面与进步跨太平洋伙伴关系协定》（CPTPP）第 5.6 条（自动化）和第 14 章（电子商务）、《区域全面经济伙伴关系协定》（RCEP）第 1.2 条（一般定义）

---

① 李墨丝：《WTO 电子商务规则谈判：进展、分歧与进路》，载《武大国际法评论》2020 年第 6 期，第 64 页。

② Establishment of the United Nations Commission on International Trade Law, UN. General Assembly, A/RES/2205 (XXI), 17 December 1966.

③ 参见联合国贸易法委员会官网，https://uncitral.un.org/。

第 2.2 条：无纸贸易

1. 每一缔约方应通过其规定的程序，使公众可获得所有现行可获得的贸易管理文件的电子版本。①

2. 每一缔约方应以英文或 WTO 任何其他官方语文提供第 1 款中所指贸易管理文件的电子版本，并应努力提供机器可读格式的电子版本。

3. 缔约方应将贸易管理文件的电子版本按照与纸质单证具有同等法律效力予以接受，但以下情况除外：

（a）国内或国际法律要求与此相反；或

（b）这样作会降低贸易管理的有效性。

释义

DEPA 第 2.2 条对无纸贸易进行了全面规范，涵盖贸易管理文件的电子版本、单一窗口建设和数据交换等重要内容。

随着电子信息技术的普及和应用，国际贸易中的纸面单据逐渐被电子数据所替代，无纸化贸易得以推广，数字贸易监管体系得以构建和创新。②《亚洲及太平洋跨境无纸贸易便利化框架协定》将"跨境无纸贸易"定义为"在电子通信、包括以电子形式交换贸易数据和文件的基础上进行的货物贸易，包括货物的进口、出口、过境及相关服务"。③比较而言，TFA 未使用"无纸贸易"概念，仅在分散条款中以"电子形式""电子格式""通过互联网提供信息"和"使用信息技术"等措辞鼓励采取电子形式的贸易数据跨境交换。RCEP 和 CPTPP 等协定包含了无纸贸易条款，但内容较为简短，仅强调电子形式贸易管理文件的公开可获得性，以及电子与纸质文件的法

①　为进一步明确，贸易管理文件的电子版本包括以机器可读格式提供的贸易管理文件。

②　参见蓝庆新、窦凯：《美欧日数字贸易的内涵演变、发展趋势及中国策略》，载《国际贸易》2019 年第 6 期，第 53—54 页；刘重力、曹杰：《APEC 跨境无纸贸易行动战略进程评估与展望》，载《国际贸易》2010 年第 9 期；方少林：《APEC 跨境无纸贸易发展模式研究》，载《亚太经济》2011 年第 4 期。

③　《亚洲及太平洋跨境无纸贸易便利化框架协定》是首个专门规制无纸贸易的区域协定，目前已对中国、阿塞拜疆、菲律宾、伊朗、孟加拉国、东帝汶、蒙古、韩国和塔吉克斯坦 9 个已完成国内核准的缔约方生效，亚美尼亚和柬埔寨已签署该协定并正在履行国内核准程序。

律效力等同性。DEPA 第 2.2 条的无纸贸易条款则扩充为 11 项细则，规定了贸易管理文件电子版本的语言和形式、单一窗口的设立与系统互操作性、电子记录和数据交换系统的制度构建和兼容性等较为详细的无纸化贸易要求，承诺程度更高、更具可操作性。[①]

本条第 1—3 款主要聚焦于贸易管理文件电子版本的提供。根据定义可知，贸易管理文件指"由一方签发或控制、进口商或出口商必须填写的与货物进口或出口有关的表格"。本条第 1 款要求缔约方应通过其规定的程序，使公众可获得所有现行可获得的贸易管理文件的电子版本。第 2 款明确规定，缔约方需以英文或 WTO 的其他官方语言（法文、西班牙文）提供贸易管理文件的电子版本。这一规定为成员方设定了较严格的形式义务，旨在提高跨境贸易效率，降低语言翻译成本。相较之下，现有其他经贸协定仅规定缔约方以本国官方文本公布或提供相关信息即满足信息公布的要求。例如，TFA 仅要求成员方"在可行的情况下"，就"进口、出口和过境程序的说明"以 WTO 正式语文之一提供，其余情形"均不得解释为要求成员以本国语文之外的文本公布或提供信息"。RCEP 第 4.5 条透明度条款有前述相同表达。CPTPP 第 5.11 条公布条款也只鼓励成员方"在可能的限度内使用英文"公布海关法律、法规及一般性行政程序等信息。

此外，第 2 款还鼓励缔约方"努力提供机器可读格式的电子版本"，旨在从文件格式方面提升交易相关方的信息获取体验。《G8 开放数据宪章》（G8 Open Data Charter）等国际数据开放倡议均致力于推动数据的便捷获取和机器可读性，强调数据应无偿提供，并注重从文件格式方面优化用户体验。目前常见的机器可读格式有 PDF、HTML、XLS、CSV、XML、WFS、JSON、XML、ZIP 等，其中 CSV、XML、JSON 是各国较常用的可机读格式。

本条第 3 款明确规定缔约方必须承认贸易管理文件的电子版本与纸质

---

① 文洋、王霞：《DEPA 规则比较及中国加入路径分析》，载《国际商务研究》2022 年第 6 期，第 86 页。

单证具有同等法律效力。相较而言，RCEP 虽然提及 "以电子形式提交的贸易管理文件与纸质版贸易管理文件具有同等法律效力"，但只要求成员方 "努力接受"，非硬性义务规定。CPTPP 则将电子版本与纸质单证的 "同等法律效力" 条款作为成员方的硬性义务。DEPA 在 CPTPP 规定的硬性义务基础上作了更灵活的规定，在第 2.2 条第 3 款引入了两类例外情形，即 "国内或国际法律要求与此相反" 或 "这样作会降低贸易管理的有效性"，从而加强了缔约方在跨境贸易中的自主规制权，有利于调和不同发展水平的缔约方在贸易监管方面的分歧。我国《电子签名法》已明确了电子签名和电子合同的效力。《电子商务法》第 14 条亦明确规定 "电子发票与纸质发票具有同等法律效力"。

> 4. 注意到 WTO《贸易便利化协定》中的义务，每一缔约方应努力建立或设立单一窗口，使个人能够通过一单一接入点向参与的主管机关或机构提交货物进口、出口或过境的单证或数据要求。
>
> 5. 缔约方应努力各自建立或设立无缝、可信、高可用性 ① 和安全互连的单一窗口，以促进与贸易管理文件有关的数据交换，这些数据可包括：
>
> （a）卫生与植物卫生证书；
>
> （b）进口和出口数据；或
>
> （c）缔约方共同确定的任何其他单证，在此过程中，缔约方应向公众提供此类单证的清单，并使该清单可在线获得。

释义

DEPA 第 2.2 条第 4—5 款聚焦于单一窗口的设立和运行，要求缔约方努力设立 "无缝、可信、高可用性和安全互连的单一窗口"，以促进与贸易管理文件有关的数据交换。

"单一窗口" 旨在便利国际贸易和运输相关各方通过单一登记点递交符

---

① 为进一步明确，"高可用性" 指单一窗口持续运行的能力。未规定一具体的可用性标准。

合进口、出口和转口相关监管规定的标准资料与单证。① 若采用电子报文形式，则可实现一次性提交所有数据。目前，国际上较为主流的单一窗口主要分为三种模式：一是瑞典的"单一机构"模式，该模式由单一机构来处理进出口业务，系统接收到企业的进出口贸易申报数据后，直接进行各项业务处理；二是美国的"单一系统"模式，该模式只进行国际贸易电子数据的集中收集和分发，数据被发往各政府部门系统进行业务处理；三是新加坡的"公共平台"模式，在此模式下，企业仅需要填制一张电子表格就可以向不同的政府部门申报，申报内容经各政府部门业务系统处理后，结果将自动反馈到企业的计算机中。

本条第 4 款重申了 TFA 第 10.4 条有关建立单一窗口的义务，即"努力建立或设立单一窗口，使贸易商能够通过一单一接入点向参与的主管机关或机构提交货物进口、出口或过境的单证或数据要求"，并且"在可能和可行的限度内，使用信息技术支持单一窗口"。"单一窗口"概念在 2005 年才首次上升到国际规则层面，TFA 生效实施前，联合国贸易便利化与电子商务中心在 2005 年第 33 号建议书中提到"建立国际贸易单一窗口"。② 之后，联合国还陆续发布了《国际贸易数据简化和标准化的建议》《建立国际贸易单一窗口的法律框架的建议书》等文件，旨在消除行政和技术壁垒，实现国际贸易数据的互联互通。③ 此外，世界海关组织、世界海事组织（IMO）等国际组织也对单一窗口投以关注，制定了诸多相关国际标准和指南。

目前，全球已经有 70 多个国家和经济体建成并运行复杂程度各异的单一窗口系统。④ 新加坡作为 DEPA 的主要发起国之一，是世界上较早使用

---

① 参见联合国贸易便利化与电子业务中心（UN/CEFACT）第 33 号建议书，《建立单一窗口以加强贸易业与政府间信息的有效交换的建议书与指南》(Recommendation and Guidelines on Establishing a Single Window), https://unece.org/DAM/cefact/recommendations/rec33/rec33_trd352e.pdf，访问日期 2024 年 3 月 10 日。

② UN/CEFACT Recommendation 33, Establishing a Single Window to Enhance the Efficient Exchange of Information between Trade and Government, 2005.

③ 余丽：《〈贸易便利化协定〉在我国的实施研究》，载《国际经济法学刊》2015 年第 3 期，第 224—225 页。

④ 权衡：《加快国际贸易"单一窗口"相关法律体系建设　推动数字技术应用和贸易便利化》，载中国证券网，https://news.cnstock.com/news, bwkx-202303-5027404.htm，访问日期 2023 年 7 月 28 日。

电子网络系统实行贸易便利化的国家，其 1989 年年初即成为首个实施全国单一窗口电子贸易文件系统的国家。进出口贸易商可以通过"TradeNet"向新加坡海关等相关政府部门提交贸易文件并能在较短时间内得到回复。[①]近年来，新加坡又在积极研发"TradeNet"的升级版——"TradeTrust"互操作性框架。此框架运用分布式账本技术（DLT）或区块链，为参与者提供文件真实性和出处证明，以便在数字互联的贸易伙伴之间实现更加安全高效的货物流动。作为 DEPA 初始缔约方的新加坡在数字贸易互操作性技术和规则探索上展现出前瞻性和先进性，这也是 DEPA 强调技术和规则互操作性的主要原因。[②]2021 年 12 月 29 日，《中华人民共和国海关总署和新加坡共和国关税局关于"单一窗口"互联互通联盟链的合作备忘录》作为中新双边合作机制会议成果宣布，推动中国在单一窗口国际合作与先进经验借鉴上向前迈进。[③]

　　中国（上海）自贸试验区于 2014 年 6 月首先试点"国际贸易单一窗口项目"建设，在取得初步成功后，迅速向福建、天津、广东等沿海省份推广。[④]2018 年国务院第 25、26 次常务会议研究通过了《优化口岸营商环境促进跨境贸易便利化工作方案》，提出 2018 年整体通关时间相比上年度压缩三分之一，进出口环节需要提交的监管证件数量减少三分之一，并全部实现联网核查的任务目标。经过数年的改革和创新发展，我国国际贸易单一窗口项目建设已覆盖全国，并与 25 个部委实现了系统对接，提供货物申报、舱单申报、运输工具申报、许可证件申领、原产地证书申领、企业资质办理、出口退税、税费支付等核心功能。用户只需通过单一接入点，即可实现"一次提交、一次查验、一键跟踪和一键办理"。此前，进出口环

---

① 参见 TradeNet 官网，https://www.tradenet.gov.sg/tradenet/login.jsp，访问日期 2023 年 7 月 28 日。
② 靳思远、沈伟：《DEPA 中的数字贸易便利化：规则考察及中国应对》，载《海关与经贸研究》2022 年第 4 期，第 7 页。
③ 朱福林：《数字贸易规则国际博弈、"求同"困境与中国之策》，载《经济纵横》2021 年第 8 期，第 43 页。
④ 参见"中国国际贸易单一窗口"官网，https://www.singlewindow.cn/#/，通过该网站的"地方导航"，可以链接到全国各省及直辖市的国际贸易单一窗口网站；参见"中国（上海）国际贸易单一窗口"官网，http://www.singlewindow.sh.cn/winxportal/。

节涉及的海关验核证件约 90 种，涉及近 20 个政府部门。企业需多次往返有关部门递交纸质申请，流程漫长且烦琐。现在企业只需登录"单一窗口"门户网站即可进行线上申请，发证部门审核通过后，将证书等电子数据直接传输到海关，并在通关环节实现与海关报关数据的自动比对、智能验核，审核结果统一通过单一窗口反馈给企业，实现了监管证件申报、审核、通关和反馈的全流程电子化操作。[①] 此外，上海国际贸易单一窗口还积极推动与"一带一路"沿线口岸的互联互通，目前已与马来西亚的单一窗口和澳大利亚的新南威尔士港实现了对接。[②]

本条第 5 款要求缔约方努力建立"无缝、可信、高可用性和安全互连"的单一窗口体系。"无缝"意味着在数据交换过程中，缔约方需通过优化相关流程，确保数据流通的顺畅无阻。"可信"强调数据的真实性和准确性，缔约方需采用先进的加密技术和身份验证机制等，保障数据在传输和存储过程中的安全性。"高可用性"指单一窗口持续运行的能力，一般情况下，单一窗口应保证 24 小时不间断提供服务并能够应对各种突发情况，以满足全球范围内不同时区的贸易需求。"安全互连"要求单一窗口能够与其他相关系统实现安全连接，为此需采用标准的接口协议和安全协议，以确保数据在不同系统之间的安全流通。

根据第 5 款的规定，单一窗口可以处理的数据类型非常丰富，如卫生与植物卫生证书、进口和出口数据等。卫生与植物卫生证书是证明相关产品符合安全检验标准的重要凭证，进口和出口数据涵盖商品种类、数量、价值等多种交易信息。此外，单一窗口还可以处理由缔约方共同确定的任何其他单证。这些单证可能涉及贸易活动的各个方面，如运输、保险、支付领域的单证等。缔约方需向公众提供这些单证的清单，并使该清单可在

① 参见孟朱明：《国际贸易单一窗口让营商环境持续优化》，载《中国对外贸易》2019 年第 10 期，第 49 页；滕静涛：《中小外贸企业国际贸易"单一窗口"标准化实践与应用建议》，载《对外经贸实务》2021 年第 12 期；睿库贸易安全及便利化研究中心：《中国贸易便利化年度报告》（2023）；贺小勇、黄琳琳：《WTO 电子商务规则提案比较及中国之应对》，载《上海政法学院学报（法治论丛）》2020 年第 1 期，第 105—114 页。

② 于涛：《建设 3.0 版国际贸易单一窗口促进贸易和投资自由化便利化》，载《今日海南》2019 年第 9 期，第 39 页。

线获得，从而使公众和企业更加方便地了解、使用和递交这些单证，进一步提高贸易活动的透明度和便利性。

> 6. 缔约方认识到，在其各自管辖范围内相关的情况下，便利缔约方企业之间商业贸易活动中所使用的电子记录交换的重要性。
>
> 7. 缔约方应努力开发系统以支持下列数据交换：
>
> （a）每一缔约方主管机关之间与第 5 款中所指贸易管理文件相关的数据交换；① 及
>
> （b）在其各自管辖范围内相关的情况下，缔约方企业之间商业贸易活动中使用的电子记录交换。
>
> 8. 缔约方认识到第 7 款中所指的数据交换系统应彼此兼容并可交互操作。为此，缔约方认识到国际公认标准及可获得的开放标准在数据交换系统的开发和治理方面的作用。
>
> 9. 缔约方应就促进和推进第 7 款中所指数据交换系统的使用和采用的新倡议进行合作，包括但不限于通过：
>
> （a）分享数据交换系统开发和管理领域的信息、经验和最佳实践；及
>
> （b）就开发和管理数据交换系统的试点项目开展合作。
>
> 10. 缔约方应在双边和国际场所进行合作，以增强对企业之间商业贸易活动中所使用的贸易管理文件电子版本和电子记录的接受。
>
> 11. 在制定规定无纸化贸易使用的其他倡议时，每一缔约方应努力考虑相关国际组织议定的方法。

释义

DEPA 第 2.2 条第 6—9 款是针对数据交换的规则，其核心目标在于提高数据跨境流动效率，促进缔约方之间的贸易往来。本条第 6—7 款概括要求缔约方努力开发数据交换系统，以实现各缔约方贸易管理文件的数据交

---

① 缔约方认识到，本款所指的数据交换系统可指第 5 款中所指的单一窗口的互连。

换，以及各缔约方企业之间商业贸易活动中使用的电子记录交换。电子记录是指以电子方式在信息系统中产生、传递、接收或存储的记录，或用于自一信息系统向另一信息系统传输的记录，包含以电子数据交换，电子邮件、电报等多种电子手段生成、发送或存储的一切相关信息。由于国家间数据交换系统关涉主权、安全等敏感问题，短期内实现难度较大，因此第6—7款仅采取"认识到"和"应努力"等倡议性表述进行规定。

　　本条第8款指出，数据交换系统应彼此"兼容"并"可交互操作"，这主要指两个或多个系统在共享相同硬件或软件环境时，交换数据和信息、执行其所需功能的能力。[①] 目前，WTO 框架下传统互操作性规则不涉及数字经济关键议题，也未规定缔约方具体的数字贸易互操作性义务。[②]2019年4月，新加坡在 WTO 电子商务谈判的提案中指出，要"鼓励使用可互操作的电子认证""鼓励成员电子发票系统之间的互操作性"，这种互操作性的本质就是系统之间的互联互通。[③]2019 年 6 月，G20 大阪峰会发布的《大阪数字经济宣言》提出，数字经济治理"需要可互操作的标准、框架和监管合作"。2021 年生效的《亚洲及太平洋跨境无纸贸易便利化框架协定》第 3 条第 9 款将"兼容性"定义为"两个或两个以上的系统或组件交换信息并使用已交换信息的能力"。

　　本条第8款还要求缔约方认识到国际公认标准及可获得的开放标准在数据交换系统的开发和治理方面的作用。"开放标准"的核心是通过制定标准化的贸易单证和数据格式等实现无缝数据链接和真正的无纸化数字贸易。目前，众多国际组织均积极参与数字贸易国际标准化工作的推进过程，已出台了一系列数字贸易国际标准。[④] 2022 年，WTO、联合国亚太经济社会委员会（ESCAP）和联合国国际贸易法委员会（UNCITRAL）联合

---

① Wolfgang Kerber and Heike Schweitzer, Interoperability in the Digital Economy, Journal of Intellectual Property, Information Technology and Electronic Commerce Law, Vol. 8 (1), 2017, pp.39-58.

② 殷敏、应玲蓉：《DEPA 数字贸易互操作性规则及中国对策》，载《亚太经济》2022 年第 3 期，第 30 页。

③ WTO, Joint Statement on Electronic Commerce, Communication from Singapore, INF/ECOM/25, 30 April 2019.

④ 参见章建方等：《数字贸易国际标准化现状与发展趋势研究》，载《中国标准化》2023 年第 9 期，第 41—47 页。

撰写了《无纸化跨境贸易工具箱》（Cross-border Paperless Trade Toolkit），内容涵盖解释性说明、优秀案例、参考资料和其他相关信息，致力于提高对无纸化贸易技术和法律工具的认知，促使这些工具更广泛地应用于实际操作。

为充分释放数据和数字经济价值，本条第 9 款鼓励缔约方通过分享数据交换系统开发和管理经验，或就开发和管理数据交换系统的试点项目开展合作，共同探索数据交换的最佳路径。据此，成员方应依托各区域及国际组织、论坛等平台，加强沟通与协商，确保数据共同定义和互操作性的数据交换框架制度的建立。成员方还需要积极合作研发有助于确保互操作性的技术，包括数据格式标准化、数据接口统一化、数据传输安全化等方面的技术，以便企业、政府、公民等数据提供者和使用者在可信、安全、高效的环境中交换数据，实施互利的数据共享交易，促进国际经贸发展。世界经济论坛（WEF）在 2021 年 8 月发布的《面向数据经济的数据交换框架》白皮书，详细阐述了数据交换框架的核心要素、构建原则和实施策略，可为成员方推进数据交换系统合作提供实践指引和经验借鉴。

本条第 10—11 款倡导缔约方在无纸贸易领域进行双边和多边合作。《APEC 跨境电子商务便利化框架》①和《亚洲及太平洋跨境无纸贸易便利化框架协定》等均是区域组织在数字贸易领域进行合作磋商的积极成果。联合国国际贸易法委员会、世界海关组织、万国邮政组织（UPU）等其他相关组织出台的标准和指南也在一定程度上明确了数字贸易便利化规则的发展方向和改革路径。缔约方在谈判协商新规则时，应充分参考这些标准和指南。②在加强无纸贸易国际合作的过程中，各缔约方也应对欠发达成员提供技术支持和援助，以协助其克服困难，实现数字贸易的可持续发展。

---

① Asia-Pacific Economic Cooperation, Annex A: APEC Cross-Border E-Commerce Facilitation Framework, https://www.apec.org/Meeting-Papers/Annual-Ministerial-Meetings/2017/2017_amm/Annex-A.

② 参见屠新泉、蒋捷媛：《深化〈贸易便利化协定〉，突破跨境电商规则困境》，载《国际贸易》2018 年第 2 期。

关联规定

WTO《贸易便利化协定》（TFA）第一部分第 10 条第 2 款、《全面与进步跨太平洋伙伴关系协定》（CPTPP）第 14.9 条、《区域全面经济伙伴关系协定》（RCEP）第 12.5 条

第 2.3 条：国内电子交易框架

1. 每一方应维持与下列文件原则相一致的管辖电子交易的法律框架：

（a）《UNCITRAL 电子商务示范法》（1996）；或

（b）2005 年 11 月 23 日订于纽约的《联合国国际合同使用电子通信公约》。

2. 每一缔约方应努力采用《UNCITRAL 电子可转让记录示范法》（2017 年）。

3. 每一缔约方应努力：

（a）避免对电子交易施加任何不必要的监管负担；及

（b）在制定其电子交易的法律框架时，便利利害关系人提出建议。

释义

DEPA 第 2.3 条规定了缔约方需采取的管辖电子交易的国内法律框架。

电子商务框架由美国于 1997 年提出，其基本原则是充分尊重私营部门在电子商务领域的自主性，避免政府对电子商务的不当干预，并推动全球范围内电子商务的广泛应用等。电子商务框架主要涉及在线支付、知识产权、安全、消费者隐私、电子商务基础设施等内容。DEPA 要求缔约方遵守联合国国际贸易法委员会的《UNCITRAL 电子商务示范法》（1996 年）[1] 和《联合国国际合同使用电子通信公约》（2005 年）[2]，并鼓励采用

---

[1]《UNCITRAL 电子商务示范法》，https://uncitral.un.org/zh/texts/ecommerce/modellaw/electronic_commerce，访问日期 2023 年 12 月 5 日。

[2]《联合国国际合同使用电子通信公约》，https://uncitral.un.org/zh/texts/ecommerce/conventions/electronic_communications，访问日期 2023 年 12 月 5 日。

《UNCITRAL 电子可转让记录示范法》(2017 年)①，以构建法治化、市场化、国际化的电子商务营商环境。

根据本条第 1 款的规定，缔约方在制定本国电子交易法律框架时，需遵守《UNCITRAL 电子商务示范法》所确立的原则。《UNCITRAL 电子商务示范法》是全球首部关于电子商务的统一法规，于 1996 年 12 月 16 日由联合国国际贸易法委员会第 85 次全体大会审议通过。该示范法旨在为各国立法者提供一套国际公认的法律规则，以消除电子商务领域的法律障碍，提高法律可预测性，从而促进电子商务的便利化水平。②

《UNCITRAL 电子商务示范法》分为两个主要部分，涵盖 4 章 17 条规定。第一部分为"电子商务总则"，包括 3 章 15 条规定，系统规定了适用于数据电文的一般原则和规则，以及数据电文交流的相关规定。第二部分为"电子商务的特定领域"，包含 1 章 2 条规定，主要聚焦于与货物运输合同及运输单证相关的电子商务规则。这些规则旨在为电子商务提供明确指引，确保各方在电子交易中的权益得到妥善保障。该示范法所确立的不歧视、技术中立和功能等同三大基本原则构成现代电子商务法的基本要素，为电子商务的发展提供了明确的法律指导，并为各国制定现代化的电子商务法提供了重要参考。不歧视原则确保电子文件不因其形式而丧失法律效力、有效性及可执行性，即电子与纸面文件在法律上应受到同等对待。技术中立原则要求立法对技术保持中立，即确保法律框架适用于各种电子商务技术，不对特定技术进行歧视或限制。功能等同原则规定了将电子通信视为等同于纸面通信的标准，即如果电子通信满足特定要求，便可视为与传统纸面系统中相应概念（如"书面""原件""签名"和"记录"）具有相同的目的和功能。这一原则旨在确保电子通信具有与传统纸面通信相同的法律效力和合法性。

---

① 《UNCITRAL 电子可转让记录示范法》，https://uncitral.un.org/zh/texts/ecommerce/modellaw/electronic_transferable_records，访问日期 2023 年 12 月 5 日。

② 参见龚柏华：《论跨境电子商务 / 数字贸易的 "eWTO" 规制构建》，载《上海对外经贸大学学报》2016 年第 6 期，第 18 页。

目前，以《UNCITRAL 电子商务示范法》为基础或受其影响的立法已在 83 个国家和 163 个法域获得通过。作为示范性法律文本，其本身并无直接法律效力，但为各国制定电子商务法律提供了蓝本。对该示范法的采纳推动了全球范围内电子商务法制化的进程。[①] 例如，美国明确支持《UNCITRAL 电子商务示范法》，并据此制定了国内法律，如 1999 年通过的《统一计算机信息交易法》。国际商会（ICC）发布的《国际数据签署商务通用规范》也广泛采用了该示范法的规定。我国在制定电子商务法律时，也参考了《UNCITRAL 电子商务示范法》和《UNCITRAL 电子签名示范法》[②]，如《电子签名法》和《电子商务法》。《UNCITRAL 电子商务示范法》对推动国际电子商务发展和规范化起到了重要作用，为各国根据自身情况和需求，建立健全电子商务法律体系提供了重要借鉴。

除了《UNCITRAL 电子商务示范法》，DEPA 第 2.3 条第 1 款还要求缔约方在构建本国电子交易框架时遵守 2005 年 11 月通过的《联合国国际合同使用电子通信公约》（以下简称《电子通信公约》）。《电子通信公约》旨在消除国际合同使用电子通信的障碍，加强国际贸易合同的法律确定性和商业上的可预见性。目前，已有法国、澳大利亚等 25 个国家成为公约缔约方，中国政府已于 2006 年 7 月 6 日签署该公约。

《电子通信公约》共 4 章 25 条规定。第一章为适用范围，涵盖适用范围、不适用情形、当事人意思自治等内容。第二章为总则，规定了相关定义、解释、当事人所在地、对提供情况的要求。第三章为国际合同使用电子通信，条文内容包括对电子通信的法律承认、形式要求、发出和收到电子通信的时间和地点、要约邀请、自动电文系统在合同订立中的使用、合同条款的备查、电子通信中的错误等[③]，涵盖了以下几个在国际合同中使用电子通信的准则：第一，合法性和效力承认，不可仅因所用之信息载体为

---

① 参见刘颖：《我国电子商务法调整的社会关系范围》，载《中国法学》2018 年第 8 期，第 200 页。

② 《UNCITRAL 电子签名示范法》，https://uncitral.un.org/zh/texts/ecommerce/modellaw/electronic_signatures，访问日期 2024 年 3 月 5 日。

③ 参见刘万啸，《〈联合国国际合同使用电子通信公约〉关于电子通信收发时间规则评析及对我国相关立法的影响》，载《兰州学刊》2011 年第 6 期，第 134 页。

电子形式而否定合同的合法性、效力或可执行性；第二，承认电子签名的法律效力，鼓励各国采纳技术中立的法律框架，使电子签名与传统书面签名具有相等法律地位；第三，强调确保电子交易各方信息的安全和保密；第四，旨在消除各国法律体系中的差异和障碍，并为各国提供立法参考。第四章为最后条款，规定了保存方、签署、批准、接受或认可、区域经济一体化组织的参与、根据其他国际公约进行的通信往来、声明的程序和效力、保留、生效、适用时间和退约等内容。① 总之，《电子通信公约》明确了电子合同的法律地位，为各国提供了统一的纠纷解决标准，并强调电子交易信息安全和隐私保护，有助于削减数字贸易壁垒，推动数字经济蓬勃发展。

本条第 2 款要求缔约方努力采用《UNCITRAL 电子可转让记录示范法》（以下简称《示范法》）的相关规定。随着全球数字化转型持续加速，纸质销售单证、运输单证、仓单等可转让记录的传统模式已无法适应当前实践。鉴于此，UNCITRAL 着手制定电子可转让记录的国际示范法，并于 2017 年获得通过。截至 2024 年 5 月，以该《示范法》为基础或受其影响的立法已在巴林（2018）、伯利兹（2021）、基里巴斯（2021）、巴拉圭（2021）、新加坡（2021）、阿拉伯联合酋长国（阿布扎比全球市场）（2021）、巴布亚新几内亚（2022）、大不列颠及北爱尔兰联合王国（2023）和东帝汶（2024）这 9 个国家、法域获得通过。② 《示范法》基于现代商业实践和跨境交易中的多项国际公约及电子商务指南制定，具备先进的法律基础框架。例如，《示范法》同样包含不歧视、功能等同和技术中立等电子商务立法基本原则，承认电子可转让记录与传统纸质单证的同等法律地位，不偏袒或歧视特定技术。《示范法》的适用范围广泛，包括信用证、电子票据等多种类型的电子可转让记录。《示范法》还鼓励各国采纳区块链、人工智能等新兴技术进行电子可转让记录的管理，其主要目标是为电子转让记

---

① 参见薛虹：《论〈联合国国际合同使用电子通信公约〉的广义应用》，载《重庆邮电大学学报（社会科学版）》2016 年第 4 期，第 25 页。

② 参见联合国国际贸易法委员会官网，https://uncitral.un.org/zh/texts/ecommerce/modellaw/electronic_transferable_records/status。

录提供一个通用法律框架，并致力于消除各国在此领域的法律分歧，从而确保电子可转让记录在国内和跨国界的合法使用，提高交易效率，减少因法律不确定性而产生的交易风险。

本条第 3 款重申，缔约方应努力避免对电子交易施加任何不必要的监管负担，并在制定电子交易法律框架时，便利利害关系人提出建议。在电子商务领域，"不必要的监管负担"通常表现为烦琐的注册程序、高昂的合规成本、复杂的税收规定等。过度监管可能阻碍市场创新和竞争。因此，缔约方在制定电子交易法律框架时，需要审慎考虑监管措施的必要性和合理性，避免过度干预电子交易市场的正常运行。RCEP 和 CPTPP 等国际协定对国内电子交易框架均有所规定。CPTPP 明确要求缔约方遵循《UNCITRAL 电子商务示范法》或《联合国国际合同使用电子通信公约》的原则，比 RCEP 的"考虑"规范更为严格。DEPA 在此基础上，还要求缔约方努力采用 2017 年《UNCITRAL 电子可转让记录示范法》，进一步推动电子商务立法的统一。DEPA 对于便利利害关系人提出立法建议的规定也与 CPTPP 的相关条款具有一致性。利害关系人包括电子商务平台、消费者、商家、行业协会等，他们各自拥有不同的利益诉求和专业知识。通过各种渠道听取利害关系方的意见和建议，有助于立法者全面了解市场需求，从而构建一个更加合理、有效的电子交易规则体系，提高监管透明度和公信力。

从国内电子交易框架来看，我国于 2004 年颁布了《电子签名法》，对电子通信手段等进行了明确定义。随着电子商务法律实践的发展，电子商务的概念和相关法律不断演进。2018 年通过的《电子商务法》是我国对电子商务活动全面规定的综合性立法，具有提纲挈领的作用。该法特别关注电子商务平台经营者，要求其履行保护消费者权益、维护交易秩序、审查经营者资格等义务，还规定平台经营者应建立信用评价、消费者投诉处理机制，采取措施防止虚假交易和侵权行为等，旨在促进电子商务市场健康发展，保护消费者合法权益。该法也体现了避免对电子交易施加不必要监管负担的原则，例如该法第 7 条规定，国家建立符合电子商务特点的协同管理体系，推动形成有关部门、电子商务行业组织、电子商务经营者、消费者等共同参与的电子商务市场治理体系；第9条规定，电子商务行业组织按照本组织章程开展行业自律，建立健全行业规范，推动行业诚信建设，监督、引导本行业经营者公平参与市场竞争，充分体现了我国立法部门积极引导电子商务健康发展，避免对电子商务进行过多行政干预的特点。我国《民法典》对电子商务问题也给予了充分重视，对"互联网""网络""知识产权""个人信息"和"数据"等核心领域进行了规范。例如，《民法典》第一编总则第五章明确规定，法律对数据、网络虚拟财产的保护有规定的，依照其规定。根据第三编第二章合同的订立，当事人采用信件、数据电文等形式订立合同要求签订确认书的，合同在签订确认书时即告成立。

此外，我国部分电子商务发达的地区已经依据相关法律，制定了适合本地区电子商务发展的条例或意见。例如，2022年，浙江省印发了《浙江省电子商务条例》，要求电子商务经营者在其网站首页或者从事经营活动的主页面显著位置持续公示电子营业执照链接标识。电子商务平台经营者应当对平台内经营者提交的身份、地址、联系方式、行政许可等信息至少每六个月进行一次核验更新。上海市早在2008年便制定了《上海市促进电子商务发展规定》，为电商行业高质量发展提供了支撑体系。杭州市于2017年出台了《杭州市跨境电子商务促进条例》，提出"依托第三方物流平台、单一窗口综合服务平台等综合信息服务平台"发展跨境电商。2022年，汕头市出台《汕头经济特区跨境电子商务发展促进条例》，对跨境电子商务发展的用地、财政资金、人才等要素进行了顶层设计，鼓励引导传统优势产业集群借助跨境电商开辟增长新模式。这些地方性法规进一步细化了电子商务的规范和监管要求，促进了中国电子商务实践及电子商务法律法规的持续发展和完善。

关联规定

《全面与进步跨太平洋伙伴关系协定》（CPTPP）第14.5条（国内电子交易框架）、《区域全面经济伙伴关系协定》（RCEP）第12.10条（国内监管框架）

第 2.4 条：物流

1. 缔约方认识到高效跨境物流的重要性，有助于降低成本和提高供应链的速度和可靠性。

2. 缔约方应努力分享关于物流部门的最佳实践和一般信息，包括但不限于下列内容：

（a）最后一公里配送，包括按需和动态路径解决方案；

（b）使用电动、遥控和自动驾驶车辆；

（c）便利跨境货物交付方式的提供，例如共用包裹储存系统；以及

（d）新的物流配送和商业模式。

释义

DEPA 第 2.4 条规定了缔约方对"物流"的认识和改进措施。缔约方应积极分享物流领域的优秀实践案例，共同推动高效跨境物流的建设与开展。

物流是指以满足货物流动需求为目标，实现商品从提供者向需求者的转移而形成的物权的动态集合。跨境物流是物流服务发展到高级阶段的一种表现形式。[①] 国际贸易背景下的跨境物流是指在两个或两个以上关境之间开展的商品物流服务。[②] 跨境物流包括仓储、运输、海关、商检、配送等多个环节，与国内物流相比，增加了国际运输、海关清关与商品检验等环节。在电子商务环境下，跨境物流依靠互联网、大数据、信息化与计算机等先进技术，实现物品在不同国家或地区之间，从跨境电商企业向跨境消费者的跨越。

本条第 2 款对跨境物流的高效实践提出了四个方面的要求，旨在降低贸易成本，提高贸易便利化水平。一是实现"最后一公里配送"。配送的"最后一公里"并非仅指实际距离的一公里，而是指在电子商务交易中，从分拣中心通过特定运输工具，将商品从配送点直接送至客户手中，实现门

[①]　See Seleuk Erengue S., Simpson N C., Asoo J Vakharia. Integrated Production/Distribution Planning in Supply Chain: An Invited Review, European Journal of Operational Research, 1999 (115), pp. 219-236.

[②]　参见高翔、贾亮亭：《基于结构方程模型的企业跨境电子商务供应链风险研究——以上海、广州、青岛等地 167 家跨境电商企业为例》，载《上海经济研究》2016 年第 5 期，第 76 页。

到门服务的过程。"最后一公里配送"是整个物流流程的末端环节，也是唯一直接与客户面对面接触的环节。①同时，"最后一公里"也是跨境物流的最后一站，通常与国内快递服务相互协作。目前，国内电商配送体系已形成了包括菜鸟驿站、智能快递柜、固定自提点和直接送货上门在内的"最后一公里"综合配送模式。这些模式不仅满足了电商客户的多样化配送需求，还有效避免或减少了配送失败的情况，优化了物流资源配置，降低了末端配送成本。此外，"最后一公里配送"还需解决物流配送路径寻优的问题，即配送点到客户的最优配送路线问题。为提高配送效率，许多配送公司采用了按需配送和动态路径解决方案。按需配送指根据客户需求实时调整配送策略；动态路径解决方案指借助先进的导航系统和数据分析工具，实时分析道路交通和天气状况等信息，并据此为配送员规划最优路径。这两种解决方案的结合，使配送公司能够全面优化配送流程，确保快速、准确地将商品送达目的地。随着个性化物流服务需求的增长与新政策、新技术的发展，网络货运平台、众包物流平台等多样化物流配送模式和管理模式逐渐涌现。这些新模式依托互联网实现资源整合和供需匹配，利用虚拟化技术、分布式数据存储技术、海量数据处理技术等搭建物流信息云平台，以实现科学化的物流跟踪及配送路径的动态选择。

二是在物流过程中使用电动、遥控和自动驾驶车辆等高科技设备提高运输效率。遥控设备可以远程调度物流运作。自动驾驶车辆作为自动化运输工具，能够自主感测环境及导航，可以减少人为失误，提高安全性，但全自动驾驶汽车尚未实现全面商用化，多数仍为原型机或展示系统，仅部分可靠技术应用于量产车型。此外，无人机和仓储机器人也开始应用于物流行业，如亚马逊创建了智慧物流中心并使用无人机智能设备；京东打造了全自动化物流中心，研发了京东无人机、京东仓储机器人以及京东自动驾驶车辆送货等智能物流项目。②但是，新生事物的出现也伴随一系列的问题。例如，无人机电池容量有限，导致无法长时间飞行，严重限制了配

---

① 参见杨岩：《我国电商物流最后一公里配送问题研究》，载《物流工程与管理》2014年第10期，第90页。

② 参见刘晓娜：《人工智能时代下物流企业转型升级变革及发展趋势》，载《商业经济研究》2019年第4期，第91页。

送距离。同时，民用无人机法律责任尚不明确。因此，在利用高科技提升物流效率的同时，亦需关注并解决随之产生的问题。

三是便利跨境货物交付方式的提供。为提升跨境货物交付效率，可以采取共同配送、统一配送、集中配送等模式。例如，支持跨境电商企业建立国内保税公共仓储和海外仓，实现跨境货物的集货运输和集中配送。通过运用共用包裹储存系统，可以实现多个国家的货物在同一地点进行集散和分发，实现跨境货物的集中存储和集中管理，有效降低单个包裹的物流成本，包括运输、仓储和人力等成本。搭建海外仓库储存模式，可以节省派送时间，并优化售后服务，省略退换货服务过程中的二次清关、产品检查等环节，提高消费者满意度。我国海南自由贸易港已着手设立智能集散中心，包括跨境电商公共仓储、海外仓储和退（换）货中心，促进公共信息平台与跨境电商平台对接，并致力于建设跨境电子商务进出口基地。这些举措旨在加强跨境电子商务的物流和仓储基础设施，提升整体配送效率和服务质量，推动跨境电子商务的快速发展。

四是尝试新的物流配送和商业模式，进一步提升物流效率。跨境电商物流企业通过融入创新科技，如无人仓库、电子通关平台、跨境电子锁等技术，可以提高物流效率并降低运营成本。同时，通过与创新科技机构合作，运用人工智能、食品安全全球追踪技术、大数据和区块链等尖端技术，进一步优化跨境物流运输效率。此外，通过发展物流金融，可以促进物流项目融资或推动跨境物流企业上市，为物流行业的持续发展和扩大注入活力。我国应构建和完善跨境物流信息共享体系，利用人工智能和大数据技术发展多样化跨境物流运输形式，完善国际跨境物流合作机制，拓展国际联运服务，构建一站式跨境物流体系，增建海外仓，优化全球性跨境物流空间布局。以上海浦东地区为例，其凭借优越的地理位置，依托全球最大的货运机场——上海浦东国际机场，成为全球物流中心之一。浦东物流形成了以海关口岸为主体，公路、航空、铁路等多种运输方式相互连接的多式联运物流体系，为客户提供包括海外仓储、物流配送、清关、退换货等全流程的跨境电商物流解决方案。同时，浦东物流不断拓展服务领域，运用物联网、大数据、人工智能等新技术，实现物流信息化与数字化升级，提升物流服务水平，不断促进贸易便利化。

关联规定

WTO《贸易便利化协定》(TFA)第一部分第 7 条第 8 款

第 2.5 条：电子发票

1. 缔约方认识到电子发票的重要性，电子发票可以提高商业交易的效率、准确性和可靠性。缔约方还认识到，保证各自管辖范围内用于电子发票的系统与其他缔约方管辖范围内用于电子发票的系统可交互操作的益处。

2. 缔约方应保证在其管辖范围内实施与电子发票相关的措施旨在支持跨境交互操作性。为此，每一缔约方应根据现有的国际标准、准则或建议制定与电子发票相关的措施。

3. 缔约方认识到促进全球采用交互电子发票系统的经济重要性。为此，缔约方应就促进采用交互电子发票系统分享最佳实践和开展合作。

4. 缔约方同意就促进、鼓励、支持或便利企业采用电子发票的倡议开展合作。为此，缔约方应努力：

（a）促进支持电子发票的基础设施的建设；及

（b）培养使用电子发票的意识和增强能力建设。

释义

DEPA 第 2.5 条要求缔约方充分认识电子发票的重要性，并鼓励电子发票系统的跨境交互操作。

RCEP、CPTPP 等协定并未设立电子发票条款。DEPA 首创电子发票条款，要求缔约方的电子发票系统采用国际通用标准，鼓励缔约方就电子发票系统开展交流合作。根据 DEPA 第 2.1 条的定义，电子发票是指在买方和供应商之间，按照一定规则和格式，以电子方式自动创建、交换和处理的机器可读发票。电子发票是数字时代发票形态及管理方式转型的产物，通常由国家税务单位统一发放，采取唯一的发票编码和统一防伪技术。电子发票能够有效缩短税收和账款收支的处理周期，减少在打印、存储等环节的传统交易成本，使跨境电子商务交易更加便捷、高效。纳税人可自行开具电子发票，极大简化了发票开具程序。通过互联网和人工智能等技术的应用，电子发票能高效核查交易信息记录，有效辨识虚假交易，协助政府打击税务欺诈等违法行为。[①] 对中小企业而言，电子发票促进了更加透明、高效和安全的保理业务发展，它允许供应商通过出售发票或应收账款给贷方，从而迅速获取现金流，满足营运资金需求。

本条第 1—3 款要求缔约方采用国际通用标准或准则制定与电子发票相关的措施，并就电子发票系统可交互操作建设开展国际合作。可交互电子发票系统的实现是 DEPA 电子发票条款的核心目标之一，其要求缔约方之间就电子发票的全套流程进行统一或互认，包括发票内容、格式或语言以及传输方式等。[②] 目前，国际上应用最广泛的电子发票交换协议标准是"泛欧公共线上采购平台"[③]（Pan-European Public Procurement On-Line，以下简称"Peppol"）。Peppol 是泛欧区域内的一个跨境公共采购电子商务平台试点项目，由欧盟委员会和 Peppol 联盟成员国共同资助建立，旨在通过制定标准化框架，推动欧盟成员国在与公共采购相关的电子目录、电子订单和电子发票等环节实现更高程度的统一与规范化，以简化公共采购流程。[④]Peppol 采用标准的结构化数据格式，使用统一的传输协议和格式，以及唯一编号组成的 Peppol ID，确保电子发票等文件在可互操作的安全网络下进行传输与交换。欧盟于 2008 年启动了该项目，并构建了 Peppol 电子发票体系。2010 年，欧盟制定了电子发票的基本法律框架，并于 2014 年出台《公共采购指令》（2014/24/EU）和《公共采购电子发票指令》（2014/55/EU），进一步推动电子发票的规范化。近年来，欧盟不断完善相关标准和规范，于 2020 年发布了《欧洲电子发票标准》（EN 16931）。[⑤] 此

---

① 参见赵旸顿、彭德雷：《全球数字经贸规则的最新发展与比较——基于对〈数字经济伙伴关系协定〉的考察》，载《亚太经济》2020 年第 4 期，第 58 页。

② Interoperability of E-Invoicing, https://ec.europa.eu/digital-building-blocks/sites/display/DIGITAL/ Interoperability+of+e-Invoicing，访问时间 2023 年 12 月 5 日。

③ "泛欧"包括但不局限于传统地理上划分的欧洲国家与欧洲联盟国家。由于 Peppol 采取会员制并倡导技术层面的合作，美国、日本等国家也有参与，故用"泛欧"更为准确。

④ 参见裴莹、袁红林、戴明辉：《DEPA 数字贸易规则创新促进中国数字价值链构建与演进研究》，载《国际贸易》2021 年第 12 期，第 34 页。

⑤ Directive 2014/24/EU of the European Parliament and of the Council of 26 February 2014 on Public Procurement; Directive 2014/55/EU of the European Parliament and of the Council of 16 April 2014 on Electronic Invoicing in Public Procurement; CEN/TC 434 Published Standards.

外，在 2021 年，欧盟运用去中心化的区块链技术，集成税收监管功能，成功建成"Peppol 持续交易管控①模式"（Peppol CTC）。②目前，Peppol 已被 32 个欧洲国家以及澳大利亚、加拿大、印度、日本、墨西哥、新西兰、新加坡和美国等经济体广泛承认和采用。③

本条第 4 款还提倡缔约方在电子发票基础设施和电子发票应用能力建设上开展合作，从而提高电子发票的国际覆盖率，便利企业采用电子发票，扩大数字贸易的规模效益。电子发票的基础设施建设包括完善相关法律法规，为电子发票的合法使用提供有力保障；加强网络安全建设，确保电子发票在传输和存储过程中的安全性；推广电子发票的应用场景，使其能够更好地满足企业的实际需求。通过这些措施，缔约方将为企业提供一个稳定、安全、便捷的电子发票使用环境。同时，缔约方应注重培养企业使用电子发票的意识和能力，以减少跨境业务买卖双方的付款程序，为贸易提供更加便捷的商业环境，尤其应提升中小企业电子发票应用能力。④例如，新加坡政府拟为中小企业提供发票数字化管理服务支持和专项预算申请，以帮助企业进行电子发票改革。⑤

我国自 2013 年起开始进行电子发票试点，已发展 10 余年。为促进电子发票普及，我国先后出台了一系列政策文件，逐步规范和扩大了电子发票的应用。例如，《发票管理办法》第 3 条明确规定"电子发票与纸质发票具有同等法律效力"，并鼓励推广使用电子发票。2020 年 3 月出台的《关于规范电子会计凭证报销入账归档的通知》明确了电子会计凭证的范围、法律效力以及归档管理，促进了电子档案合法化和电子发票归档管理法制化。

---

① 持续交易管控（Continuous Transaction Controls, CTC）是指，在市场主体持续开展的商务流程中，能直接支持降低交易处理风险行为的控制系统。

② 参见国家税务总局税收科学研究所课题组、谭珩、李本贵等：《欧盟 Peppol 电子发票应用现状与趋势》，载《国际税收》2022 年第 11 期，第 38 页。

③ 参见欧盟委员会官网，Pan-European Public Procurement Online (PEPPOL), https://joinup.ec.europa.eu/collection/eprocurement/document/pan-european-public-procurement-online-peppol。

④ 参见赵龙跃、高红伟：《中国与全球数字贸易治理：基于加入 DEPA 的机遇与挑战》，载《太平洋学报》2022 年第 2 期，第 13 页。

⑤ 参见殷敏、应玲蓉：《DEPA 数字贸易互操作性规则及中国对策》，载《亚太经济》2022 年第 3 期，第 27 页。

2021 年 2 月，《关于进一步扩大增值税电子发票电子化报销、入账、归档试点工作的通知》要求开展增值税电子发票电子化报销、入账、归档试点工作。目前，我国大部分企业的会计核算系统已基本实现审核、支付、记账的电子化，但电子发票端口与会计核算系统还没有实现良好对接。2021 年3 月，中共中央办公厅和国务院办公厅印发了《关于进一步深化税收征管改革的意见》，提出尽快建成全国统一的电子发票服务平台。为实现这一目标，国家税务总局应尽快制定相关技术标准和管理制度，规范接口和准入标准，并建设对服务平台进行监督管理的税务监管平台。此外，还需明确税务主管部门、公共服务平台、开票企业和消费者等各方的权利义务，修订发票管理制度，明确电子发票的法律效力，促进电子发票的配套规章的完善。

在国际合作层面，我国正努力构建符合国际标准的电子发票交互系统。例如，深圳与新加坡合作开展以 Peppol 协议为基础的国际电子发票交换项目，并探索区块链电子发票系统，覆盖发票申领、开具、查验、入账等流程，可实现链上储存、流转、报销。[1] 区块链电子发票系统能够保障信息真实、可追溯，且开票金额不受限制，适合大宗货物贸易。[2] 目前，该系统主要应用于餐饮、金融、零售和交通行业。在建立全国统一的标准化电子发票服务平台后，我国将促进国家税务总局与公安部、海关总署、人民银行等部门共同建立涉税交易信息共享机制，打破部门间信息壁垒，实现发票信息跨平台共享，推进协同共治。[3] 同时，可以利用区块链技术扩展电子发票应用领域，建立可跨境互操作的电子发票系统，实现我国与其他国家和地区电子发票系统的互联与对接。[4]

---

[1]　参见文洋、王霞：《中国申请加入 DEPA 的焦点问题与政策研究》，载《开放导报》2022 年第 4 期，第 101 页。

[2]　参见周念利、于美月：《中国应如何对接 DEPA——基于 DEPA 与 RCEP 对比的视角》，载《理论学刊》2022 年第 2 期，第 55 页。

[3]　参见安然、陈艺毛：《我国电子发票公共服务平台建设的实践与思考——以泛欧线上公共采购平台（PEPPOL）经验为借鉴》，载《国际商务财会》2021 年第 17 期，第 18 页。

[4]　参见李猛：《我国对接 DEPA 国际高标准数字经济规则之进路研究——以参与和引领全球数字经济治理为视角》，载《国际关系研究》2023 年第 3 期，第 20 页。

第2.6条：快运货物

1. 缔约方认识到电子商务在促进贸易方面发挥着重要作用。为此目的，为便利电子商务中的快运货物贸易，缔约方应保证以可预见、一致和透明的方式实施各自的海关程序。

2. 每一缔约方应对快运货物采用或设立快速海关程序，同时保持适当海关监管和选择。这些程序应：

（a）规定在快运货物抵达前提交和处理放行货物所需的信息；

（b）允许一次性提交涵盖一票快运货物中所有货物的信息，例如货单，如可能，应允许通过电子方式提交；①

（c）在可能的限度内，规定放行某些货物的最少单证数；

（d）在正常情况下，只要货物已抵达，规定在提交必要海关单证后6小时内放行快运货物；以及

（e）对任何重量或价值的装运货物适用，认识到一缔约方可能根据货物重量或价值要求办理正式入境手续（包括申报和证明文件、支付关税）作为放行条件。

3. 如一缔约方未向所有装运货物提供2（a）款至2（e）款规定的待遇，则该缔约方应规定可向快运货物提供此种待遇的单独和快速的海关程序。②

4. 除受限或管制货物（例如受进口许可或类似要求管辖的货物）外，每一缔约方应规定免征关税的微量装运价值或应税金额。③每一缔约方应定期审议该金额，同时考虑其可能认为相关的因素，例如通货膨胀率、对贸易便利化的影响、对风险管理的影响、与税额相比的征税行政成本、跨境贸易交易成本、对中小企业的影响或与征收关税相关的其他因素。

---

① 为进一步明确，可要求提供额外单证作为放行条件。

② 为进一步明确，"单独"并不意味特定设施或通道。

③ 尽管有本条的规定，但是一缔约方可对受限或控制货物课征关税或可要求提供正式入境文件，例如对于进口许可或类似要求管辖的货物。

释义

DEPA 第 2.6 条规定了与快运货物贸易相关的海关程序,与 TFA、RCEP 和 CPTPP 等协定的相关条款具有较高相似度,均旨在简化电子商务中快运货物的通关流程,提升海关程序的透明度、一致性和可预见性。

快运货物,即由快递服务提供商提供的快速、可追踪的国际货物运输服务,一般需要在提交海关单证等相关证明文件后的 6 小时内完成放行,以保证运输时效。DEPA 鼓励缔约方简化快运货物的通关程序,如预先申报货物信息、采用电子数据交换、优化检查程序等,以提升货物通关效率,降低贸易成本。快运货物的通关程序涉及海关监管、单证处理和进口许可等多个环节,旨在维护国家经济安全与公共利益。海关会规定货物通关的申报文件、放行条件、放行时间等,并对货物质量、数量、价值等进行查验,确保货物符合国家法律法规和进出口政策,防止走私、偷税漏税、转移危险品和违禁品等不法行为的发生。对进口商而言,在快运货物进口时,首先需要提交相关单证,如发票、汇票、装箱单、提单、产地证明等,以便海关进行货物的查验和核对。国际商会《跟单信用证统一惯例》(Uniform Customs and Practice for Documentary Credits, UCP600)对国际贸易中涉及的单据和支付等问题进行了明确规范。同时,一国通常对限制进口的货物实行进口许可证管理。进口商在进口特定受管制商品之前,需先向政府主管部门申领相应的进口许可证件。根据本条第 1—3 款的规定,缔约方必须允许以电子形式提交与快运货物通关相关的必要单证,并且以可预见、一致和透明的方式实施各自的海关程序,确保快运货物的高效清关。

本条第 4 款还规定,缔约方应明确免征关税的微量装运价值或应税金额。免征关税是国家对符合条件的企业、单位和个人提供的一种税收优惠政策。作为影响贸易成本的关键因素之一,关税的征收对企业的进出口行为有深远影响,也会引导企业改变生产经营方式,提高生产效率。因此,免税额的设定十分重要。根据 DEPA 的要求,缔约方在设置免征关税税额时,需全面考虑多种因素,包括通货膨胀率、对贸易便利化的影响、对风险管理的影响、与税额相比的征税行政成本、跨境贸易交易成本、对中小企业的影响以及其他与关税征收相关的因素。以通货膨胀率为例，通货膨胀影响物价水平，随着物价上涨，免税额的设定应当作相应调整，以保持其实际价值。缔约方应定期对这些因素进行审议，以确保免税政策能够为企业参与跨境贸易提供支持。

　　我国对于快运货物的管理工作，主要由海关总署等机构负责执行。《海关法》规定了我国海关对进出口货物的监管权力和程序。《海关进出口货物申报管理办法》规定了进出口货物申报的具体流程和要求，包括快运货物的申报，其中第 5 条明确指出，"申报采用电子数据报关单申报形式和纸质报关单申报形式"，两者均具有法律效力。此外，《海关法》还规定了进出口货物的关税征收规则，包括对快运货物的关税征收，其中第 56 条规定了减征或免征关税的货物物品范围。2023 年 6 月 29 日，国务院印发《关于在有条件的自由贸易试验区和自由贸易港试点对接国际高标准推进制度型开放若干措施的通知》。该文件对上海、广东、天津、福建、北京自由贸易试验区和海南自由贸易港试点地区，进一步明确了空运快运货物和普通货物通关的时间标准，规定在符合我国海关监管要求且完成必要检疫程序的前提下，空运快运货物正常情况下在抵达后 6 小时内放行；对已抵达并提交所有必要通关信息的普通货物，则尽可能在 48 小时内放行。①可见，中国针对快运货物的管理，已经实行了预录入申报、电子化申报、简化申报等高效的海关程序，并明确规定了快运货物的放行时间等。这些举措与 DEPA 的要求充分对接。

关联规定

　　WTO《贸易便利化协定》（TFA）第一部分第 7 条第 8 款、《全面与进步跨太平洋伙伴关系协定》（CPTPP）第 5.7 条、《区域全面经济伙伴关系协定》（RCEP）第 4.15 条

---

　　①　参见《关于在有条件的自由贸易试验区和自由贸易港试点对接国际高标准推进制度型开放若干措施的通知》第 7、8 条。

第 2.7 条：电子支付

1. 注意到电子支付，特别是由新支付服务提供者提供的电子支付迅速增长，缔约方同意通过促进国际公认标准的采用和使用、促进支付基础设施的可交互操作性和联通性以及鼓励支付生态系统中有益创新和竞争，以支持发展高效、安全和可靠的跨境电子支付。

释义

DEPA 第 2.7 条对电子支付的发展作了原则性和倡议性的规定。

"电子支付"是对支付场景的创新，与传统现金支付相对，目前学界和实务界对电子支付还未形成权威解释或规范性表述，通常将其理解为依托网络等智能化技术手段实现资金转移。根据 DEPA 第 2.1 条的定义，电子支付系指付款人通过电子方式将货币债权转移给收款人可接受的人。在"中美电子支付服务争端案"中，WTO 专家组所认定的"电子支付服务"是指"处理涉及支付卡的交易及处理并促进交易参与机构之间的资金转让服务"，这一解释包含了为促进交易的任何形式的利用电子技术和网络的资金转移服务。[1]据此，跨境电子支付指跨境电子商务活动交易的参与者以信息网络为媒介，采用安全性较高的数据交换手段实现跨境货币支付和资金流转的支付行为。

RCEP 和 CPTPP 等协定均未提及电子支付，TFA 在第 7.2 条鼓励缔约方"在可行的限度内，采用或设立程序，允许以电子支付方式支付海关对进口和出口收取的关税、国内税、规费及费用"，但并未对"电子支付方式"作具体阐明。DEPA 首创了电子支付条款，意在鼓励缔约方采用公认的国际标准，推动构建安全有效的跨境支付体系，并通过支付生态系统的创新推动数字经济的创新，体现了 DEPA 对数字经济所有可能领域保持的开放态度。[2]

本条第 1 款首先提及了电子支付迅速发展的背景。21 世纪以来，国际商业环境以及数字技术创新和应用均取得迅猛发展。跨境电子支付已经成

---

① 杨国华：《"中国电子支付服务案"详解》，载《世界贸易组织与动态》2013 年第 2 期，第 51—52 页。

② 孙晓：《DEPA 与全球数字经济治理》，载《中国金融》2021 年第 23 期，第 79 页。

为国际贸易和经济活动的核心环节，主要参与主体包括跨境电子支付机构、金融机构和终端用户（支付双方）。随着网络技术、移动通信技术和金融技术的普及应用，网上支付和移动支付已成为最普遍的电子支付形式。这些支付方式具有数字化、快捷、高效和低成本等特征。但当前，全球跨境支付市场在效率和创新方面处于发展缓慢的状态，落后于各国高度发达的境内支付市场，难以满足用户日益增长的需求。支付与市场基础设施委员会（CPMI）[①]工作组的调研显示，造成此种局面的深层次原因主要包括跨境支付数据标准化程度不足、合规流程复杂、运营时间有限、基础设施老旧、交易链条过长、服务商门槛过高等。这些因素相互叠加，给全球跨境支付在速度、费用、覆盖面和透明度等方面带来诸多问题。[②] 因此，DEPA倡导缔约方推动国际公认标准的使用，增强支付基础设施的可交互操作性和联通性，鼓励支付生态系统中的有益创新和竞争，以支持发展高效、安全和可靠的跨境电子支付。

2. 为此目的，并依照各自法律法规，缔约方确认下列原则：

（a）缔约方应努力及时公开各自关于电子支付的法规，包括有关监管批准、许可要求、程序和技术标准的法规。

（b）缔约方应努力考虑相关支付系统的国际公认支付标准，以增强支付系统之间的可交互操作性。

（c）缔约方应努力促进应用程序编程接口（API）的使用，并鼓励金融机构和支付服务提供者在可能的情况下使第三方获得其金融产品、服务以及交易的API，以便利电子支付生态系统的可交互操作性和创新性。

---

① 支付与市场基础设施委员会（Committee on Payments and Market Infrastructures, CPMI）是由24个经济体的中央银行和金融管理局发起成立的国际性专业组织，旨在全球范围内强化支付、清算和结算安排的监管、政策和实践，其秘书处设在瑞士巴塞尔的国际清算银行（BIS）。CPMI成员包括澳大利亚储备银行、比利时国家银行、巴西中央银行、加拿大银行、中国人民银行、欧洲中央银行、法国银行、德意志中央银行、香港金融管理局、印度储备银行、意大利银行、日本银行、韩国银行、墨西哥银行、荷兰银行、新加坡金融管理局、瑞典银行、瑞士国家银行、俄罗斯联邦中央银行、沙特阿拉伯货币当局、南非储备银行、土耳其共和国中央银行、英格兰银行、美国联邦储备银行。自成立伊始，CPMI主席单位主要由美联储、欧央行和英格兰银行承担。

② 参见范耀胜等：《全球跨境支付发展趋势及对我国启示》，载《国际金融》2023年第2期。

释义

为克服电子支付发展中基础设施层面和制度层面的多重障碍，本条第2款列举了（a）至（f）共六项原则，鼓励缔约方努力遵守电子支付原则，共同推动电子支付行业的健康发展。

（a）项原则要求缔约方"及时公开各自关于电子支付的法规，包括有关监管批准、许可要求、程序和技术标准的法规"。在全球范围内，跨境支付参与方普遍面临政治、监管、业务处理和技术标准等方面的多重挑战。各国对电子支付的监管涉及众多部门法领域，包括金融监管、外汇管理、反洗钱监管、客户资金与信息安全、消费者权益保护等，所涉规制非常复杂。部分国家在金融监管体系中对非银行支付机构实施牌照管理或准入限制，同时设定了不利于境外支付机构与本地金融机构进行技术与信息对接的条款，阻碍境外跨境电子支付机构在本国电子支付市场的公平竞争。例如，欧盟法律规定，网上资金划拨的介质只能是商业银行货币或电子货币，非银行第三方支付机构必须获得银行或电子货币机构营业执照才能从事相关业务。知名第三方支付公司 Paypal 即在欧盟取得了银行牌照。此外，欧盟要求支付机构在其央行开设专门账户并保持充足资金，以防范金融风险。[1] 因此，及时公开相关法律法规，对于维护电子支付服务市场的透明，促进公平竞争和有序发展至关重要。跨境电子支付的"国际性"特征也决定了其法律监管不仅限于国内法，还涉及国际法。在国际法层面，跨境电子支付服务主要受到 GATS、巴塞尔相关协议[2] 以及《UNCITRAL 国际贷记划拨示范法》的约束和指导，这些国际法规为解决多国之间在跨境电子支付服务领域的法律监管合作问题提供了框架和指引。[3]

（b）和（c）项原则着重强调电子支付系统之间的可交互操作性，要求

---

[1]　贺小琳：《美欧跨境电子支付监管的比较研究与启示》，载《对外经贸实务》2022年第3期，第66页。

[2]　巴塞尔协议是国际金融监管领域最具代表性的国际规则。其中涉及电子支付的规则主要包括《电子银行风险管理原则》《跨境电子银行活动监管》《重要支付系统核心原则》等，涉及电子支付风险范围的确定、识别与监管。

[3]　参见杨松、郭金良：《第三方支付机构跨境电子支付服务监管的法律问题》，载《法学》2015年第3期，第101—105页。

缔约方努力考虑相关国际公认支付标准和应用程序编程接口（API）的使用。跨境电子支付涉及多个国家和地区金融机构、企业间的支付信息交换和货币清算，结算模式相对复杂。实现不同支付系统之间的可交互操作性，将大幅提升跨境电子支付的效率，降低国际贸易成本。因此（b）项原则鼓励缔约方推动实现"国际公认支付标准"。二十国集团于 2020 年 10 月批准的《G20 关于加强跨境支付的路线图》确立了制定跨境支付统一标准等目标，旨在促进国际组织、各国监管机构、商业银行、非银行金融机构和企业等各方加强沟通、形成合力，共同推动全球支付领域的变革和服务水平的提升。ISO 20022 报文标准因其采用可扩展标记语言为基础，具有高度机器可读性与自动化处理能力，更能满足高效、直通处理的要求，因此，跨境支付行业共同采用 ISO 20022 报文标准是大势所趋。环球同业银行金融电讯协会（SWIFT）将在 2025 年完成 MT 报文标准向 ISO 20022 报文标准的迁移工作。到 2025 年前，包括欧盟、英国、美国、中国香港等国家和地区在内的 85% 的全球支付基础设施也将开始采用 ISO 20022 报文标准，这些地方将覆盖全球 80% 的交易量和 87% 的交易额。①

（c）项原则特别要求成员方促进应用程序编程接口（API）的使用，并鼓励金融机构和支付服务提供者在可能的情况下使第三方获得其金融产品、服务以及交易的 API，以便利电子支付生态系统的可交互操作性和创新性。API 是一种开放性的接口标准，被广泛用于互联网应用程序的开发，往往表现为具体的应用程序编程代码，在信息技术领域具有重要地位。作为方便信息交换的基本元素，API 为不同的应用程序提供了相互通信和数据交换的能力，对实现软件之间及软件与操作系统之间的互操作性至关重要。② 授权第三方获取金融产品、服务及交易的 API，可以实现支付服务提供者和消费者之间通畅快捷的数据交换和信息交流，有助于提升电子支付的效率，促进电子支付创新。因此，金融机构和支付服务提供者需要积极采取措施，推动 API 的广泛应用。

---

① 参见范耀胜等：《全球跨境支付发展趋势及对我国启示》，载《国际金融》2023 年第 2 期，第 61 页。

② 贾磊：《应用程序编程接口"可版权性"的否定——以甲骨文诉谷歌应用程序编程接口版权争议为例》，载《科技与法律》2020 年第 5 期，第 33 页。

> （d）缔约方应努力使个人和企业通过数字身份实现可跨境认证和电子识别客户。
>
> （e）缔约方认识到通过监管以加强电子支付系统安全、效率、信任和保障的重要性。如适当，监管的实施应与提供电子支付系统所带来的风险相称和相当。
>
> （f）缔约方同意，政策应促进公平竞争下的创新和竞争，并认识到通过采用例如监管沙盒和行业沙盒等方式创造有利环境从而使新老企业能够及时推出新的金融和电子支付产品和服务的重要性。

释义

（d）和（e）项原则强调保障电子支付系统的安全性。一方面，敦促缔约方积极推行数字身份认证，使个人和企业能够通过数字身份实现跨境认证和电子识别客户；另一方面，认可缔约方实施适当监管对于降低电子支付风险的必要性。电子支付系统面临的主要风险在于第三方支付系统使支付变得虚拟化，交易主体和平台难以验证交易双方的真实账户和身份信息，这就导致虚假交易频发，威胁交易安全和市场稳定。此外，第三方支付系统属于中介机构，无法深入接触跨境电商的业务流程及细节，会导致管理上的不足和疏漏，从而增加被不法分子利用从事金融犯罪的风险。因此，包含电子支付在内的金融服务业在全球经济体系中受到相对严格的监管。不同国家之间电子支付服务监管法律制度的差异和冲突不可避免，大大增加了支付法律关系当事人的支付成本。[①] 对此，DEPA 特别强调监管的实施应与提供电子支付系统所带来的风险相称和相当。

为提升缔约方的监管水平，（f）项原则提出诸如"监管沙盒"和"行业沙盒"等创新监管理念，鼓励缔约方创造有利环境，推动金融和电子支付产品和服务的创新。监管沙盒（Regulatory Sandbox）的概念在 2015 年由英国金融行为管理局（Financial Conduct Authority）首次提出，是指监

---

① Lawrence J. Trautman, E-Commerce and Electronic Payment System Risks: Lessons from Paypal, Science and Technology Law Review, Vol.17 (2), 2014, p.31.

管部门通过设立安全测试区，以真实的个人与企业用户为对象，对金融创新产品和服务进行小范围测试，从而防范潜在金融风险。① 目前，新加坡、澳大利亚、泰国和马来西亚等国家和地区的监管当局都推出了自己的监管沙盒计划，我国也开始探索监管沙盒等金融科技创新监管工具的推广适用。行业沙盒（Industry Sandbox）则主要由行业组织主导和实施，整体门槛较低，操作更加灵活，能够通过行业组织设计、提供的测试系统与环境，促进相关行业的技术创新与合规自律，达到了解行业市场、鼓励创新、防控风险等目的。

　　具体到中国层面，在电子支付领域，我国具有相对领先的优势和迫切的国际合作意愿。2005 年，中国人民银行发布的《电子支付指引（第一号）》中将电子支付解释为"单位、个人直接或授权他人通过电子终端发出支付指令，实现货币支付或资金转移的行为"。② 2015 年 4 月，国家外汇管理局发布了《国家外汇管理局关于开展支付机构跨境外汇支付业务试点的通知》，在全国范围内开展支付机构跨境外汇支付业务试点，拓展了跨境电子商务的资金结算渠道，便利了跨境交易双方外汇资金结算。2019 年 4 月，国家外汇管理局在总结试点经验的基础上，出台《支付机构外汇业务管理办法》，填补了跨境支付业务的监管空白。③ 在有利政策支持下，我国电子支付市场规模持续增长，电子支付市场参与主体日益多元化，以第三方支付为代表的各种电子支付不断创新，成为传统支付行业的有益补充。电子支付的快速发展解决了电子商务中最重要的资金结算问题，使电子商务的普及成为可能。同时，依靠电子商务的客户数量增长，电子支付也进一步发展壮大。因此，在电子商务立法中涵盖电子支付的内容成为必然。2019 年生效的《电子商务法》第三章"电子商务合同的订立与履行"中包括 5 条对电子支付进行规范的条款（第 53 条至第 57 条），改变了电子支

---

　　① 参见张红：《监管沙盒及与我国行政法体系的兼容》，载《浙江学刊》2018 年第 1 期，第 77—86 页。

　　② 《电子支付指引（第一号）》，中国人民银行公告〔2005〕第 23 号。

　　③ 贺小琳：《美欧跨境电子支付监管的比较研究与启示》，载《对外经贸实务》2022 年第 3 期，第 64 页。

付纠纷缺乏法律规范的情况，也为中国对接 DEPA，实现与其他缔约方电子支付系统的可互操作提供了国内法依据。

关联规定

WTO《贸易便利化协定》（TFA）第一部分第 7 条第 2 款（电子支付）、DEPA 第 7 章（数字身份）

模块 3：数字产品待遇和相关问题 [①]

> **第 3.1 条：定义**
>
> 就本章而言：
>
> **数字产品**指供商业销售或传播目的而生产的、可以电子方式传输的计算机程序、文本、视频、图像、录音或数字编码的其他产品；[②] 及
>
> **电子传输**或**以电子方式传输**指使用任何电磁手段，包括光子手段进行的传输。

释义

DEPA 第 3.1 条对"数字产品"和"电子传输或以电子方式传输"的基本概念进行了定义。DEPA 与 CPTPP、USMCA 和《美日数字贸易协定》（UJDTA）等协定对数字产品的定义保持了一致，均不包括货币之类以数字化形式表现的金融工具。

"数字产品"是数字时代的重要产物，也是数字贸易领域的重要概念。DEPA 将"数字产品"定义为"供商业销售或传播目的而生产的、可以电子方式传输的计算机程序、文本、视频、图像、录音或数字编码的其他产品"，且在脚注中特别指出，应避免将数字产品贸易的定义局限于"服务贸易或货物贸易"的二分范畴内。数字产品贸易在内容和电子传输方面融合了货物与服务贸易的双重属性。各国在界定数字产品的法律属性时持有不

[①]　如今全球数字贸易规则总共分为三种类型：一是"美式规则"，着力推进跨境数据自由流动、反对数据本土化；二是"欧式规则"，强调保护个人信息隐私优于数据自由流动带来的商业价值，并要排除"文化例外"条款；三是"中式规则"，强调数字治理主权，增强维护国家公共政策条款。参见李佳倩等：《DEPA 关键数字贸易规则对中国的挑战与应对——基于 RCEP、CPTPP 的差异比较》，载《国际贸易》2022 年第 12 期，第 63—71 页。

[②]　为进一步明确，数字产品不包括金融工具的数字化表示，例如货币。数字产品的定义不应理解为反映一个缔约方对通过电子传输的数字产品贸易是否应归类为服务贸易或货物贸易的看法。

同立场，难以调和。为此，DEPA 在脚注中表明其对数字产品的定义不反映各方将之归类为货物或服务的立场，这一规定有助于提升各国对其数字产品规则的接受度。①

　　鉴于数字贸易的属性很难通过传统的"货物 / 服务"二分法来确定，国际通行做法是由各国基于自身需求对数字贸易进行分类和管理。②2019年 3 月，经济合作与发展组织（OECD）、世界贸易组织（WTO）和国际货币基金组织（IMF）共同发布了《数字贸易测度手册》（Handbook on Measuring Digital Trade）。该手册定义了数字贸易的概念框架，提出数字贸易由"以数字方式订购"（数字订购贸易）和"以数字方式交付"（数字交付贸易）两大模式组成，并强调了这两个概念下数字中介平台（DIP）的重要性。2023 年，《数字贸易测度手册》第二版进一步明确了数字贸易主要分为订购和交付两种模式，不存在中间地带。③我国基于该手册的划分标准，将数字贸易分为数字交付贸易和数字订购贸易。其中，数字交付贸易又依据交易标的的不同，进一步被分为数字技术贸易、数字服务贸易、数字产品贸易和数据贸易四个子类。数字订购贸易则包含跨境电商交易的货物和服务。④具体而言，数字产品贸易涉及通过信息通信网络以数字形式传播和接收的数字产品，例如文档、图像、音频、视频、软件、电子游戏、电子书等。数字服务贸易则指那些全部或部分以数字形式交付的跨境服务贸易，包括互联网平台服务、数字金融与保险、远程教育、远程医疗，以及管理与咨询等传统服务的数字交付部分。⑤

　　"电子传输或以电子方式传输"并非特指信息载体是光子还是电子，而是泛指通过信息通信网络交付或接收的数据或信息，因此包含通过光子手段进行的传输。例如，通过电子邮件、网站、云服务或其他在线平台发送

---

① 参见陆一戈：《数字产品的非歧视待遇问题研究》，载《武大国际法评论》2024 年第 1 期，第 139—157 页。

② 参见贺小勇、高建树：《数字贸易国际造法的共识、分歧与因应》，载《学术论坛》2022 年第 4 期，第 93—104 页。

③ See Handbook on Measuring Digital Trade: Second edition, https://www.imf.org/-/media/Files/Publications/Books/2023/English/HMDTEA.ashx, visited on 18 March 2024.

④ 参见张茉楠、方元欣、邱晨曦：《全球数字贸易规则博弈与"中国方案"》，载《全球化》2022 年第 2 期，第 46—58 页。

⑤ 参见国家工业信息安全发展研究中心编制：《中国数字贸易发展报告 2021》，第 2 页。

或接收的文档、图片、音频、视频等都属于电子传输或以电子方式传输的内容。① 电子传输意味着线上完成交易全过程，"线上订购＋线下交付"的模式不属于此范畴。②

关联规定

《全面与进步跨太平洋伙伴关系协定》（CPTPP）第 14.1 条、《美墨加协定》（USMCA）第 19.1 条、《区域全面经济伙伴关系协定》（RCEP）第 12.15 条

第 3.2 条：关税

1. 任何缔约方不得对一缔约方的人与另一缔约方的人之间的电子传输及以电子方式传输的内容征收关税。

2. 为进一步明确，第 1 款不得阻止一缔约方对以电子方式传输的内容征收国内税、规费或其他费用，只要此类国内税、规费或费用以符合本协定的方式征收。

释义

DEPA 第 3.2 条规定的是电子传输免关税问题。在关税条款方面，DEPA、RCEP 和 CPTPP 均规定了电子传输免关税。不同之处在于，RCEP 的免税安排基于 WTO《关于〈电子商务工作计划〉的部长决定》作出，是一种短期措施，缔约方有权根据 WTO 部长级会议的后续决定调整现行做法。而 DEPA 和 CPTPP 所规定的电子传输免关税措施是长期有效的。

数字贸易是指利用电子传输手段开展的商业活动，其最大特征是无形性，因此在技术上难以实施传统海关模式的关税征收。同时，针对电子传输及其所传输的内容（即数字产品或数字服务）的征税范围也难以确定。因

---

① 参见《什么是电子数据交换（EDI）?》，载 IBM 官网，https://www.ibm.com/cn-zh/topics/edi-electronic-data-interchange，访问日期 2023 年 5 月 12 日。

② 参见谭观福：《论数字贸易的自由化义务》，载《国际经济法学刊》2021 年第 2 期，第 27—47 页。

此，电子传输免关税到目前为止仍是国际通行做法。①该做法最早可追溯到1998 年 WTO 的电子商务议程。当时，各方一致同意，对尚处于起步阶段的数字贸易暂不征收关税。此后，WTO 成员在两年一次的历届部长级会议上，均同意延续这一临时免关税政策。但"临时"政策意味着各国采取的电子传输免征关税措施只是对以往短期政策的延续，各国依然保留对电子传输征税的权利，只是目前既未达成永久免征关税协议，也未取消免征关税政策。

　　电子传输免关税可能会给不同发展程度的缔约方带来不对称的经济利益与风险。那些数字产业发达的国家，凭借更健全的数据交易制度和先进的数字服务生产力，往往能在全球数字经济产业链中锁定高附加值的产业分工，使数字产业相对落后的国家沦为廉价数据资源输出方和数字服务被倾销方。②2022 年，在 WTO 第 12 届部长级会议（MC12）上，印度等国认为，互联网自 20 世纪 90 年代以来经历了飞速发展，时代背景已发生深刻变化，现有的电子传输临时免征关税做法对发展中国家不利，各方应重新审视延续电子传输临时免征关税政策是否仍能满足各方的经济利益要求。③尽管 2024 年 3 月 2 日结束的 WTO 第 13 届部长级会议（MC13）决定"在部长级会议第 14 届会议或 2026 年 3 月 31 日之前（以较早者为准）不对电子传输征收关税"④，但各国因数字技术和数字经济发展程度差异而产生的利益矛盾，仍是悬而未决的现实问题。联合国贸易和发展会议（United Nations Conference on Trade and Development, UNCTAD）于2017 年发布的一份报告表明，终止 WTO 电子传输免关税做法有望在全球范围内增加 100 多亿美元的财政收入，其中 95% 将流向发展中国家。⑤因

---

①　参见周念利：《达成高标准平衡包容的数贸规则是众望所归》，载《中国贸易报》2023 年 12月 26 日，第 A1 版。

②　参见岳云嵩、霍鹏：《WTO 电子商务谈判与数字贸易规则博弈》，载《国际商务研究》2021年第 1 期，第 73—85 页。

③　See WTO, Work Program on Electronic Commerce: The E-Commerce Moratorium and Implications for Developing Countries, Communication from India and South Africa, WT/GC/W/774; WT/GC/W/747, 4 June 2019.

④　See WTO, Work Programme on Electronic Commerce Ministerial Decision, https://docs.wto.org/dol2fe/Pages/SS/directdoc.aspx?filename=q:/WT/MIN24/38.pdf&Open=True, visited on 18 March 2024.

⑤　See UNCTAD, Rising Product Digitalisation and Losing Trade Competitiveness, UNCTAD/GDS/ECIDC/2017/3 [R]. Geneva: UNCTAD, 2017.

此，大多数发展中国家反对将电子传输免征关税的做法永久化。

根据本条第 2 款的规定，尽管缔约方需实施电子传输免关税，但仍有权"以符合本协定的方式"对以电子方式传输的内容征收国内税费。国内税费主要包括"税收、费用和收费（Taxes, Fees or Charges）"三种类型。其中，税收（Taxes）指政府各级所征收的强制性贡献，用于支持政府的各类合法开支，如教育、公共卫生和公共安全等。费用（Fees）是政府为提供某种特定服务或活动而向使用者或受益者收取的一种报酬，费用的收入通常用于支付该服务或活动的成本，例如国家和地方政府收取的报警费用就专用于报警服务。收费（Charges）是政府为使用或占用某种公共资源或设施而向使用者或占有者收取的一种补偿，收费的收入通常用于维护或改善该资源或设施，例如政府可能对进入国家公园或使用公共停车场的人收费。① 根据 DEPA 第 1.3 条的规定，缔约方必须确保进口数字产品与本国数字产品在国内税和其他国内费用的征收上享受公平待遇，不得对进口数字产品有任何形式的歧视或限制。

关联规定

《全面与进步跨太平洋伙伴关系协定》（CPTPP）第 14.3 条、《美墨加协定》（USMCA）第 19.3 条、《区域全面经济伙伴关系协定》（RCEP）第 12.11 条

第 3.3 条：数字产品非歧视待遇

缔约方确认其与数字产品非歧视待遇相关的承诺水平，特别包括但不限于：

"1. 任何缔约方给予在另一缔约方领土内创造、生产、出版、签约、代理或首次以商业化条件提供的数字产品的待遇，或给予作者、表演者、生产者、开发者或所有者为另一缔约方的人的数字产品的待遇，不得低于其给予其他同类数字产品的待遇。

---

① See Taxes, Fees, Charges: What's the Difference?, https://conduitstreet.mdcounties.org/2022/11/17/taxes-fees-charges-whats-the-difference/, visited on 15 May 2023.

　　脚注 1：为进一步明确，在一非缔约方的一数字产品属于"同类数字产品"的限度内，则就本款而言，这一产品将被视为符合"其他同类数字产品"。

　　2. 第 1 款不得适用于一缔约方参加的另一国际协定中所含与知识产权有关的权利和义务不一致的情况。

　　3. 缔约方理解，本条不得适用于一缔约方提供的补贴或赠款，包括政府支持的贷款、担保和保险。

　　4. 本条不得适用于广播。"

释义

DEPA 第 3.3 条是关于数字产品非歧视待遇的规定，与 CPTPP 的表述高度一致。本条核心要求在于，缔约方不得给予来自其他缔约方的数字产品低于其给予本国或非缔约方同类数字产品的待遇。[①] 非歧视待遇是 WTO 的一项基本原则，包括最惠国待遇和国民待遇。GATT 1994 第 1 条将最惠国待遇定位为多边的、无条件的，即一成员方就一项产品在关税和其他方面给予另一成员方的优惠，必须立即、无条件地扩展到其他成员的同类产品。国民待遇则强调给予外国人的待遇应等同于给予本国国民的待遇。如果一方对来自其他缔约方的数字产品施加了不合理的关税、税收、监管要求或其他限制措施，而没有对本国或第三国同类数字产品施加同样的措施，就可能构成对非歧视待遇义务的违反。非歧视待遇义务旨在保障数字产品市场的公平竞争环境，避免歧视性的数字贸易壁垒。

　　本条第 1 款规定，任何缔约方给予另一缔约方数字产品的待遇，不得低于其给予"其他同类数字产品"的待遇。该数字产品非歧视待遇条款的适用范围不仅包括海关与边境措施，也包括国内税和国内规制等边境后措施。[②] 但需注意的是，对于仅在缔约方境内存储或传输而非产生于缔约方境内的数字产品，无需给予非歧视待遇，且数字产品的经销商也未被纳入

---

　　① 参见洪晓东：《CPTPP 规则解读系列报告（一）：CPTPP 概述》，载贸易投资网，https://www.tradeinvest.cn/information/9517/detail，访问日期 2023 年 6 月 13 日。

　　② 参见赵海乐：《数字产品非歧视待遇条款对我国国家利益的影响与对策》，载《国际贸易》2023 年第 3 期，第 87—95 页。

本条款的保护范畴。① "产生于缔约方境内"的数字产品指本条第 1 款所规定的，"在另一缔约方领土内创造、生产、出版、签约、代理或首次以商业化条件提供的数字产品"。同时，本款所覆盖的保护范围仅限于数字产品的"作者、表演者、生产者、开发者或所有者"，不包括经销商。在理解"同类数字产品"概念时，可以参考传统货物与服务贸易规则中对"同类产品"的解读。根据 GATT 1994 第 3 条第 2 款 "国内税收"中的规定，"同类产品"指的是具有"竞争或可替代"关系的产品。② 同样，GATS 在针对第 17 条第 3 款 "竞争条件"的判例中也将"同类服务"解释为"具有竞争关系"的服务。③ 上述解释都是基于产品间的竞争关系来判定产品是否属于同类产品，这一原则同样可以适用于数字产品。即使数字产品的传输方式不同，但只要消费者认为它们具有相似功能并能够相互替代，它们就可以被视为同类数字产品。例如，一种仅依靠电子传输的数字产品与一种需要捆绑特定物理介质的数字产品之间能够相互替代，则二者就具有同类性。④

为进一步明确，DEPA 指出，在一非缔约方的一数字产品属于"同类数字产品"的限度内，则就本款而言，这一产品将被视为符合"其他同类数字产品"的要求。换言之，DEPA 要求一缔约方给予其他缔约方的数字产品待遇水平应与该缔约方给予其他非 DEPA 缔约方最高水平的数字产品待遇一致。可以预见，若今后 DEPA 缔约方与其他国家签署含有更高数字产品待遇水平的协定，其他 DEPA 缔约方则自动获得更高水平的数字产品待遇。

本条第 2 款规定了任一缔约方参加的另一国际协定中与知识产权有关的权利义务规定若与本条第 1 款不一致，可以作为"特别法"优先适

① 参见陆一戈：《数字产品的非歧视待遇问题研究》，载《武大国际法评论》2024 年第 1 期，第 139—157 页。

② 参见张淑钿：《论 GATT 1994 第 3 条国民待遇原则中"同类产品"的认定——以日本酒税案、智利酒税案、韩国酒税案、欧共体石棉案为视角》，载《时代法学》2006 年第 2 期，第 117—121 页。

③ See Mexico—Measures Affecting Telecommunications Services, WT/DS204/R, 2 April 2004.

④ 参见赵海乐：《数字产品非歧视待遇条款对我国国家利益的影响与对策》，载《国际贸易》2023 年第 3 期，第 87—95 页。

用。相比 RCEP 和 CPTPP，DEPA 数字产品非歧视待遇不适用的例外情形范围更广。CPTPP 第 14.4 条的规定为"第 1 款不适用于与第 18 章（知识产权）中的权利和义务出现任何不一致的情况"。这意味着，CPTPP 仅将其第 18 章"知识产权"作为"特别法"，当"数字产品非歧视待遇"条款和"知识产权"章节条款出现冲突时，CPTPP 会优先适用其"知识产权"章节。RCEP 则并未将数字产品非歧视待遇纳入其协定内容，仅在第 12.16 条"电子商务对话"中提及"开展对话时，缔约方应当考虑数字产品待遇问题"，这与 RCEP 开放性的特点相一致。至于 DEPA，其数字产品非歧视待遇不适用的范围涵盖了缔约方参加的所有其他国际协定中的知识产权条款。这种规定可能出于三个方面的考虑：一是避免与其他国际协定中的知识产权规则产生冲突或矛盾；二是保留缔约方在制定和执行知识产权政策和法律时的自主权和灵活性，以便更好地实现各自的公共利益和政策目标；三是各缔约方在知识产权领域的立场和保护水平存在差异，如此规定体现了对缔约方在其他国际框架下的承诺和义务的尊重。①

根据本条第 3—4 款，DEPA 数字产品非歧视待遇规则同样不适用于政府补贴、赠款，以及广播服务，这与 CPTPP 的规定保持一致。政府提供的补贴或赠款通常具有特定的经济和社会政策目标，涉及公共利益，如扶持新兴产业、纾解经济困境或促进地区均衡发展等。这些措施并不能简单等同于市场上的商业行为，如果将非歧视待遇条款适用于这些政策措施，可能会限制缔约方政府在必要时采取市场干预措施。广播是一种典型的文化产品，而文化产品是否应当被纳入自由市场，适用非歧视待遇，在全球范围内存在不同的政策取向。美国倾向于认为所有文化产品都应当在市场中公平、自由地竞争。②但欧盟、日本与加拿大等国家和地区则不希望让外资轻易参与本地文化传播产业，主张需要例外条款保障本地文化艺术及特

---

① 参见张烽：《〈数字经济伙伴关系协定（DEPA）〉及其数字产品相关规则》，载清华大学金融科技研究院未央网，https://www.weiyangx.com/396896.html，访问日期 2023 年 6 月 1 日。

② 参见黄晓燕：《美国 FTA 战略下视听服务领域内的文化例外条款研究》，载《法学研究》2016 年第 6 期，第 47 页。

色文化产业的发展，从而维护"文化多样性"。①《欧盟—加拿大综合经济与贸易协定》和《欧盟—日本经济伙伴关系协定》等协定都未将文化产业纳入贸易规则的非歧视待遇范围内。

关联规定

《全面与进步跨太平洋伙伴关系协定》（CPTPP）第 14.4 条、《美墨加协定》（USMCA）第 19.4 条、《与贸易有关的知识产权协定》（TRIPS）第 3 条、《服务贸易总协定》（GATS）第 2 条和第 17 条、《关税与贸易总协定》（GATT 1994）第 1 条和第 3 条、《欧盟—日本经济伙伴关系协定》（EU-Japan EPA）第 8.7 条

第 3.4 条：使用密码术的信息和通信技术（ICT）产品

缔约方确认其与使用密码术的信息和通信技术产品相关的承诺水平，特别包括但不限于：

"1. 本节应适用于使用密码术的信息通信技术（ICT）产品。

脚注 1：为进一步明确，就本节而言，一"产品"为一货物，不包括金融工具。

2. 就本节而言：

密码术指对数据进行变换的原理、手段或方法，目的在于掩藏其信息内容，防止其在不被识别的情况下被篡改或防止在未经授权的情况下被使用；且限于使用一个或多个秘密参数（例如加密变量）或相关密钥管理进行的信息转换；

加密术指将数据（明文）转换为一种此后不使用密码算法重新转换（密文）即无法易于理解的形式；

密码算法或**密码**指一种将密钥与明文混合生成密文的数学过程或公式；以及

---

① 参见李宁：《"自由市场"还是"文化例外"——美国与法—加文化产业政策比较及其对中国的启示》，载《世界经济与政治论坛》2006 年第 5 期，第 106—107 页。

密钥指与一密码算法一同使用的一参数，密码算法确定其运行方式，知悉密钥的实体可复制或逆转其运行，而不知悉密钥的实体则不能。

3. 对于使用密码术并设计用于商业应用的一产品，任何缔约方不得强制实施或设立一技术法规或合格评定程序，作为制造、出售、分销、进口或使用该产品的条件而要求该产品的制造商或供应商：

（a）向该缔约方或缔约方领土内的人转让或使其可获取属制造商或供应商专有的且与该产品中的密码术相关的特定技术、生产工序或其他信息，例如一专用密钥或其他秘密参数、算法说明或其他设计细节；

（b）与其领土内的人合伙；或

（c）使用或集成一特定密码算法或密码，但该产品是由或为该缔约方的政府制造、出售、分销、进口或使用的情况除外。

4. 第 3 款不得适用于：

（a）一缔约方采用或维持的与接入由该缔约方政府所有或控制的网络相关的要求，包括中央银行的要求；或

（b）一缔约方根据与金融机构或市场有关的监督、调查或检查权力所采取的措施。

5. 为进一步明确，本节不得解释为阻止一缔约方的执法机关要求服务提供者使用由其控制的加密术，根据该缔约方的法律程序提供未加密的通信。"

释义

DEPA 第 3.4 条旨在明确缔约方不得任意干涉信息通信技术（Information and Communications Technology，以下简称 "ICT"）产品所采用的加密技术。OECD 将 ICT 产品定义为 "通过电子手段实现信息处理和通信功能，包括传输和显示，或使用电子进程来检测、测量和记录物理现象、控制物理过程的产品"。[①] 国内有学者基于产品特征将 ICT 产业细分为 ICT 制造业

---

① 参见 OECD 官网，https://data.oecd.org\ict/ict-goods-exports.htm，访问日期 2023 年 8 月 15 日。

和 ICT 服务业。[①] 其中，ICT 制造业产品包括电子元器件、计算机及外围设备、通信设备、音视频设备、消费电子产品等；ICT 服务业产品则包括电信服务、互联网服务、软件服务、系统集成服务、数据处理服务、云计算服务等。[②] 然而，根据本条脚注 1，本条所涉及的 ICT "产品" 仅限于货物范畴，不涉及 ICT 服务业产品，也不包括商业票据、债券等金融工具。ICT 制造业产品广泛使用加密技术来确保数据的安全性、完整性、真实性和可追溯性。保障商业活动中有关密码技术使用的可信环境，有助于促进数字经济的发展，提高电子商务的效率和便利性。[③]

本条第 3 款规定，缔约方不得对使用加密技术的 ICT 产品制造商或供应商施加任何不合理的要求，如强制转让相关加密技术、强制合作、强制使用特定密码算法等。这一条款确保了制造商或供应商在制造、出售、分销、进口或使用加密技术上能够保持独立性和自主性，但当缔约方政府作为进口或使用 ICT 产品的客户时，则可以要求制造商或供应商使用或集成特定密码算法或密码。当缔约方政府作为制造商或供应商时，也可以自行决定使用或集成何种特定密码算法或密码。当制造商和采购的客户均是缔约方政府时，双方均有权要求使用或集成特定密码算法或密码，但此种要求应当基于合理的安全或公共利益考量，并应尊重制造商的专有技术和信息。若在上述情况下双方产生分歧，根据 DEPA 第 14 章 "（争端解决）范围" 中的第 14—A.1 条规定，调停和仲裁的争端解决程序将不适用。CPTPP 和 RCEP 均未涉及这一问题，但 CPTPP 在第 14.17 条中规定了源代码问题。

本条第 4 款为第 3 款的例外规定。金融行业与数字产业的虚拟性高度契合，其风险性和复杂性要求监管部门实施强监管。为确保金融行业的稳

---

① 参见牛新星、蔡跃洲：《中国信息通信技术产业的全要素生产率变化与发展模式——基于 ICT 细分行业增长来源核算的实证分析》，载《学术研究》2019 年第 11 期，第 100—109 页。

② 参见联合国《国际标准行业分类》（ISIC），https://unstats.un.org/unsd/publication/SeriesM/seriesm_4rev3_1c.pdf，访问日期 2023 年 7 月 27 日。

③ 参见孙玉红、于美月、赵玲玉：《区域数字贸易规则对 ICT 产品贸易流量的影响研究》，载《世界经济研究》2021 年第 8 期，第 49—64 页。

健运行，监管部门必须对 ICT 产品的加密技术进行有效管控。[①] 若缔约方政府所有或控制的网络使用了 ICT 产品，或者金融监管、调查或检查当局采取措施需要使用 ICT 产品，则有权要求制造商或供应商向该缔约方或缔约方领土内的人转让或提供该产品使用的加密技术、生产工序及其他必要信息。制造商或供应商需配合监管部门的工作，不得依据第 3 款规定拒绝提供所需信息。

本条第 5 款对于第 3 款的适用，作了进一步的限制解释，即缔约方执法机关有权要求服务提供者使用由其控制的加密术，并根据该缔约方的法律程序提供未加密的通信。缔约方在"密码学"中仅就"加密术"部分可以享有更多监管权限。密码学是一门研究如何保护信息安全的科学，它包括了加密术、解密术、密码分析等分支，是加密术的上位概念。[②] 缔约方执法机关可以要求服务提供者使用由其控制的加密术提供未加密通信。这一规定维护了缔约方在执法过程中的合法权益，同时确保了通信信息的安全性和保密性。

我国目前主要依据《密码法》与《商用密码管理条例》对含密码技术的产品进行进出口管理。1999 年首次颁布的《商用密码管理条例》规定了"密码产品和含有密码技术的设备进口许可"和"商用密码产品出口许可"，由国家密码管理机构按照批准许可制管理。为响应"放管服"的改革目标，后来的《密码法》对"大众消费类产品"[③] 设置了例外规定，即"大众消费类产品所采用的商用密码不实行进口许可和出口管制制度"。[④] 国务院于 2023 年修订的《商用密码管理条例》也与此规定保持一致。在具体实施方面，《密码产品和含有密码技术的设备进口管理目录》[⑤] 明确了管理

---

① 参见李静、曹烨：《基于 ICT 的互联网金融监管技术研究》，载《数字通信世界》2022 年第 8 期，第 66—68、107 页。

② See What is Cryptography?, Kathleen Richards, https://www.techtarget.com/searchsecurity/definition/cryptography, visited on 16 May 2023.

③ 大众消费类产品是指社会公众可以不受限制地通过常规零售渠道购买、供个人使用的产品。

④ 参见《密码法释义》，载郴州市人民政府《中华人民共和国密码法》宣传专栏，http://www.czs.gov.cn/html/zwgk/ztbd/13199/59101/content_3265444.html?eqid=8bd8a732004e20a700000003643b75ad，访问日期 2023 年 6 月 1 日。

⑤ 《密码产品和含有密码技术的设备进口管理目录》于 2009 年 12 月由国家密码管理局与海关总署联合发布，并于 2013 年 12 月修订。

范围，该目录涵盖 5 类 9 种需要实行进口许可制度的密码产品。对于该目录清单之外的大众消费类产品所采用的商用密码，不实行进口许可和出口管制，以减少对贸易活动的限制。① 相比市场上销售的上千种商用密码产品，该目录只限制了极少的产品类型及流通领域（见表 1）。

表 1　密码产品和含有密码技术的设备进口管理目录
（2013 年 12 月调整）

序号	海关商品编码	商品名称	计量单位
1	8443311010	静电感光式多功能一体加密传真机 （可与自动数据处理设备或网络连接）	台
2	8443319020	其他多功能一体加密传真机 （兼有打印、复印中一种及以上功能的机器）	台
3	8443329010	其他加密传真机 （可与自动数据处理设备或网络连接）	台
4	8517110010	无绳加密电话机	台
5	8517180010	其他加密电话机	台
6	8517622910	光通讯加密路由器	台
7	8517623210	非光通讯加密以太网络交换机	台
8	8517623610	非光通讯加密路由器	台
9	8543709950	密码机、密码卡（不包括数字电视智能卡、蓝牙模块和用于知识产权保护的加密狗）	台

关联规定

《全面与进步跨太平洋伙伴关系协定》（CPTPP）第 14.17 条、《中华人民共和国商用密码管理条例》《中华人民共和国密码法》

---

① 参见葛燕峰、陶宏、许世香：《商用密码产品进口新规则》，载《中国海关》2010 年第 7 期，第 73 页。

模块 4：数据问题

第 4.1 条：定义

就本章而言：

计算设施指用于处理或者存储商业信息的计算机服务器和存储设备。

释义

DEPA 第 4.1 条规定了"计算设施"的定义。该定义与 RCEP 和 CPTPP 对计算设施的定义保持高度一致。

计算设施指用于处理或者存储商业信息的"计算机服务器和存储设备"。"计算机服务器"可以为网络中的其他客户机提供计算或者应用服务。根据不同的应用场景和需求，计算机服务器可以分为不同的类型，例如云服务器、Web 服务器、数据库服务器、文件服务器、游戏服务器等，它们有各自的作用和特点。"存储设备"是一种记录和保存数字信息的介质，可以分为直接区域存储和基于网络的存储两大类。直接区域存储指位于本地区域并直接连接到访问它的计算机的存储器，通常只有一台计算机与该类型设备连接。基于网络的存储则是指支持多台计算机通过网络对其进行访问的存储器，更有利于数据共享和协作，其异地存储能力也使其更适合备份和数据保护。①

关联规定

《全面与进步跨太平洋伙伴关系协定》（CPTPP）第 14.1 条、《区域全面经济伙伴关系协定》（RCEP）第 12.1 条

---

① 参见《数据存储设备》，载 IBM（International Business Machines Corporation）官网，https://www.ibm.com/cn-zh/topics/data-storage，访问日期 2023 年 6 月 6 日。

第 4.2 条：个人信息保护

1. 缔约方认识到保护数字经济参与者个人信息的经济和社会效益，以及此种保护在增强对数字经济和贸易发展的信心方面的重要性。

2. 为此目的，每一缔约方应采用或维持为电子商务和数字贸易用户的个人信息提供保护的法律框架。在制定保护个人信息的法律框架时，每一缔约方应考虑相关国际机构的原则和指南。

3. 缔约方认识到，健全的保护个人信息法律框架所依据的原则应包括：

（a）收集限制；

（b）数据质量；

（c）用途说明；

（d）使用限制；

（e）安全保障；

（f）透明度；

（g）个人参与；以及

（h）责任。

4. 每一缔约方应在保护电子商务用户不受其管辖范围内发生的违反个人信息保护行为的影响方面采取非歧视做法。

5. 每一缔约方应公布关于其为电子商务用户提供的个人信息保护的信息，包括：

（a）个人如何寻求救济；及

（b）企业如何遵守任何法律规定。

释义

DEPA 第 4.2 条规定了缔约方应如何保护个人信息。DEPA、RCEP 和 CPTPP 均要求缔约方采取或维持保护电子商务用户个人信息的法律框架，并参考国际通行做法。相较而言，DEPA 对个人信息保护问题的规定最为详细，而 RCEP 和 CPTPP 对于个人信息保护框架的具体原则和数据保护可信任标志等内容均未作规定。

　　本条第 1 款强调了个人信息保护对于数字经济发展的重要性。个人信息已成为数字经济中最具价值的资源之一。通过保护个人信息，可以有效减少信息泄露、滥用等风险，进而保护个人隐私权益。这不仅能提升消费者对数字经济的信任度，还能激发更多创新和创业活动，推动数字经济的持续健康发展。

　　本条第 2 款要求缔约方在制定个人信息保护法律框架时，参考相关国际机构的原则和指南。当前，相关国际机构在个人信息保护方面主要围绕收集、传输、使用和问责等环节设定了基本原则。例如，OECD 早在 1980年即发布了《OECD 关于保护隐私和个人数据跨境流动的准则》(OECD Guidelines on the Protection of Privacy and Transborder Flows of Personal Data)，并于 2013 年对该准则进行了更新，明确了个人信息的收集限制、数据质量、目的规定、使用限制、安全保障、透明度、个人参与和问责共八项基本原则。[①] 联合国于 2018 年通过的《个人数据保护和隐私原则》(UN Principles on Personal Data Protection and Privacy) 亦包括了公平合法处理、用途说明、相称性和必要性、保留时间、准确性、保密性、安全、透明度、转移和问责等原则。[②] 联合国教科文组织（UNESCO）于 2019 年发布了《UNESCO 个人数据保护和隐私原则》(UNESCO's Principles on Personal Data Protection and Privacy)，该文件适用于联合国系统各机构，旨在确保其以负责任的、非歧视性的和对性别敏感的方式处理个人数据。UNESCO 隐私原则同样涵盖十项基本原则，即公平合法处理、目的规定、相称性和必要性、保留、准确性、保密性、安全性、透明度、转移和问责。[③]

　　本条第 3 款列明了个人信息保护法律框架应遵循的八项基本原则。这些原则与相关国际机构所倡导的原则保持高度一致，确保了个人信息保护

　　① 参见《OECD 关于保护隐私和个人数据跨境流动的准则》，https://cioctocdo.com/oecd-guidelines-protection-privacy-and-transborder-flows-personal-data-0，访问日期 2023 年 6 月 6 日。

　　② 参见《联合国个人数据保护和隐私原则》，https://unsceb.org/privacy-principles，访问日期 2023 年 6 月 6 日。

　　③ 参见《UNESCO 个人数据保护和隐私原则》，https://www.unesco.org/zh/privacy-policy，访问日期 2023 年 6 月 6 日。

的全面性和有效性。在我国现行法律体系中，《个人信息保护法》充分体现了 DEPA 所列原则。具体而言，（a）项"收集限制"原则对应该法第 6 条第 2 款的规定，即"收集个人信息，应当限于实现处理目的的最小范围，不得过度收集个人信息"，也对应第 26 条的规定，即"在公共场所安装图像采集、个人身份识别设备，应当为维护公共安全所必需，遵守国家有关规定，并设置显著的提示标识。所收集的个人图像、身份识别信息只能用于维护公共安全的目的，不得用于其他目的；取得个人单独同意的除外"。（b）项"数据质量"原则对应该法第 8 条"处理个人信息应当保证个人信息的质量，避免因个人信息不准确、不完整对个人权益造成不利影响"。（c）项"用途说明"和（d）项"使用限制"原则对应该法第二章（个人信息处理规则）的内容，例如第 17 条明确规定"个人信息处理者在处理个人信息前，应当以显著方式、清晰易懂的语言真实、准确、完整地向个人告知下列事项：（一）个人信息处理者的名称或者姓名和联系方式；（二）个人信息的处理目的、处理方式，处理的个人信息种类、保存期限……"。（e）项"安全保障"原则对应该法第二章（个人信息处理规则）中的第三节（国家机关处理个人信息的特别规定）和第三章（个人信息跨境提供的规则），旨在维护国家安全及其他重要安全利益。（f）项"透明度"原则贯穿整个个人信息处理规范之中，如要求处理者公开相关信息。（g）项"个人参与"原则对应该法第四章（个人在个人信息处理活动中的权利），强调个人对其个人信息处理的知情权和决定权。（h）项"责任"原则对应该法第五章（个人信息处理者的义务）和第七章（法律责任），旨在通过法律的制裁，维护个人信息权益。根据本条第 4 款的要求，缔约方对其管辖范围内发生的个人信息侵权行为应采取非歧视的应对措施。

在信息公开方面，本条第 5 款要求缔约方公布关于其为电子商务用户提供的个人信息保护的信息。这一规定的目的是增加个人信息保护的透明度，便于电子商务用户了解每一缔约方的法律、法规和政策，以及他们在使用电子商务服务时享有的权利和义务。为此，缔约方需要公布其适用于个人信息保护的法律、法规和政策，以及与之相关的监督机构和救济机制，包括其参与或承认的任何个人信息保护合作机制或倡议，例如跨境数据流动、数据本地化、数据主体权利等方面的内容。缔约方还应确保其公布的信息是准确、完整和及时的，按照便于个人和企业用户访问和理解的方式提供。

6. 认识到缔约方可采取不同法律方法保护个人信息，每一缔约方应致力于制定机制，以促进它们不同的个人信息保护体制之间的兼容性和交互操作性。这些机制可包括：

（a）对监管结果的承认，无论是自动给予还是通过共同安排；

（b）更广泛的国际框架；

（c）可行时，对各自法律框架下的可信任标志或认证框架所提供的相当水平的保护给予适当承认；或

（d）缔约方之间个人信息转移的其他途径。

7. 缔约方应就第 6 款中的机制如何在各自管辖区内实施交流信息，并探讨扩大这些或其他适当安排的途径，以促进它们之间的兼容性和交互操作。

8. 缔约方应鼓励企业采用数据保护可信任标志，以帮助验证其符合个人数据保护标准和最佳做法。

9. 缔约方应就数据保护可信任标志的使用交流信息并分享经验。

10. 缔约方应努力相互承认其他缔约方的数据保护可信任标志，作为便利跨境信息传输的同时保护个人信息的有效机制。

释义

本条第 6—7 款致力于实现各缔约方个人信息保护体制的兼容性和交互操作性。各缔约方因文化背景和社会需求的差异，可能采用不同的法律方法保护个人信息。DEPA 鼓励缔约方共同制定一套相互兼容且可交互操作的个人信息保护机制。CPTPP 第 14.8 条（个人信息保护）的规定仅涉及兼容性，未提及交互操作性。"兼容性"指缔约方的个人信息保护体制能够在基本原则和目标上达成一致，而不一定要求完全相同或统一；"交互操作性"是指缔约方的个人信息保护体制能够在技术和程序上实现有效的沟通

和协调，以便在跨境数据流动中保障个人信息的安全和合法使用。为此，缔约方应考虑相互承认个人信息保护监管结果。这种承认可以自动给予，也可以通过共同安排来实现。缔约方可寻求建立更广泛的国际框架，为全球范围内的个人信息保护提供标准和指导，促进国际合作与交流。条件成熟时，缔约方还可考虑承认各自法律框架下的可信任标志或认证框架所提供的相当水平的保护。缔约方还可探索其他途径，以促进个人信息在不同国家之间的转移。例如，通过签订双边或多边协议来简化个人信息跨境流动的程序。通过交流信息和分享经验，缔约方可以相互学习、借鉴和完善数据保护体系，并促进国际合作，共同应对全球范围内的数据保护挑战。

　　本条第8—10款要求缔约方发挥数据保护可信任标志的作用。数据保护可信任标志已成为验证企业是否符合个人数据保护标准和最佳实践的重要工具。获得此标志的企业，表明其在数据处理、存储和传输等方面符合相关法规和标准，从而可以获得消费者信任。对缔约方而言，相互承认对方的数据保护可信任标志，意味着认可对方的数据保护体系，有助于在便利跨境信息传输的同时保护个人信息。目前，国际上用于数据保护的可信任标志或认证框架主要有四种：一是新加坡数据保护信任标记（以下简称"DPTM"）①。该认证框架由新加坡根据《个人数据保护法》（The Personal Data Protection Act, PDPA）并结合国际基准和最佳实践制定，适用于各行各业，旨在帮助企业建立与客户和利益相关者的信任并提高竞争优势。作为消费者可以放心选择取得 DPTM 认证的企业，因为这证明该企业已经采取了负责任的数据保护做法，并将更好地为客户提供个人数据服务。二是欧盟《通用数据保护条例》（以下简称"GDPR"）认证。该认证机制由欧盟委员会根据 GDPR 第 42 条和第 43 条制定，用于证明企业或组织符合 GDPR 的要求，包括 GDPR 规定的数据保护原则、权利和义务等。GDPR

---

　　① DPTM 是面向企业的一项认证，用于认证已部署数据保护措施的企业，以证明其业务遵从新加坡《个人数据保护法》。2022 年 3 月 16 日，ICT 基础设施和智能终端提供商华为在新加坡的子公司华为国际（Huawei International）获得新加坡资讯通信媒体发展局授予数据保护信任标志。截至 2022 年，仅有 80 余家企业获颁该认证。参见新加坡数据保护信任标记（DPTM），https://www.imda.gov.sg/How-We-Can-Help/data-protection-trustmark-certification，访问日期 2023 年 6 月 6 日。

认证可以是国家、欧洲或国际层面的，也可以是特定行业或领域的。[①] 三是中国网络安全等级保护认证。该认证机制由我国根据《网络安全法》和《信息安全技术　网络安全等级保护基本要求》等规范制定，用于评估网络运行安全状况，防范和减少网络风险，保障网络安全。该认证分为五个等级，从低到高分别为一级、二级、三级、四级和五级。[②] 四是 ISO/IEC 27701:2019 隐私信息管理体系认证标准。2019 年 8 月 6 日，国际标准化组织（ISO）和国际电工委员会（IEC）正式发布该认证标准。该认证标准适用于所有国家，用于提升既有网络信息安全智能管理系统（Information Security Management System），进而创建、执行、日常维护、持续改善个人信息管理体系（Personal Information Management System），以减少个人信息被操纵等风险。

关联规定

《全面与进步跨太平洋伙伴关系协定》（CPTPP）第 14.8 条、《区域全面经济伙伴关系协定》（RCEP）第 12.8 条、《中华人民共和国个人信息保护法》

第 4.3 条：通过电子方式跨境传输信息

缔约方确认它们在通过电子方式跨境传输信息方面的承诺水平，特别包括但不限于：

"1. 缔约方认识到每一缔约方对通过电子方式传输信息可设有各自的监管要求。

2. 每一缔约方应允许通过电子方式跨境传输信息，包括个人信息，如这一活动用于涵盖的人开展业务。

---

① 参见欧盟《通用数据保护条例》（GDPR）认证，https://www.consilium.europa.eu/en/policies/data-protection/data-protection-regulation/#:~:text=data%20protection%20rules-, What%20is%20the%20GDPR%3F,the%201995%20data%20protection%20directive，访问日期 2023 年 6 月 6 日。

② 参见《信息安全技术　网络安全等级保护基本要求》（GB/T 22239-2019），http://gat.gxzf.gov.cn/xxgk_68662/fdzdgknr/xzgfxwj/P020221122621251697787.pdf，访问日期 2023 年 6 月 6 日。

> 3. 本条中任何内容不得阻止一缔约方为实现合法公共政策目标而采取或维持与第 2 款不一致的措施，只要该措施：
>
> （a）不以构成任意或不合理歧视或对贸易构成变相限制的方式实施；及
>
> （b）不对信息传输施加超出实现目标所需限度的限制。"

释义

DEPA 第 4.3 条规定了缔约方应如何监管信息的电子跨境传输。与 RCEP 和 CPTPP 相同，DEPA 亦明确要求缔约方应允许通过电子方式跨境传输商业信息，不得随意限制。

本条所规定的"通过电子方式跨境传输信息"与一国国内法监管的"数据跨境流动"有所区别。首先，"信息"和"数据"之间存在差别。根据罗素·艾可夫（Russell Ackoff）提出的数据—信息—知识—智慧（Data-Information-Knowledge-Wisdom）知识金字塔理论（见图 1），数据构成了信息的基础，信息与数据的区别在于信息是"有用的"。[1]DEPA、RCEP 与 CPTPP 对数据跨境流动问题的规定均采用了"通过电子方式跨境传输信息"（Cross-border Transfer of Information by Electronic Means）的表述，这说明这些国际规则都更关注那些包含或可能包含了有用信息的数据。其次，信息或数据的传输和储存不仅限于电子方式，也可以通过其他方式。实际上，"通过电子方式跨境传输信息"只是数据跨境流动的一种形式，而非唯一形式。根据我国《数据安全法》第 3 条的定义，"本法所称数据，是指任何以电子或者其他方式对信息的记录"。因此，通过携带硬盘、光盘甚至纸质文件等物理介质跨越国界，也可能构成数据跨境流动。尽管这些行为不属于电子传输范畴，不受上述数字贸易规则中电子传输规定的约束，但可能涉及国家安全或贸易主体的经济利益，仍应受到数据跨境流动规则的限制。

---

① See Russell Ackoff, From Data to Wisdom. Journal of Applied Systems Analysis, Vol. 16, 1989, pp.3-9.

图 1 "数据—信息—知识—智慧" 知识金字塔理论

本条第 1—2 款规定缔约方应允许通过电子方式跨境传输信息，并可制定各自的监管要求。允许跨境数据传输是商业活动顺利进行的必要条件。DEPA 维护了信息自由流动原则，也尊重了不同缔约方对数据跨境传输需求的差异，有助于各方根据自身国情，合理规范数据跨境传输活动，保护国家安全、公共利益和个人隐私。

同时，本条第 3 款也明确，缔约方在特定情况下可以"公共政策目标"为由，禁止或限制通过电子方式跨境传输信息。但这种禁止或限制必须符合两个条件：一是不构成任意或不合理歧视，且不产生变相限制贸易的效果；二是对信息传输的限制应该只限于实现目标所需的程度，不应过度限制。这些条件旨在确保数据跨境传输限制的合理性和正当性。与 RCEP 相比，DEPA 在合法公共政策目标的例外情形上设定了更严格的标准，其例外范围有所缩小，从而间接提高了跨境数据自由流动性标准。RCEP 第 12.15 条（通过电子方式跨境传输信息）规定的是由实施例外措施的缔约方来对合法公共政策的必要性作判断，并且还包含了安全例外的情形，而 DEPA 未包含此类规定。

相比 DEPA，中国针对跨境数据流动设立了更为审慎的审查标准与要求。自 2022 年 9 月 1 日起施行的《数据出境安全评估办法》是我国数据跨境流动领域的主要执法依据。该办法第 2 条规定，数据处理者只要"向境外提供"在"我国境内运营中收集和产生"的重要数据和个人信息，就会触发数据出境安全评估机制。在我国境内运营的外资企业如果需要向境外提供数据，在符合数据出境安全评估相关条件的情形下，还需进行自评估环节。该办法在评估标准上秉持"重安全、严治理"的理念，考虑的因素和参照标准更多样化。例如，该办法第 8 条第 2 款规定，数据出境除了需要评估境外接收方所在国家或者地区的数据安全保护政策法规和网络安全环境对出境数据安全的影响，还需要对境外接收方的数据保护水平是否达到中华人民共和国法律、行政法规的规定和强制性国家标准的要求进行评估。① 相比之下，DEPA 则鼓励采取数据保护可信任标志等措施，推动实现更加便捷的数据跨境流动机制，同时也减少了为保护个人信息需要施加的行政干预。②

目前，我国所签署的自由贸易协定（以下简称"FTA"）尚未就跨境数据流动作出明确规定，但都明确提出保护个人信息。例如，中国与新加坡 FTA（升级版）中规定，"采取或维持保护电子商务使用者个人信息的措施"，以及"考虑国际标准和相关国际组织的标准，提升相互兼容性"。中国与新西兰 FTA（升级版）也规定，"采用或维持确保个人信息得到保护的法律框架"，以及"考虑相关国际组织或机构的国际标准、原则、准则和基准"。尽管各国在数据保护理念上存在差异，但这些 FTA 均表现出对国际标准的重视，目的是促进电子商务发展，保证双方之间合作的顺利开展。③

在数据跨境流动领域，我国已取得显著进展。2023 年 2 月，首都医科大学附属北京友谊医院普外中心和阿姆斯特丹大学医学中心普通外科联合牵头落地了国际多中心临床研究项目，该项目也是我国首个数据合规出境案例（编号 20220001）。④ 同年 5 月 30 日，江苏省的焦点科技股份有限公司"中国制造网外贸电商平台业务"通过了国家互联网信息办公室（以下简称"国家网信办"）的数据出境安全评估，成为跨境电商领域全国首个数据合规出

---

① 参见梅傲、李淮俊：《数字贸易中数据跨境流动规则的新发展——基于〈数据出境安全评估办法〉与 DEPA 的比较》，载《企业经济》2023 年第 4 期，第 153—160 页。

② 参见陈伟光、钟列炀：《全球数字经济治理：要素构成、机制分析与难点突破》，载《国际经济评论》2022 年第 2 期，第 60—87 页。

③ 参见丁伟、倪诗颖：《数字贸易视野下我国跨境数据监管的发展困境及合作治理》，载《北京邮电大学学报（社会科学版）》2023 年第 1 期，第 67—76 页。

④ 参见《全国首个获批数据出境安全评估案例落地北京友谊医院》，载北京市卫生健康委员会官网，http://wjw.beijing.gov.cn/xwzx_20031/jcdt/202302/t20230202_2910980.html，访问日期 2023 年 6 月 2 日。

境案例。① 国家网信办还发布了《数据出境安全评估申报指南》和《个人信息出境标准合同备案指南》等指导和帮助数据处理者规范有序申报数据出境安全评估、备案个人信息出境标准合同的文件，目前均已更新至第二版。2024 年 2 月 7 日，天津市率先印发《中国（天津）自由贸易试验区企业数据分类分级标准规范》，旨在为企业数据出境提供便利，保障商业数据安全顺畅流动。紧接着，上海市也出台了《中国（上海）自由贸易试验区临港新片区数据跨境流动分类分级管理办法（试行）》。2024 年 3 月 22 日，《促进和规范数据跨境流动规定》正式施行，对数据出境安全评估、个人信息出境标准合同以及个人信息保护认证等数据出境制度作出了优化调整。

关联规定

《全面与进步跨太平洋伙伴关系协定》（CPTPP）第 14.11 条、《区域全面经济伙伴关系协定》（RCEP）第 12.15 条

第 4.4 条：计算设施的位置

缔约方确认其在计算设施位置方面的承诺水平，特别包括但不限于：

"1. 缔约方认识到每一缔约方对于计算设施的使用可设有各自的监管要求，包括寻求保证通信安全性和机密性的要求。

2. 任何缔约方不得要求一涵盖的人在该缔约方领土内将使用或设置计算设施作为在其领土内开展业务的条件。

3. 本条中任何内容不得阻止一缔约方为实现合法公共政策目标而采取或维持与第 2 款不一致的措施，只要该措施：

（a）不以构成任意或不合理歧视或对贸易构成变相限制的方式适用；及

（b）不对计算设施的使用或位置施加超出实现目标所需限度的限制。"

---

① 参见《全国首例！江苏企业通过跨境电商数据出境安全评估》，载扬子晚报网，https://www.yangtse.com/zncontent/2979926.html，访问日期 2023 年 6 月 2 日。

释义

DEPA 第 4.4 条规定了关于数据本地化存储的要求。

"数据本地化存储"意味着外国公司等主体在一缔约方采集和存储涉及个人信息等关键领域的数据时，必须使用位于该缔约方境内的计算设施。数据本地化存储与"数据主权"息息相关，因为它涉及数据在特定位置的物理存储以及对该数据行使控制权的合法权限。[①]DEPA、RCEP 和 CPTPP 均要求缔约方不得将"计算设施本地化"作为在另一缔约方境内开展商业行为的条件，但三者对于例外情形的规定有所不同。

本条与第 4.3 条关于数据跨境传输的规定具有相似性。具体而言，本条第 1—2 款强调缔约方应允许数据的非本地化存储，并可制定各自的监管要求。数据非本地化存储能够有效降低运营成本，提高国际经贸效率。因此，缔约方不得将数据本地化存储作为在其领土内开展商业活动的条件。同时，各缔约方有权根据自身国情，合理规范数据的存储和传输活动，以确保数据的安全、合规与有效利用。

本条第 3 款也明确，缔约方可以"公共政策目标"为由，要求数据本地化存储，但必须符合两个条件：一是不构成任意或不合理歧视，且不产生变相限制贸易的效果；二是对数据本地化存储的要求应该只限于实现目标所需的程度。这意味着数据本地化政策应当公正、透明、合理，不得对特定缔约方企业进行歧视性限制，也不得通过提高数据存储成本等方式变相阻碍贸易自由化。在数据本地化问题上，CPTPP、DEPA 和 RCEP 的例外情形范围呈现从小到大的趋势。根据 RCEP 第 12.14 条的规定，合法公共政策的必要性由实施例外措施的缔约方自行认定，其他缔约方不能提出异议。此外，RCEP 还将安全例外条款纳入数据非本地化存储的例外情形，赋予了缔约方较宽泛的监管自主权。[②] 相对而言，DEPA 则未包含此类规定，其适用的例外范围相对较小，从而在一定程度上强化了缔约方对数据

---

① 参见唐彬彬：《数据本地化法律规制的反思与完善》，载《情报杂志》2022 年第 5 期，第 162—168、197 页。

② 参见李佳倩等：《DEPA 关键数字贸易规则对中国的挑战与应对——基于 RCEP、CPTPP 的差异比较》，载《国际贸易》2022 年第 12 期，第 63—71 页。

非本地化存储要求的执行力度。

目前，我国对数据本地化存储的要求仍比较严格。《网络安全法》第37条规定："关键信息基础设施的运营者在中华人民共和国境内运营中收集和产生的个人信息和重要数据应当在境内存储。因业务需要，确需向境外提供的，应当按照国家网信部门会同国务院有关部门制定的办法进行安全评估；法律、行政法规另有规定的，依照其规定。"《数据安全法》第31条也规定："关键信息基础设施的运营者在中华人民共和国境内运营中收集和产生的重要数据的出境安全管理，适用《中华人民共和国网络安全法》的规定；其他数据处理者在中华人民共和国境内运营中收集和产生的重要数据的出境安全管理办法，由国家网信部门会同国务院有关部门制定。"该法第36条还强调"非经中华人民共和国主管机关批准，境内的组织、个人不得向外国司法或者执法机构提供存储于中华人民共和国境内的数据"。根据《个人信息保护法》第40条规定："关键信息基础设施运营者和处理个人信息达到国家网信部门规定数量的个人信息处理者，应当将在中华人民共和国境内收集和产生的个人信息存储在境内。确需向境外提供的，应当通过国家网信部门组织的安全评估；法律、行政法规和国家网信部门规定可以不进行安全评估的，从其规定。"从这些法律规定来看，我国原则上要求商业行为产生的数据存储在境内，仅当满足"业务必需"并通过"安全评估审查"这两个条件时，方可将数据存储在境外。

关联规定

《全面与进步跨太平洋伙伴关系协定》（CPTPP）第14.13条、《区域全面经济伙伴关系协定》（RCEP）第12.14条、《中华人民共和国网络安全法》《中华人民共和国数据安全法》《中华人民共和国个人信息保护法》

模块 5：更广泛的信任环境

第 5.1 条：网络安全合作

1. 缔约方在促进安全的数字贸易以实现全球繁荣方面拥有共同愿景，并认识到网络安全是数字经济的基础。

2. 缔约方认识到下列各项的重要性：

（a）增强负责计算机安全事件应对的国家实体的能力；

（b）利用现有合作机制，在识别和减少影响缔约方电子网络的恶意侵入或恶意代码传播方面开展合作；以及

（c）网络安全领域的劳动力发展，包括可能采取的与资格认证互认、多样性和平等相关的举措。

释义

DEPA 第 5.1 条是关于各国在网络安全方面所应采取的积极措施的规定，旨在通过促进缔约方之间的网络安全合作，营造更广泛的信任环境，推动形成良好的数字经济伙伴关系。本条与 RCEP、CPTTP 和 USMCA 等协定的表述基本一致。值得注意的是，DEPA 第 5.1 条特别关注了"网络安全领域的劳动力发展"，包括可能采取的与资格认证互认、多样性和平等相关的举措。

在数字经济中，信息的传输、存储和处理都离不开网络，网络安全为数字经济提供了稳定可靠的运行环境。我国《网络安全法》第 76 条将网络安全定义为"通过采取必要措施，防范对网络的攻击、侵入、干扰、破坏和非法使用以及意外事故，使网络处于稳定可靠运行的状态，以及保障网络数据的完整性、保密性、可用性的能力"。网络安全与数据安全存在差异。网络安全（Cyber Security）是基于"安全体系以网络为中心"的立场，泛指整个安全体系，侧重于网络空间安全、网络访问控制、安全通信、

防御网络攻击或入侵等。数据安全（Data Security）则以数据为中心，主要关注数据全生命周期的安全与合规，特别是敏感数据的安全与合规。未来网络安全将从信息化的附属技术，变成数字化发展、数字经济发展的基础和前提。一旦网络遭受攻击，网络运行和网络数据都将受到威胁，可能对国家、企业和个人的利益造成巨大损失。因此，本条第 2 款（a）项要求缔约方提高应对计算机安全事件的能力。我国应对计算机安全事件的主管部门有国家网信部门、公安部门和电信主管部门等。为增强应急响应能力，缔约方需加大网络安全技术的研发和应用力度。

本条第 2 款（b）项聚焦于网络恶意侵入和恶意代码传播问题，要求缔约方积极开展合作，以快速识别和减轻上述行为对各缔约方网络安全的影响。网络恶意侵入是指黑客或其他不法分子通过非法手段进入他人计算机系统，窃取、篡改或破坏数据，造成经济损失和社会危害。恶意代码传播则是指通过网络途径，将病毒、木马、蠕虫等恶意程序传播给用户，窃取个人信息、破坏系统或进行其他非法活动。面对网络恶意侵入和恶意代码传播的严峻形势，各国需要加强情报共享和技术交流，增进互信，开展联合打击行动，共同维护全球网络安全。

本条第 2 款（c）项专门聚焦于网络安全领域的劳动力问题，尤其关注与资格认证互认、多样性和平等相关的各项措施。随着互联网和数字经济的迅速发展，网络安全领域的劳工问题日益凸显。"资格认证互认"是指对于从事特定职业或拥有某项专业技能的劳动力，一国在授予其资格后，另一国对该资格予以认可，该劳动力无需再获取该国相关资格，即可从事特定职业提供劳务。此举有助于促进缔约方之间的人才流动，减少劳动力因跨国提供劳务而需获取外国相关资格的成本。在资格认证互认方面，我国《认证认可条例》第 7 条指出，"国家鼓励平等互利地开展认证认可国际互认活动。认证认可国际互认活动不得损害国家安全和社会公共利益"；第 35 条指出，"指定的认证机构、实验室开展国际互认活动，应当在国务院认证认可监督管理部门或者经授权的国务院有关部门对外签署的国际互认协议框架内进行"。目前，中国已在网络安全劳动力领域的资格认证互认方面开展先行先试，如广东省科学技术协会在 2022 年发布的《关于开展粤港澳大湾区工程技术人员专业资格互认试点工作的通知》中，明确要求广东省网络空间安全协会牵头组织网络空间安全技术人员的认证。① 中国科协办公厅在 2022 年发布的《关于开展工程师资格国际互认区域和行业试点的通知》中，也综合考虑率先"走出去"的基础及互认需求，将信息通信列为首批试点行业之一。②

网络安全劳动力的多样性和平等性关注劳动力歧视问题。DEPA 呼吁缔约方平等对待从事网络安全工作的劳动者。当前，网络安全领域的劳动力发展仍存在歧视和不平等问题，不同种族（肤色）、性别、年龄的劳动力可能受到不平等对待。从族裔分布上看，网络安全劳动力中，黑人、西班牙裔、美洲印第安人、阿拉斯加土著和夏威夷土著等少数族裔的占比偏低；从性别分布上看，女性占比也明显偏低。若任由这些问题发展，将激发社会矛盾。缺乏多样性和平等性的劳动力结构，也可能导致创新思维受限，难以应对日益复杂的网络安全挑战。因此，DEPA 呼吁缔约方重视这些问题，在问题尚未激化时采取有效应对措施。

中国致力于网络安全合作并已取得丰硕成果。中国积极推动达成《金砖国家网络安全务实合作路线图（2017）》《上合组织成员国保障国际信息安全 2022—2023 年合作计划》，并与印度尼西亚、泰国等签署合作备忘录，建立网络安全交流培训中心。截至 2021 年，中国已与 81 个国家和地区的 274 个计算机应急响应组织建立"CNCERT③ 国际合作伙伴"关系，并与其中 33 个组织签订网络安全合作备忘录。中国积极推动全球数据安全治理和个人信息保护合作，发布了《全球数据安全倡议》，并与阿拉伯国家、中亚五国等签署数据安全合作倡议，标志着发展中国家在携手推进全球数字治理方面迈出了重要一步。④ 这些倡议的核心内容包括尊重主权和

---

① 参见《广东省科协关于开展粤港澳大湾区工程技术人员专业资格互认试点工作的通知》粤科协学〔2022〕1 号。
② 参见《中国科协办公厅关于开展工程师资格国际互认区域和行业试点的通知》科协办函外字〔2022〕16 号。
③ CNCERT 是国家计算机网络应急技术处理协调中心的简称，该中心又称国家互联网应急中心，成立于 2001 年 8 月，是非政府、非盈利的网络安全技术中心。
④《我国网络空间国际交流合作领域发展成就与变革》，载国家互联网信息办公室官网，http://www.cac.gov.cn/2022-12/30/c_1674034771693357.htm。

隐私、促进信息共享和协作、加强技术合作、推动国际规则制定，为全球数字治理贡献力量。

关联规定

《全面与进步跨太平洋伙伴关系协定》（CPTPP）第 14.16 条、《区域全面经济伙伴关系协定》（RCEP）第 12.13 条、《美墨加协定》（USMCA）第 19.15 条

第 5.2 条：网上安全和保障

1. 缔约方认识到，安全可靠的网络环境对数字经济起到支撑作用。

2. 缔约方认识到采取多方利益攸关的方式解决网络安全和保障问题的重要性。

3. 缔约方应努力合作，以推动形成影响网络安全和保障的全球问题的合作解决方案。

释义

DEPA 第 5.2 条重申妥善处理网络安全问题的重要性，强调数字经济伙伴关系的稳固离不开安全可靠的网络环境。本条对缔约方的要求相对泛化，未强制要求缔约方采取具体承诺或举措来维护和保障网络安全，具有倡议性和引导性。

随着数字经济的蓬勃发展，人工智能、大数据、云计算等数字技术已深入政府、企业和个人的日常运作中。这些数字技术将传统信息转换为计算机可识别的数字信息，催生了新的商业模式，成为一国经济高质量发展的新引擎。但是，数字技术的应用也伴随着数据泄露、网络恶意侵入等安全问题。这些网络安全问题已成为全球各国政府、企业和人民共同面临的挑战。世界经济论坛发布的《2022 年全球网络安全展望》报告显示，过去 12 个月发生重大事故的企业中，有 41% 的企业表示事故源于第三方的网络安全漏洞。世界经济论坛调研了来自 20 个国家的 120 名企业高管，半数受访者认为生成式人工智能将在未来两年内对网络安全产生重大影响，

尤其是网络安全（65%）、农业（63%）、银行业（56%）和保险业（56%）等行业的企业高管对网络生态系统风险问题更加敏感。① 然而，由于各国国情不同，全球性的网络安全合作解决方案一直难以达成共识。DEPA 的倡议有助于缔约方在网络安全合作领域凝聚共识，促进全球性网络安全合作方案的形成。

中国高度重视网络安全领域的诸多挑战，已陆续制定并实施了多部保障网络安全的法律法规，这符合 DEPA 的关切，也对中国加入 DEPA 的进程起到了积极推动作用。《2022 中小微企业数字安全报告》显示，网络安全正成为中小微企业数字化转型的关键挑战。2022 年 12 月 9 日，联合国经济和社会理事会在纽约协同经济和社会事务部及国际电信联盟共同举办了一场以"网络安全和发展"为主题的特别会议。会上，经济和社会理事会主席拉扎罗斯·卡潘布韦（Lazarous Kapambwe）在总结发言中强调："我们一致同意网络安全是一个全球性问题，唯有通过国际合作，方能有效应对。各类组织都受其影响，联合国致力于运用战略眼光和分析能力来寻求解决方案。"联合国呼吁各国通过合作，共同构建网络安全问题的全球治理框架。②

---

① World Economic Forum, Global Cybersecurity Outlook 2022, https://www3.weforum.org/docs/WEF_Global_Cybersecurity_Outlook_2022.pdf, visited on 18 March, 2024.

② 参见《网络安全：全球性问题需全球化方法解决》，载联合国官网，https://www.un.org/zh/desa/cybersecurity-demands-global-approach，访问日期 2023 年 6 月 23 日。

模块 6：商业和消费者信任

> **第 6.1 条：定义**
>
> 就本章而言：
>
> **非应邀商业电子信息**指出于商业或营销目的，未经接收人同意或接收人已明确拒绝，通过互联网接入服务提供者或每一缔约方法律法规所规定的限度内通过其他电信服务，向一电子地址发送的电子信息。

释义

DEPA 第 6.1 条对非应邀商业电子信息和互联网接入服务作出了定义。"非应邀商业电子信息"是指出于商业或营销目的，未经接收人同意或者接收人已明确拒绝，仍向其电子地址发送的电子信息。这类信息可以理解为一种垃圾信息，如垃圾邮件和垃圾短信，通常被视为一种不必要的干扰，对正常通信造成了影响。虽然商业电子信息的使用能够降低商家的营销宣传成本，但其发送行为可能构成对个人数据权利的侵犯。因此，构建非应邀商业电子信息规则，有利于保护个人电子信息的安全，增强消费者对电子商务的信心。[①] 此外，非应邀商业电子信息是通过互联网接入服务或其他合法的电信服务发送的。"互联网接入服务"是指利用接入服务器和相应的软硬件资源建立业务节点，并利用公用通信基础设施将业务节点与互联网骨干网相连接，为各类用户提供接入互联网的服务。用户可以利用公共通信网或其他接入手段连接到其业务节点，并通过该节点接入互联网。[②]

---

① 黄家星、石巍：《〈区域全面经济伙伴关系协定〉电子商务规则发展与影响》，载《兰州学刊》2021 年第 5 期，第 68—81 页。

② 参见广东省通信管理局，https://gdca.miit.gov.cn/bsfw/bszn/jyxk/dxywflml/art/2021/art_23fe3b01f92e495aaf8d35b1feedb7fd.html，访问日期 2023 年 6 月 9 日。

关联规定

《全面与进步跨太平洋伙伴关系协定》（CPTPP）第 14.1 条、《区域全面经济伙伴关系协定》（RCEP）第 12.1 条

第 6.2 条：非应邀商业电子信息

1. 每一缔约方应对非应邀商业电子信息采取或维持下列措施：

（a）要求非应邀商业电子信息提供者提高接收人阻止继续接收这些信息的能力；

（b）按每一缔约方的法律法规所规定的，要求获得接收人对于接收商业电子信息的同意；或

（c）通过其他方式规定将非应邀商业电子信息减至最低程度。

2. 每一缔约方应规定针对未遵守根据第 1 款采取或维持的措施的非应邀商业电子信息提供者的追索权。

3. 缔约方应努力就共同关注的适当案件中的非应邀商业电子信息监管进行合作。

释义

DEPA 第 6.2 条规定了缔约方针对非应邀商业电子信息应采取的措施。本条与 RCEP 和 CPTPP 中的相关规定保持一致。但在 RCEP 中，柬埔寨、老挝和缅甸在 RCEP 生效之日起 5 年内，不被要求适用追索权条款；文莱在 RCEP 生效之日起 3 年内，亦不得被要求适用追索权。CPTPP 中也规定不要求文莱在其实施有关非应邀商业电子信息的法律框架之日前，适用追索权规定。

本条第 1 款（a）项要求发送者提高接收人阻止接收商业电子信息的能力。具体而言，接收人应当有权拒绝此类信息对自身的定向发送。拒绝方式应当简单直接，无需通过复杂程序就可以实现，如接收人点击"退订"或"拒绝"等选项，即可有效阻止相关信息，并阻止信息发送者通过其他方式继续发送相关信息。例如，我国《互联网广告管理办法》第 10 条规定，"以弹出等形式发布互联网广告，广告主、广告发布者应当显著标明关闭标志，确保一键关闭"。该法第 17 条还规定，"未经用户同意、请求或

者用户明确表示拒绝的，不得向其交通工具、导航设备、智能家电等发送互联网广告，不得在用户发送的电子邮件或者互联网即时通讯信息中附加广告或者广告链接"。《网络交易监督管理办法》第 16 条亦规定："网络交易经营者发送商业性信息时，应当明示其真实身份和联系方式，并向消费者提供显著、简便、免费的拒绝继续接收的方式。消费者明确表示拒绝的，应当立即停止发送，不得更换名义后再次发送。"

（b）项要求发送者事先获取接收人对接收商业电子信息的同意。我国《消费者权益保护法》第 29 条规定，"经营者未经消费者同意或者请求，或者消费者明确表示拒绝的，不得向其发送商业性信息"。"同意"应包含两个层面的解释。其一，接收人的同意应当明确具体。这建立在发送者对于信息推送频率、路径、方式的详细说明之上，不得将接收人的一次性同意默认为永久性同意。其二，接收人在表达同意后，应当有权撤回同意。我国《个人信息保护法》第 15 条规定，"基于个人同意处理个人信息的，个人有权撤回其同意。个人信息处理者应当提供便捷的撤回同意的方式"。《网络交易监督管理办法》第 13 条规定，"网络交易经营者不得采用一次概括授权、默认授权、与其他授权捆绑、停止安装使用等方式，强迫或者变相强迫消费者同意收集、使用与经营活动无直接关系的信息"。《通信短信息服务管理规定》第 18 条也有类似规定，"短信息服务提供者、短信息内容提供者未经用户同意或者请求，不得向其发送商业性短信息。用户同意后又明确表示拒绝接收商业性短信息的，应当停止向其发送"。

（c）项要求将非应邀商业电子信息减少到最低程度，体现了对用户决策权和信息自主权的尊重。在实践中，显著影响用户决策的因素主要包括企业推送信息的类型和精细度，以及企业展现相应信息时对用户正常浏览行为的干扰程度。无论是过分"匹配"的推送，还是将特定情境下获取的信息不适当地用于其他情境下的推送，都可能引起用户的不安与拒斥。①

根据本条第 2 款的规定，如果发送者无视前述要求，则需依追索权对其进行制裁。追索权通常包括罚款、监禁、赔偿等措施，旨在发挥警示效

---

① 蔡开明：《聚焦"RCEP"电子商务章节重要条款》，载大成律师事务所官网，https://www.lexology.com/library/detail.aspx?g=a35df387-d61f-43bd-b58b-3e00c99c4725，访问日期 2023 年 6 月 9 日。

应，并为消费者提供维权途径。追索权的规定可以类比欧盟《通用数据保护条例》（GDPR）中用户享有的"被遗忘权"（Right to Be Forgotten）。"被遗忘权"指的是当个人数据信息不再有合法之需时，数据主体有权要求删除或停止使用这些数据；若此前使用其数据信息是基于该主体的同意，而此后该主体撤回了其同意或存储期限已届满，那么数据主体便有权要求删除或停止使用这些数据。在 GDPR 的执法案例中，已有涉及追索权的案例。某在线商家提供服务过程中，未能尊重用户的"被遗忘权"。数据主体多次要求删除其个人数据，尤其是手机号码，但商家未响应该请求并继续向该手机号码发送广告短信。在该案中，商家未能充分保障数据主体的被遗忘权，导致数据主体不断收到非应邀的商业电子信息。最终，该商家因此被处以 7000 欧元的罚款。[1]

本条第 3 款进一步强调各缔约方应就非应邀商业电子信息监管加强合作，共同保障全球范围内的消费者权益。新加坡作为 DEPA 创始缔约方之一，其规制实践值得借鉴。新加坡根据其发布的《个人数据保护法》及其后续实施条例，构建了完善的非应邀电子商务信息规制机制，包括"取得同意"和"免打扰登记簿"（Do Not Call Registry）要求。根据规定，除法定情形外，发送者不得默认接收人同意，且接收者可以随时撤回同意。同时，接收者可以申请将自己的号码登记在"免打扰登记簿"上，信息发送者不得向该登记簿上的号码发送非应邀电子商业信息，否则将面临罚款处罚。[2] 各缔约方应积极分享经验、交流信息、开展联合执法，共同打造更加安全、便捷、高效的商业环境。

关联规定

《全面与进步跨太平洋伙伴关系协定》（CPTPP）第 14.14 条、《区域全面经济伙伴关系协定》（RCEP）第 12.9 条

---

[1] 陈翠：《解读 RCEP 项下的电子商务规则》，载大成律师事务所官网，https://www.ctils.com/articles/1463，访问日期 2023 年 6 月 9 日。

[2] 参见新加坡个人信息保护委员会官网，https://www.dnc.gov.sg/index.html，访问日期 2023 年 6 月 9 日。

第 6.3 条：在线消费者保护

1. 缔约方认识到透明和有效措施对保护消费者在从事电子交易时免受欺诈、误导或商业欺骗性行为影响的重要性。

2. 缔约方认识到在各自国家消费者保护机构或其他相关机构之间就跨境电子商务相关活动开展合作以增加消费者福利的重要性。

3. 每一缔约方应制定或维持法律或法规，禁止对从事在线商业活动的消费者造成损害或可能造成损害的欺诈、误导或欺骗性行为。此类法律或法规可能包括一般合同法或过失法，并可能具有民事或刑事性质。"欺诈、误导或欺骗性行为"包括：

（a）对货物或服务的材质、价格、用途、数量或来源作出不实陈述或虚假声明；

（b）宣传供应商品或服务而并无意供应；

（c）在收取消费者费用后未能向消费者交付产品或提供服务；或

（d）未经授权而对消费者财务、电话或其他账户收费或扣款。

4. 每一缔约方应制定或维持下列法律或法规：

（a）要求在交货时，所提供的货物和服务具有可接受和令人满意的质量，与供应商声称的货物和服务质量一致；及

（b）在不一致的情况下，为消费者提供适当的补救。

5. 每一缔约方应使其消费者保护法律法规可公开获得且便于查阅。

6. 缔约方认识到提高对与消费者保护相关的政策和程序的认识并使这些政策和程序易于获得的重要性，包括消费者救济机制，包含一缔约方的消费者与另一缔约方的供应商进行交易的情况。

7. 对于在线商业活动，缔约方应酌情并在遵守每一缔约方法律法规的情况下，促进就与误导和欺诈行为相关的共同利益事项进行合作，包括消费者保护法执法。

8. 缔约方努力探索机制的益处，包括替代性争端解决方案，以便利解决与电子商务交易相关的索赔要求。

释义

DEPA 第 6.3 条规定了在线消费者保护的相关要求。本条明确了保护在线消费者的必要性，欺诈和误导等行为的定义，同时提出了应采取的相应措施。网络消费是数字经济发展的关键动力，加强网络消费安全，使消费者免受欺诈具有重要意义。在此方面，DEPA 与 CPTPP 均要求缔约方制定并维持相关消费者保护法律法规，禁止任何形式的消费者欺诈、误导或欺骗行为。这些规定通过举例说明，界定了消费者欺诈、误导或欺骗行为的特征。值得一提的是，DEPA 还将商家在无实际供应意图的情况下宣传其即将供应商品或服务的行为列为欺诈性行为，并进一步要求缔约方制定法律法规，以处理货物或服务质量与商家宣传不一致时为消费者提供补救等问题。①DEPA 在线消费者保护的规定旨在为企业和消费者创造更加有利的数字贸易环境，增强消费者对交易的信心，促进数字贸易的发展。②

本条第 1 款和第 2 款要求缔约方建立透明、有效措施保护在线消费者权益，并积极就跨境电子商务相关活动开展合作。第 3 款阐释了"欺诈、误导或欺骗性行为"的定义和范畴。相较于 RCEP 中仅规定的"保护消费者免受欺诈和误导"，DEPA 对"欺诈、误导或欺骗性行为"的表述更为具体，解释更为清晰。根据本条第 3 款的规定，"欺诈、误导或欺骗性行为"包括但不限于：（1）对货物或服务的材质、价格、用途、数量或来源作出不实陈述或虚假声明；（2）宣传供应商品或服务而实际上并无意供应；（3）在收取消费者费用后未能向消费者交付产品或提供服务；（4）未经授权，擅自对消费者财务、电话或其他账户收费或扣款。

我国立法对于在线消费者的"欺诈、误导或欺骗性行为"也有相关定义。根据《网络交易监督管理办法》第 14 条的规定，欺骗、误导消费者的行为包括：（1）虚构交易、编造用户评价；（2）采用误导性展示等方

---

① 李政浩、苏畅、乔琪雅：《趋同与求变：DEPA 与 CPTPP 中的数字经济规则比较——从国际规则视角看数字经济治理（二）》，载金杜律师事务所官网，https://a.huiju.cool/service/extfile/page/d160fd3aa15d4726893cb418197478ce#/file，访问日期 2023 年 6 月 9 日。

② 赵旸頔、彭德雷：《全球数字经贸规则的最新发展与比较——基于对〈数字经济伙伴关系协定〉的考察》，载《亚太经济》2020 年第 4 期，第 58—69、149 页。

式，将好评前置、差评后置，或者不显著区分不同商品或者服务的评价等；
（3）采用谎称现货、虚构预订、虚假抢购等方式进行虚假营销；（4）虚构
点击量、关注度等流量数据，以及虚构点赞、打赏等交易互动数据。

本条第 4—5 款对缔约方保护消费者权益的国内法作出了详细规定。
RCEP 和 CPTPP 仅提到要"采取或维持法律或法规"以保护消费者，但并
未具体规定应如何制定和实施这些法律或法规，缔约方因而保留了较大灵
活性和解释空间。DEPA 则对法规内容进行了细化，并要求缔约方及时公
开相关法律法规，以便公众查阅并遵守。相关法律法规应涵盖两个方面的
内容：一是要求在交货时，所提供的货物和服务必须具有可接受和令人满
意的质量，与供应商声称的货物和服务质量一致。这一规定明确了供应商
的责任，确保他们提供的商品和服务符合消费者的期望。同时，也要求供
应商在宣传和推销其产品时，必须提供真实、准确的信息，避免误导消费
者。二是在供应商提供的货物或服务与声称的质量不一致的情况下，消费
者应享有适当的补救措施。这一规定确保消费者在遇到问题时能够得到及
时的解决和赔偿。

我国现行法律法规对"在线消费者保护"的规定与 DEPA 相关规定基
本一致。目前，我国涉及在线消费者保护的法律法规主要有《电子商务法》
《消费者权益保护法》和《网络交易监督管理办法》等。《电子商务法》第
74 条明确指出："电子商务经营者销售商品或者提供服务，不履行合同义
务或者履行合同义务不符合约定，或者造成他人损害的，依法承担民事责
任。"《消费者权益保护法》第 44 条规定，"消费者通过网络交易平台购买
商品或者接受服务，其合法权益受到损害的，可以向销售者或者服务者要
求赔偿"。《网络交易监督管理办法》第 51 条规定："网络交易经营者销售
商品或者提供服务，不履行合同义务或者履行合同义务不符合约定，或者
造成他人损害的，依法承担民事责任。"但我国国内法大部分聚焦于对国内
电子消费者的保护，仍然缺乏对跨境电子消费者保护的专门规定。

本条第 6—8 款提出探索建立跨境消费者救济机制、消费者保护法执法
合作和替代性争端解决方案等。跨境电子消费者的保护主要依托于两项核
心制度：一是消费者反悔权（Rights of Withdrawal）制度，二是托付制度。

"消费者反悔权"是指在特定类型的合同中，消费者依法在合同成立的一定期限内无条件退货并取得退款的权利。"托付"指利用中立第三方的信用来暂时托管合同价款，以保障交易的安全性。但 DEPA 对于消费者反悔权和托付制度均未进行详细规定。① 在跨境电子消费的争端解决方面，在线争议解决（Online Dispute Resolution，以下简称"ODR"）机制作为一种新型的争端解决方式，具有高效、便捷、低成本等优势。根据解决形式及裁判主体的不同，ODR 机制又分为在线司法、在线仲裁以及在线替代性纠纷解决。争议方可根据自身需求灵活选择适合的纠纷解决途径。例如，在尝试在线仲裁调解或在线平台替代性解决方式之后，仍可通过在线司法途径解决纠纷。通过 ODR 平台，消费者和商家可以不受地域限制地进行沟通、协商和调解，有效避免了传统诉讼方式中的烦琐程序和高昂成本。但实践中，跨境电子消费合同当事人往往面临选择哪个国家的 ODR 机制的困境，DEPA 也未明确规定具体的争端解决方案，需要缔约方进一步探讨解决。

我国也在积极推动在线争议解决机制的建立。目前，我国已设立北京、杭州、广州三个互联网法院，采取诉讼全流程线上化的形式，集中管辖辖区内的互联网纠纷案件。同时，传统法院也通过开发线上案件受理、电子送达、电子卷宗等全新线上服务模式探索采用"互联网＋"模式的在线诉讼服务。在非司法机关的第三方 ODR 平台方面，我国《电子商务法》第 63 条规定："电子商务平台经营者可以建立争议在线解决机制，制定并公示争议解决规则，根据自愿原则，公平、公正地解决当事人的争议。"在实践中，淘宝、美团等平台均建立了相关投诉和争议解决机制，但难以解决复杂争议，无法完全维护消费者合法权益。我国可以借鉴新加坡的在线法院调解体系，该体系致力于解决网络消费交易纠纷，其调解程序简便高效。当事人可以直接通过电子邮件向在线法院提交材料，在线法院会发送确认信息和案件编码，并通知另一方当事人。若对方同意调解，在线法院的工作人员将通过电子邮件与当事人联系，启动在

---

① 参见贺嘉：《跨境电子消费合同中消费者保护制度研究——兼评〈跨太平洋伙伴关系协定〉线上消费者保护》，载《中国流通经济》2016 年第 5 期，第 121—127 页。

线调解程序。在线法院调解快速、安全且免费。位于新加坡领域外的消费者只要同意管辖，并提供一个可供回复的电子邮件地址即可使用这项服务。①

关联规定

《全面与进步跨太平洋伙伴关系协定》（CPTPP）第 14.7 条、《区域全面经济伙伴关系协定》（RCEP）第 12.7 条

> **第 6.4 条：接入和使用互联网的原则**
>
> 在遵守适用的政策、法律和法规的前提下，缔约方认识到其消费者具有开展下列活动能力的益处：
>
> （a）在遵守合理网络管理的前提下，按消费者选择接入和使用互联网上可获得的服务和应用；②
>
> （b）将消费者选择的终端用户设备接入互联网，只要该设备不损害网络；以及
>
> （c）获得消费者互联网接入服务提供者的网络管理做法信息。

释义

DEPA 第 6.4 条是关于消费者接入和使用互联网的规定，与 CPTPP 第 14.10 条规定一致。

本条（a）款明确指出消费者有权选择接入和使用互联网上可获得的服务和应用。这意味着，消费者在遵守合理网络管理的前提下，有权不受限制地接入互联网，浏览和获取各种在线信息，并自由选择使用各种互联网应用，如社交媒体和在线购物等。"接入互联网"是指消费者通过因特网服务提供商（ISP）访问并利用互联网所提供的各类服务与丰富的信息资

---

① 刘益灯、张先友：《网络消费纠纷解决中的在线调解问题及其对策》，载《湖南大学学报（社会科学版）》2021 年第 3 期，第 120—127 页。

② 缔约方认识到互联网接入服务提供者对其用户独家提供特定内容的行为与这一原则不相违背。

源的过程。接入互联网有多种方式，包括但不限于：通过公共交换电话网（PSTN）接入、通过综合业务数字网（ISDN）接入、通过非对称数字用户线（ADSL）接入等。在日常生活中，消费者还可以选择如下常见的互联网接入方式，包括宽带接入、4G/5G 移动网络接入、Wi-Fi 热点接入、以太网连接等。这些接入方式为消费者提供了多样化的选择，以满足其不同的上网需求。

本条（b）款指出，消费者有权将自己选择的终端用户设备接入互联网，只要该设备不对网络造成损害。"终端用户设备"是指经由通信设施向计算机输入程序和数据或接收计算机输出处理结果的设备，比如我们常见的笔记本电脑、智能手机、POS 机、车载电脑、对讲机、键盘等。消费者可以自由选择使用这些终端设备，更加便捷地接入互联网，享受各种在线服务。

本条（c）款指出，消费者还有权获得其互联网接入服务提供者的网络管理做法信息。"互联网接入服务提供者"是指专门从事接入服务的服务提供商，它为终端用户提供接入互联网的服务及有限的信息服务。服务提供商的基本条件是拥有区域性用户接入网络，能够向用户提供专线、拨号上网或其他接入服务。在中国，主要的互联网接入服务提供者包括中国电信、中国网通、中国移动、中国联通等。"网络管理做法信息"涵盖网络服务的覆盖范围、服务质量、故障处理、数据安全和隐私保护等方面的信息。对这些信息的披露有助于消费者更好地理解和使用互联网服务，维护自身合法权益。

对于互联网接入和使用原则，我国立法中也确立了相关规范。《电信条例》第 37 条规定，"电信业务经营者应当及时为需要通过中继线接入其电信网的集团用户，提供平等、合理的接入服务"。《网络安全法》第 24 条规定，"网络运营者为用户办理网络接入、域名注册服务，办理固定电话、移动电话等入网手续，或者为用户提供信息发布、即时通讯等服务，在与用户签订协议或者确认提供服务时，应当要求用户提供真实身份信息"。

关联规定

《全面与进步跨太平洋伙伴关系协定》（CPTPP）第 14.10 条

模块 7：数字身份

第 7.1 条：数字身份

1. 认识到缔约方在个人或企业数字身份方面的合作将增强区域和全球互联互通，并认识到每一缔约方对数字身份可能有不同的实现工具和法律方式，每一缔约方应努力促进其各自数字身份制度之间的可交互操作性。这可能包括：

（a）建立或维持适当框架，以促进每一缔约方数字身份制度之间实现技术可交互操作性或建立共同标准；

（b）每一缔约方各自法律框架为数字身份提供同等保护，或通过自动授予或共同协议方式相互认可其法律和监管效果；

（c）建立或维护更广泛的国际框架；以及

（d）就与数字身份相关的政策和法规、技术实现工具和保障标准以及用户采用的最佳做法的知识和专业技术交流。

2. 为进一步明确，本条中任何内容不得阻止一缔约方采取或维持与第 1 款不符的措施以实现一合法公共政策目标。

释义

DEPA 第 7.1 条呼吁各缔约方积极促进数字身份制度的互操作性。

DEPA 是全球首个规定"数字身份"相关规则的数字经济协定。新加坡随后签署的《新加坡—澳大利亚数字经济协定》（SADEA）、《英国—新加坡数字经济协定》（UKSDEA）、《韩国—新加坡数字伙伴关系协定》（KSDPA）中也都加入了数字身份条款。其中，《新加坡—澳大利亚数字经济协定》第 29 条和《英国—新加坡数字经济协定》第 8.61-S 条还附有专门的"数字身份合作谅解备忘录"。现阶段中国签署的自由贸易协定中，尚未加入数字身份相关规则。DEPA 各缔约方在数字身份制度上的差异增加了个人或企业在跨国数字贸易中身份验证的负担和风险。本条旨在协调各缔约方的数字身份技术标准，以实现等效数字身份保护，促进缔约方数字身份制度间的互操作性。[①] 在数字经济中，互操作性通常指信息和数据交换的能力，在数字贸易的背景下，还包括监管方法的协调与统一。

"数字身份"可以视为数字时代个人自我的多种数字化呈现形式，其具象化为一组数据或是网络中可得的关于个体的信息总和，用以描绘并证实特定个体或事物之存在。数字身份是个人、组织或电子设备在网络空间中所采用的在线标识，不同个体间可以借助数字身份在数字化世界证明"我是我，你是你"，从而解决数字空间实体的识别和信任问题，以适应网络信息系统的安全传输、存储、使用和管理需求。[②] 数字身份与数字化身既有联系又有区别。数字化身具有一定的财产属性，数字身份则更侧重体现主体的人身权益。[③] 个人信息是与数字身份密切相关的概念，其兼具人格特征和财产特征。我国《民法典》第 1034 条规定，"个人信息是以电子或者其他方式记录的能够单独或者与其他信息结合识别特定自然人的各种信息，自然人的个人信息受法律保护"。《网络安全法》第 76 条第 5 项同样规定，"个人信息，是指以电子或者其他方式记录的能够单独或者与其他信息结合识别自然人个人身份的各种信息"。二者均强调"识别的信息"，即只有能够识别个人具体身份的信息才属于个人信息。

"身份"是一个内涵丰富且外延较广的概念，英文中通常有"Status"和"Identity"两种表述方式，本条采用"Digital Identities"来表述数字身份。"Status"更侧重于描述"个体在社会结构或社会组织中所扮演的角色或占据的位置"[④]，而"Identity"则更强调身份识别和身份认同，涉及个体

---

① 殷敏、应玲蓉：《DEPA 数字贸易互操作性规则及中国对策》，载《亚太经济》2022 年第 3 期，第 28 页。

② 参见于锐：《各国数字身份建设情况及我国可信数字身份发展路径》，载《信息安全研究》2022 年第 9 期，第 858 页；董军、程昊：《大数据时代个人的数字身份及其伦理问题》，载《自然辩证法研究》2018 年第 12 期，第 76 页。

③ 陈吉栋：《人工智能法的理论体系与核心议题》，载《东方法学》2023 年第 1 期，第 67 页。

④ 郭忠华：《公民身份的核心问题》，中央编译出版社 2016 年版，第 19 页。

身份与他者的区分。① 身份的建构是一个动态的过程，有学者将个人身份保护的发展历程分为静态身份保护、动态身份保护和个人信息保护三个阶段。个人信息保护更倾向于关注个人身份在不同社会情境下的建构与呈现，以及个人身份的自主性和完整性、机器算法自动化的影响等。② 数字身份作为个人或企业身份的数字化表达，除了具有区分功能外，还具有证明作用，旨在直接关联到具体个体，证实其真实身份。但是，通常情况下只有"自证"是不够的，政府等权威机构的"他证"才是数字身份得到认可的前提和关键，国家需主导并向个人和企业提供权威可信的数字身份技术和服务。③

　　数字身份制度之间的互操作性将增强区域和全球互联互通，是发展数字经济的基础和关键。加强缔约方数字身份制度的互联互通将为个人、企业和政府创造巨大经济价值。据麦肯锡全球研究所发布的《数字身份——实现包容性增长的关键要素》报告预测，到 2030 年，数字身份标识能为一个典型的成熟经济体或新兴经济体带来 3%—6% 的经济价值，对发展中国家释放的经济价值平均约为 GDP 的 6%，对发达国家约为 3%。因此，本条为缔约方促进其各自数字身份制度之间的可交互操作性提出了具体措施。

　　本条第 1 款首先指出，各缔约方在数字身份的实现工具和法律方式上可能存在差异。世界各国在数字身份实现模式和监管方案上展现出多样性，例如，欧盟制定了泛欧数字身份框架扩展计划，旨在推进跨国数字身份认证体系建设。2018 年 9 月，欧盟《电子身份识别和信托服务条例》（eIDAS Regulation）正式生效，取代了此前的《电子签名指令》（E-Signatures Directive）。条例对欧盟各成员国具有直接约束力，而指令则仅规定结果要求，成员国需自行制定法律以满足这些要求。由"Directive"（转化性落

---

　　① ［美］塞缪尔·亨廷顿：《谁是美国人？——美国国民特性面临的挑战》，程克雄译，新华出版社 2010 年版，第 17—19 页。

　　② 陆青：《数字时代的身份构建及其法律保障：以个人信息保护为中心的思考》，载《法学研究》2021 年第 5 期，第 8、11 页。

　　③ 国强：《网络可信身份体系建设相关问题研究》，载《信息安全研究》2022 年第 9 期，第872 页。

实）到"Regulation"（发布即生效）的升级，表明了欧洲构建数字身份一体化制度的决心。2022年年初，欧盟又发布了《数字身份：利用自主身份概念建立信任》和《欧洲数字身份体系架构和参考框架》。在 eIDAS 框架下，欧盟各成员国都被要求对各自的电子身份证（eID）进行互认，以便支持各成员国间的数据互访互通，提升跨境商务活动的便捷度。美国制定了网络空间可信身份国家战略，构建了网络身份标准体系和生态系统。2011年4月，美国发布了《美国网络空间可信身份国家战略》（NSTIC）；2017年，美国国家标准与技术研究院发布了《数字身份指南》，为机构提供全面的数字身份技术使用指导；2022年9月，美国参议院国土安全和政府事务委员会提交了《改进数字身份法》至参议院审议。

英国亦将数字身份管理纳入其数字政府建设计划，全面推动数字身份认证。2011年，英国上线政府数字服务，并提出了"GOV.UK Verify"的新身份验证服务。2014年，英国政府推出电子识别计划，为英国公民提供数字身份。2016年5月，英国正式推出"GOV.UK Verify"在线身份识别平台，为电子政务提供身份认证服务，并通过官方身份证明文件进行推广。2021年8月，英国政府发布了更新版的《数字身份和属性信任框架》，旨在提升民众对数字身份认证的认可程度。

作为 DEPA 发起国之一，新加坡也在不断发展与全面推广国家数字身份认证系统。2003年，新加坡开始推行全国性的认证系统"新加坡个人访问"（Singapore Personal Access，以下简称"SingPass"）；2014年，新加坡公布了"智慧国家2025"计划，其中包括"国家数字身份"（National Digital Identity）等五项大型国家计划；2018年，新加坡政府推出了 SingPass 手机 App 版本；2020年，新加坡政府科技局宣布 SingPass 用户可通过人脸认证机制取代密码，访问超过500种数字服务，成为全球首个将"人脸识别"纳入国民身份认证的国家。目前，新加坡政府仍在积极扩大 SingPass 的应用范围。

近年来，我国亦陆续出台多项关于"数字身份"的法规和标准。《网络安全法》第24条第2款提出："国家实施网络可信身份战略，支持研究开发安全、方便的电子身份认证技术，推动不同电子身份认证之间的互认"；

《个人信息保护法》第 62 条第 3 项提出，"支持研究开发和推广应用安全、方便的电子身份认证技术，推进网络身份认证公共服务建设"；2021 年 11 月，国家网信办印发的《网络数据安全管理条例（征求意见稿）》第 50 条第 1 款提出："国家建设网络身份认证公共服务基础设施，按照政府引导、网民自愿原则，提供个人身份认证公共服务。"2021 年 10 月，在腾讯的牵头下，粤港澳大湾区标准创新联盟发布了首个数字身份团体标准——《基于互联网的可信数字身份服务技术要求》。

面对世界各国在数字身份制度上的碎片化，本条第 1 款提出若干解决方案，致力于协调缔约方在数字身份监管制度上的差异，实现对数字身份的跨境承认和保护。（a）项提出建立或维持适当框架，以推动各缔约方数字身份制度之间的技术互操作性和共同标准的建立。数字身份认证的底层技术主要是密码技术。随着云计算能力的提升，新型加密技术不断涌现。[①] 缔约方应建立共同的技术标准、协议和接口，以确保各自数字身份系统之间的无缝对接。（b）项要求各缔约方在各自法律框架内为数字身份提供同等保护，或相互认可其法律和监管效果。（c）项提出建立或维护更广泛的国际框架。这意味着需要通过国际组织、多边协议、区域合作等多种形式，建立一种全球性的数字身份法律协调机制，推动全球数字身份治理体系的不断完善。（d）项要求缔约方加强数字身份领域的交流合作，积极开展对话和沟通，分享经验和技术。

本条第 2 款是例外规定，指出"任何内容不得阻止一缔约方采取或维持与第 1 款不符的措施以实现一合法公共政策目标"。但与 GATT 1994 第 20 条"一般例外"条款中详细列出具体公共政策目标不同，本款并未明确列举何为"公共政策目标"。这种表述与 CPTPP 第 14.13 条第 3 款（b）项相一致，赋予了缔约方更多的内部监管自主权，但也可能导致监管行为的滥用和不确定性。[②]

[①] 参见宋宪荣、张猛:《国外网络可信身份认证技术发展现状、趋势及对我国的启示》，载《网络空间安全》2018 年第 2 期，第 6—11 页。

[②] 时业伟:《跨境数据流动中的国际贸易规则：规制、兼容与发展》，载《比较法研究》2020 年第 4 期，第 179 页。

数字身份涉及海量个人或企业信息，对国家、产业和战略安全至关重要。数字身份法律保护的重点在于保护人在数字环境下的身份自主性和完整性，以应对数字技术滥用可能带来的身份危机。① 我国《民法典》和《个人信息保护法》均规定，个人信息是以电子或其他方式记录，能识别特定自然人的信息，不包括匿名化处理后的信息。在构建个人数字身份时，应谨防个人信息泄露可能引发的人格权益损害和财产损失。《反不正当竞争法》第 9 条第 4 款规定，商业秘密是指"不为公众所知悉、具有商业价值并经权利人采取相应保密措施的技术信息、经营信息等商业信息"。在构建企业数字身份时，应明确企业的商业秘密范围，避免发生因商业秘密泄露导致的企业经济损失及商誉损害。

目前，我国正在加速推进数字身份技术的应用，实践成果丰富，如北京市"长安链"项目、贵阳市"身份上链"项目、深圳市"数字市民"计划，以及雄安新区探索构建的数字身份体系等。2022 年 2 月，国务院办公厅印发《关于加快推进电子证照扩大应用领域和全国互通互认的意见》，提出要实施身份证电子化政策，并推动实现电子证照互通互认。我国已研发出基于 eID 技术的"公民网络身份识别系统"。eID 以国产自主密码技术为基础、以智能安全芯片为载体，具有在线身份认证、签名验签和线下身份认证等功能。我国公民可自愿免费申领、使用 eID，并通过智能芯片实现和持有人的一一对应。2015 年 1 月，公安部第一研究所开发上线了"互联网+"可信身份认证平台（以下简称"CTID"），提供真实身份核验、数字证书生成和管理、网证开通和认证、多因素认证等多种功能，适用于电子政务、电子商务、互联网金融、在线教育等使用场景。通过与人脸识别和活体检测技术的结合，CTID 可以实现远程身份认证。2018 年，中关村工信二维码技术研究院主导发布了我国首个自主可控、具有全球根节点管理权和代码资源分配权的国际标识代码"MA"，能为人、事、物、数据等各类对象分配全球唯一和国际通用的身份标识。2022 年 6 月，MA标识正式纳入国家工业互联网标识体系，并应用于工业、农业、医疗卫

---

① 陆青：《数字身份的多元面向及其法律保护》，载《社会科学辑刊》2022 年第 6 期，第 83 页。

生等多个领域。2022 年 8 月，由公安部第一研究所牵头的"基于法定证件的数字身份区块链技术研究与应用"正式启动，为我国数字身份认证体系建设提供了技术支撑。为增强区域和全球互联互通，实现 DEPA 对数字身份制度的互操作性要求，我国应考虑多种数字身份技术和安全标准的共同发展，加快新技术研究，为数字身份领域的跨境合作打下坚实基础。①

---

① 参见曾西平：《数字身份，数字经济的基石》，载经济参考网，https://www.jjckb.cn/2022-05/31/c_1310609684.htm，访问日期 2023 年 12 月 4 日。

模块 8：新兴趋势与技术

第 8.1 条：金融科技合作

　　缔约方应促进其金融科技（FinTech）产业间合作。缔约方认识到，关于金融科技的有效合作需要企业的参与。为此目的，缔约方应：

　　（a）促进金融科技部门中企业间合作；

　　（b）促进商业或金融部门金融科技解决方案的制定；以及

　　（c）鼓励缔约方在符合各自法律法规的情况下，开展金融科技部门中的创业或创业人才合作。

释义

　　DEPA 第 8.1 条规定了缔约方在金融科技产业上的合作义务。

　　"金融科技"（FinTech）可以理解为"金融"（Finance）+"科技"（Technology），强调金融和科技的结合。国际金融稳定理事会（FSB）将金融科技定义为"技术带来的金融创新，能创造新的业务模式、应用、流程或产品，从而对金融市场、金融机构或金融服务的提供方式造成重大影响"。[1] 金融科技可分为五大领域：在支付清算领域，包括网络和移动支付、数字货币、分布式账本技术等；在融资领域，包括股权众筹、网络借贷等；在市场基础设施领域，包括智能合约、大数据、云计算、数字身份识别等；在投资管理领域，包括电子交易、机器人投资顾问等；在保险领域，包括保险分解和联合保险等。[2]

　　本条提出了金融科技合作的三个方向：一是促进金融科技部门中企业之间的合作。《新加坡—澳大利亚数字经济协定》第 29 条也加入了相关规

---

　　① Financial Stability Board, Fintech: Describing the Landscape and a Framework for Analysis, https://www.fsb.org/wpcontent/uploads/P140219.pdf, visited on 16 May 2023.

　　② 朱太辉、陈璐：《Fintech 的潜在风险与监管应对研究》，载《金融监管研究》2016 年第 7 期，第 19 页。

定，鼓励企业采用简化的许可程序或监管沙盒，包括制定共同的开放银行业务标准等。二是促进商业或金融部门金融科技解决方案的制定。该条款是对 2018 年 11 月新加坡推出的应用程序接口平台 API Exchange（APIX）的总结。APIX 由新加坡金融管理局、国际金融公司和东盟银行家协会共同开发，希望通过金融机构和金融科技公司的合作，探索金融科技新发展方案。三是鼓励缔约方在符合各自法律法规的情况下，开展金融科技部门中的创业或创业人才合作。《英国—新加坡数字经济协定》中，英国和新加坡就 2016 年 5 月启动的英国—新加坡金融科技桥（FinTech Bridge）项目达成了一项谅解备忘录，以打破两国间的金融科技公司贸易壁垒，在金融科技与创新课题加强合作和信息共享。

　　波士顿咨询集团在 2023 年 5 月发布的报告中预计，2030 年金融科技产业的年收入将达到 1.5 万亿美元，其中占比最大的市场是亚太地区，特别是包括中国在内的新兴亚洲国家。[①] 目前，世界上大部分国家和地区都已经充分认识到金融科技的重要性，但是在不同国家和地区，金融科技的业务性质、运作模式和监管方案存在较大差异，如美国作为"FinTech"一词的诞生地，金融科技行业发展起步较早，其强势领域主要为数字货币、区块链、人工智能等基础设施领域。美国的金融科技风险监管体系较为复杂，并未设立专门的监管机构，主要采取了机构监管和功能监管相结合的双重多头监管框架，金融科技活动同时接受联邦和所在州的监管。与美国不同，欧盟范围内的监管政策出台较为缓慢。2018 年 3 月，欧盟委员会发布了《金融科技行动计划》，明确将重点围绕区块链等新技术开展工作，并建立新的金融科技实验室等。欧盟多数成员国都支持以更开放的方式发展金融科技。尽管实践中采取的监管方式因国而异，但市场诚信、金融稳定、投资者和消费者保护是各国的共同目标。作为全球重要的金融中心和 DEPA 发起国之一，新加坡拥有丰富的金融科技监管资源，新加坡金融管理局建立了成熟的金融科技监管框架。2015 年，新加坡金融管理局成立了金融科技创新小组，主要负责制定创新金融科技监管政策。2016 年，新加坡提出了监管沙盒政策，鼓

① Deepal Goyal et al., Global Fintech 2023: Reimagining the Future of Finance, https://www.bcg.com/zh-cn/publications/2023/future-of-fintech-and-banking, visited on 16 May 2023.

励企业测试新的金融科技产品和服务。2022年4月，新加坡金融管理局推出了监管科技资助计划以促进金融科技监管方案的采用和发展。

我国金融科技虽然起步较晚，但近年来发展迅速，成为全球金融科技领域的重要力量，参与国际金融治理的程度逐渐加深。2017年5月，中国人民银行成立了金融科技委员会，并相继发布两轮金融科技发展规划，即《金融科技发展规划（2019—2021年）》和《金融科技发展规划（2022—2025年）》，旨在解决金融科技发展不平均不充分的问题，力争到2025年实现整体水平与核心竞争力跨越式提升。北京、上海等地也陆续推出了地方性的金融科技发展规划。随着金融科技的迅速发展和深化应用，合同纠纷、非法集资、信息泄露、知识产权侵权等风险日益突出，"防风险"成为金融科技高质量发展的关键。我国传统的金融监管法律体系包括《证券法》《保险法》《中国人民银行法》《银行业监督管理法》等法律法规和大量规范性文件。该监管体系需要由"危机型"立法向"预防型"立法转变，以健全金融风险治理机制，应对数智化阶段可能带来的更多风险和监管问题。①

第8.2条：人工智能

1. 缔约方认识到在数字经济中人工智能（AI）技术的使用和采用日益广泛。

2. 缔约方认识到为可信、安全和负责任使用人工智能技术而制定道德和治理框架具有经济和社会重要性。考虑到数字经济的跨境性质，缔约方进一步承认不断增进共同谅解并最终保证此类框架的国际一致性的益处，从而尽可能便利在缔约方各自管辖范围之间接受和使用人工智能技术。

3. 为此，缔约方应努力促进采用支持可信、安全和负责任使用人工智能技术的道德和治理框架（人工智能治理框架）。

4. 在采用人工智能治理框架时，缔约方应努力考虑国际公认原则或指导方针，包括可解释性、透明度、公平性和以人为本的价值观。

---

① 参见张晓燕：《金融科技风险及其治理机制研究》，载《甘肃社会科学》2023年第2期，第234—235页；黄靖雯、陶士贵：《数智化阶段的金融科技：风险与监管》，载《兰州学刊》2023年第6期，第32页。

释义

DEPA 第 8.2 条规定缔约方应协调构建统一的人工智能治理框架，以促进人工智能技术的可信、安全及负责任的应用与发展。

人工智能（Artificial Intelligence，AI）是研究、开发用于模拟、延伸和扩展人的智能的理论、方法、技术及应用系统的一门技术科学。人工智能作为数字经济时代的新生力量，正被广泛应用于文本创作、代码生成等新场景中。人工智能技术和服务在给人们日常生活带来便利的同时，也产生了复杂多元的风险和隐患，包括但不限于减少就业机会、加剧社会分化、引发数据偏见和歧视、产生技术沉迷和依赖等。[1]DEPA 是第一个涵盖"人工智能"规则的数字经济协定。随后新加坡签署的《新加坡—澳大利亚数字经济协定》（SADEA）、《英国—新加坡数字经济协定》（UKSDEA）、《韩国—新加坡数字伙伴关系协定》（KSDPA）以及与欧盟建立的《欧盟—新加坡数字伙伴关系协定》（EUSDP）也加入了人工智能相关议题，其中《新加坡—澳大利亚数字经济协定》第 31 条和《韩国—新加坡数字伙伴关系协定》第 14.28 条中还附有旨在发展和鼓励人工智能治理合作的谅解备忘录（见表 2）。

表 2   新加坡数字经济协定中的人工智能条款

	DEPA	SADEA	UKSDEA	KSDPA	EUSDP[2]
签署时间	2020.06.23	2020.08.06	2022.02.25	2022.12.21	2023.02.01
生效时间	2020.12.28	2020.12.09	2022.06.14	2023.01.14	/
缔约方	新加坡、新西兰、智利	新加坡、澳大利亚	英国、新加坡	韩国、新加坡	欧盟、新加坡
具体条款	第 8.2 条	第 31 条	第 8.61-R 条	第 14.28 条	第 29 条
条款名称	人工智能	人工智能	人工智能和新兴科技	人工智能	人工智能
人工智能谅解备忘录	无	有	无	有	无

---

[1] 王俊秀：《ChatGPT 与人工智能时代：突破、风险与治理》，载《东北师大学报（哲学社会科学版）》2023 年第 4 期，第 19 页。

[2] 欧盟和新加坡间达成的"欧盟—新加坡数字伙伴关系"（EUSDP）严格意义上并不是"数字经济协定"，而应属于"数字伙伴关系"的范畴，如 2022 年 5 月欧盟—日本峰会期间欧盟与日本达成的数字伙伴关系、2022 年 11 月欧盟与韩国达成的数字伙伴关系等。但是，鉴于 EUSDP 框架协议的内容中包含有人工智能规则，且新加坡贸易和工业部官网上将其与 DEPA 等数字经济协定等同视之。因此，在新加坡数字经济协定人工智能规则梳理时，EUSDP 框架协议被视为广义上的数字经济协定纳入其中。

本条第 1 款指出，缔约方认识到在数字经济中人工智能技术的使用和采用日益广泛。目前，人工智能技术的应用场景正在迅速扩展，数字经济作为一种以数据要素为基础的新兴经济形态，其核心在于人工智能的应用与发展。随着现有数据的不断累积，产生了海量的数据信息，这些更广泛的信息也能反作用于人工智能的研发和训练。[①] 联合国贸易和发展会议发布的《2021 年数字经济报告》指出，数据已经构成了包括人工智能在内的新兴数字技术的核心。[②]

本条第 2 款指出，缔约方应认识到人工智能技术道德和治理框架的经济和社会重要性。为更好地接受和使用人工智能技术，缔约方应不断增进共同谅解并保证框架的国际一致性。本条第 3 款指出，缔约方应努力促进采用支持可信、安全和负责任使用人工智能技术的道德和治理框架。总体而言，本条要求人工智能技术治理在充分发挥技术手段的基础上，贯彻"可信、安全和负责任"原则，从"道德"和"治理"两个维度建立国际统一的治理框架。如今世界各国都高度重视人工智能领域的框架搭建。例如，2017 年 1 月，近千名人工智能领域的专家联合签署了"阿西洛马人工智能 23 条原则"（Asilomar AI Principles），呼吁全世界在发展人工智能时重视伦理安全。2019 年 4 月，欧盟委员会发布了《人工智能道德准则》，提出了实现可信赖人工智能的七个要素，要求不得使用公民个人资料做出伤害或歧视他们的行为。我国于 2021 年 9 月由国家新一代人工智能治理专业委员会制定发布了《新一代人工智能伦理规范》。同时，微软、英特尔、谷歌等知名科技企业也相继发布人工智能伦理道德原则，成立人工智能伦理委员会。其中，谷歌、微软、亚马逊、脸书、IBM 五大科技巨头早在 2016 年 9 月就成立了"人工智能伙伴关系"，共同致力于人工智能伦理道德的维护。

在人工智能的法律规制方面，自 2017 年至今，已经有近 70 个国家发

---

① 沈伟、赵尔雅：《数字经济背景下的人工智能国际法规制》，载《上海财经大学学报》2022 年第 5 期，第 123—124 页。

② UNCTAD, Cross-border Data Flows and Development: For Whom the Data Flow, https://unctad. org/system/files/officialdocument/der2021_en.pdf, visited on 16 November 2023.

布了人工智能领域的立法计划，包括欧盟的《人工智能法案》、美国的《国家人工智能法案》、加拿大的《人工智能和数据法案》等。2020 年 6 月，加拿大、法国、德国、澳大利亚、美国、日本、韩国等 15 个国家正式成立全球首个"人工智能全球合作伙伴组织"。[①] 2024 年 3 月，欧盟批准通过了全球首部关于人工智能治理的综合性法律《人工智能法案》(EU AI Act)，提出了全面的、有约束力的可信任人工智能规范框架，明确了被禁止的人工智能应用情形，并建构了高风险人工智能的合规义务和通用人工智能的透明度要求。我国人工智能领域法律规范数量较少、层级较低，截至 2024 年 3 月，国家和地方层面尚未出台统一的人工智能立法，人工智能治理规则散见在部分法律及政策文件中。2017 年 7 月，国务院印发的《新一代人工智能发展规划》专门对人工智能伦理作出了部署，提出了人工智能领域立法"三步走"的战略目标：2020 年，部分领域的人工智能伦理规范和政策法规初步建立；2025 年，初步建立人工智能法律法规、伦理规范和政策体系；2030 年，形成较为成熟的新一代人工智能理论与技术体系。然而，直至 2022 年 9 月，我国首部人工智能产业专项立法《深圳经济特区人工智能产业促进条例》才姗姗来迟。2022 年 10 月，《上海市促进人工智能产业发展条例》开始实施。2023 年 5 月 31 日，国务院办公厅印发的《国务院 2023 年度立法工作计划》已正式将"人工智能法案"列为预备提请全国人大常委会审议的 34 项立法草案之一。

作为 DEPA 的发起国，新加坡在人工智能技术的发展和治理方面走在了第一线。2019 年 1 月，新加坡在世界经济论坛年会上发布了亚洲首个人工智能治理框架模型，2020 年 1 月又发布了第二版框架。2022 年 5 月，新加坡推出了世界上首个人工智能治理测试框架和工具包，欢迎全球公司参与该产品的试用。[②]《新加坡—澳大利亚数字经济协定》和《韩国—新加

---

① 参见《法加德等 15 国成立"人工智能全球合作伙伴组织"》，载中华人民共和国科学技术部官网，https://www.safea.gov.cn/gnwkjdt/202008/t20200803_158073.html，访问日期 2023 年 11 月 6 日。

② IMDA, Singapore Launches World's First AI Testing Framework and Toolkit to Promote Transparency; Invites Companies to Pilot and Contribute to International Standards Development, https://www.imda.gov.sg/news-and-events/Media-Room/Media-Releases/2022/Singapore-launches-worlds-first-AI-testing-framework-and-toolkit-to-promote-transparency-Invites-companies-to-pilot-and-contribute-to-international-standards-development, visited on 16 November 2023.

坡数字伙伴关系协定》中也专门规定了旨在发展和鼓励人工智能最佳实践以及伦理治理框架共享的谅解备忘录。我国也在 2019 年 6 月国家新一代人工智能治理专业委员会发布的《新一代人工智能治理原则——发展负责任的人工智能》中提出了人工智能治理的框架和发展原则。今后应借鉴新加坡等 DEPA 缔约方的经验，完善我国的人工智能治理结构，督促人工智能行业和相关企业履行道德伦理主体责任。[①]

本条第 4 款指出，在采用人工智能治理框架时，缔约方应努力考虑国际公认原则或指导方针，包括可解释性、透明度、公平性和以人为本的价值观。目前，人工智能领域公认的国际原则或指导方针已经建立。2021 年 11 月，联合国教科文组织拟定的首份人工智能伦理问题全球性协议——《人工智能伦理问题建议书》获得 193 个会员国一致通过。该建议书中的价值观包含四个方面的内容：一是尊重、保护和促进人权和基本自由以及人的尊严；二是环境和生态系统蓬勃发展；三是确保多样性和包容性；四是生活在和平、公正与互联的社会中。2023 年 3 月，联合国教科文组织呼吁各国政府尽快依据该建议书在国家层面制定实施人工智能规范措施。此外，多个国际组织也发布了人工智能领域的基本原则，如 2019 年 4 月，欧盟委员会发布了《人工智能道德准则》，提出了"值得信赖"的人工智能应当满足受人类监管、技术的稳健性和安全性、隐私和数据管理、透明度、多样性、非歧视性和公平性、社会和环境福祉以及问责制等要求。[②] 2019 年 5 月，OECD 正式通过首部关于人工智能的政府间政策指导方针，包括五项基本原则以及五项公共政策和国际合作建议。[③] 2019 年 6 月，二十国集团出台了《G20 人工智能原则》，倡导人工智能使用和研发过程中"尊重法律原则、人权和民主价值观"。[④] 全球人工智能伙伴关系（以下简称"GPAI"）是在加拿大和法国分别担任七国集团（以下简称"G7"）

---

① 周念利、于美月：《中国应如何对接 DEPA——基于 DEPA 与 RCEP 对比的视角》，载《理论学刊》2022 年第 2 期，第 62 页。

② 刘艳红：《人工智能的可解释性与 AI 的法律责任问题研究》，载《法制与社会发展》2022 年第 1 期，第 78 页。

③ OECD, OECD AI Principles Overview, https://oecd.ai/en/ai-principles, visited on 16 May 2023.

④ 傅莹：《人工智能的治理和国际机制的关键要素》，载《人民论坛》2020 年第 4 期，第 6 页。

轮值主席国期间诞生的，最初由法国和加拿大在 2019 年 8 月的法国比亚里茨峰会上正式提出，并得到 G7 领导人的欢迎和支持。2020 年 5 月，美国宣布加入 GPAI。《欧盟—新加坡数字伙伴关系框架协定》第 29 条中也提到欧盟和新加坡计划在 GPAI 和其他国际论坛上展开合作。2023 年 10 月，G7 颁布了《开发高级人工智能的组织的国际指导原则》以及《开发高级人工智能系统的组织的国际行为守则》。2023 年 10 月 13 日，在世界数字技术院（WDTA）发起的数字世界大会先导论坛上，WDTA 发布了《2023 全球人工智能治理宣言》(Declaration on Global AI Governance 2023)，呼吁建立具有广泛共识的人工智能全球治理框架，目前已被联合国秘书长科技特使办公室所采纳。《2023 全球人工智能治理宣言》共有 4 条 6 款，第 1 条中规定了人工智能全球治理的七大原则，即信任和透明度、责任和问责、安全和保障、开放与合作、以人为本、公平性、包容性；第 2 条中列明了全球人工智能治理的实施方案，包括国家框架（国家 AI 政策、监管、能力建设）和国际合作（联合国监督、信息共享、共同标准、冲突解决）；第 3 条则规定了由联合国监督机构负责监督和审查。2023 年 11 月，中国、美国、欧盟等 28 方代表在全球人工智能安全峰会上联合签署了"布莱切利宣言"(Bletchley Declaration)，提出应以开放的方式开展更广泛的人工智能国际合作治理。

　　中国作为全球主要经济体和人工智能产业大国，在人工智能国际合作和治理上采取了积极的行动态度，主动搭建了乌镇世界互联网大会、上海世界人工智能大会等面向世界的开放交流平台。①2023 年 10 月 18 日，习近平总书记在第三届"一带一路"国际合作高峰论坛开幕式主旨演讲中提出《全球人工智能治理倡议》，随后由国家网信办正式发布。《全球人工智能治理倡议》以人工智能的发展、安全和治理为核心，系统阐述了全球人工智能治理的"中国方案"。十一点倡议主要分为两个方面，即发展理念和具体措施。其中，发展理念包括以人为本（倡议一）、尊重他国主权（倡议二）、遵守人类共同价值（倡议三）、开源共享（倡议四）、公平和非歧

---

① 傅莹：《看世界 2：百年变局下的挑战和抉择》，中信出版社 2021 年版，第 330 页。

视（倡议七）；具体措施则有风险分类分级（倡议五）、健全法律法规（倡议六）、人工智能伦理（倡议八）、对话与合作（倡议九）、技术开发应用（倡议十）、成立国际治理机构（倡议十一）。对比联合国《2023 全球人工智能治理宣言》和中国提出的《全球人工智能治理倡议》，可以归纳出六个关键词：以人为本、开源共享、公平非歧视、数据隐私保护、人工智能伦理和国际机构（见表 3）。前三个关键词是全球人工智能治理的理念，后三个关键词则为全球人工智能治理的具体措施。

表 3　《2023 全球人工智能治理宣言》与《全球人工智能治理倡议》的对比

关键词	《2023 全球人工智能治理宣言》	《全球人工智能治理倡议》
以人为本	增强人类能力、提高福祉和尊重人权，包括隐私、尊严和免受歧视的自由等（第 1 条第 2 款）	发展人工智能应坚持"以人为本"理念，以增进人类共同福祉为目标，以保障社会安全、尊重人类权益为前提，确保人工智能始终朝着有利于人类文明进步的方向发展（倡议一）
开源共享	鼓励国际友好合作以应对全球 AI 的挑战，促进开源、信息共享，并建立共同标准和规范（第 1 条第 2 款）	鼓励全球共同推动人工智能健康发展，共享人工智能知识成果，开源人工智能技术（倡议四）
公平非歧视	AI 系统在设计和使用过程中，应在考虑历史和社会背景的前提下，促进公平并预防歧视、偏见和不公正待遇（第 1 条第 2 款）	坚持公平性和非歧视性原则，避免在数据获取、算法设计、技术开发、产品研发与应用过程中，产生针对不同或特定民族、信仰、国别、性别等偏见和歧视（倡议七）
数据隐私保护	政府应建立监管框架以促进对 AI 的负责任使用，并解决信任、安全、伦理和数据隐私等问题（第 2 条第 1 款）	逐步建立健全法律和规章制度，保障人工智能研发和应用中的个人隐私与数据安全，反对窃取、篡改、泄露和其他非法收集利用个人信息行为（倡议六）
人工智能伦理		坚持伦理先行，建立并完善人工智能伦理准则、规范及问责机制，形成人工智能伦理指南，建立科技伦理审查和监管制度，明确人工智能相关主体的责任和权力边界，充分尊重并保障各群体合法权益，及时回应国内和国际相关伦理关切（倡议八）
国际机构	联合国应与各成员国以及各利益相关方合作，为 AI 治理建立全球监督机构（第 2 条第 2 款）	积极支持在联合国框架下讨论成立国际人工智能治理机构，协调国际人工智能发展、安全与治理重大问题（倡议十一）

在国家立法层面，人工智能法草案已被列入《国务院 2023 年度立法工作计划》。《十四届全国人大常委会立法规划》中同样强调应"推进科技创新和人工智能健康发展"。2023 年 8 月，国家网信办等七部门联合发布的《生成式人工智能服务管理暂行办法》正式生效，是中国乃至全球首部生成式人工智能领域的行政立法。但是，在面对人工智能等新兴科技议题时，法律规制未必是最佳或唯一的选择。① "标准"（Standard）与科学、技术直接关联，作为国家治理体系和治理能力现代化的基础性制度②，在社会治理尤其是技术治理领域发挥着重要的支撑与引领作用。早在 20 世纪 90 年代，国际标准化组织（ISO）、国际电工委员会（IEC）、电气与电子工程师协会（IEEE）等就已经开始制定人工智能相关的国际标准。2017 年 10 月，由 ISO 和 IEC 第一联合技术委员会（JTC 1）成立的"人工智能分委会"（ISO/IEC JTC 1/SC 42，以下简称"SC 42"）是全球首个面向人工智能生态系统的国际标准委员会，同时也是人工智能国际标准最重要的制定及管理单位之一。SC 42 目前有包括中国、美国在内的 37 个参加成员（P-member），以及新加坡等 23 个观察成员（O-member），共计发布了 20 项人工智能国际标准，内容集中于人工智能管理、可信度和安全隐私保护三个方面。2017 年 7 月，国务院发布的《新一代人工智能发展规划》中强调，应加强人工智能标准框架体系研究。如今我国正高度重视人工智能标准体系的建设，2018 年 1 月，国家标准委正式成立了"国家人工智能标准化总体组"，负责统筹管理人工智能标准化工作。经过在国家标准全文公开系统、行业标准信息服务平台及地方标准信息服务平台进行系统检索，截至 2023 年 12 月，我们共整理出与"人工智能"紧密相关的 9 项国家标准、13 项行业标准和 9 项地方标准（见表 4、表 5、表 6）。同时，在全国团体标准信息平台和企业标准公共服务平台上，也检索到超过百项的现行有效的团体标准和企业标准，因篇幅所限，在此不作详细列明。根据 2020 年 8 月国家标准委等五部门联合印发的《国家新一代人工智能标准体系建

---

① 傅爱竹：《数字新兴议题专门立法热之反思》，载《法商研究》2023 年第 5 期，第 48 页。
② 甘藏春、田世宏：《中华人民共和国标准化法释义》，中国法制出版社 2017 年版，第 20 页。

设指南》，人工智能领域的关键通用技术标准包括但不限于机器学习、知识图谱、类脑智能计算、量子智能计算、模式识别等部分，关键领域技术标准则有自然语言处理、智能语音、计算机视觉、生物特征识别、虚拟现实 / 增强现实、人机交互等。以技术名称为关键词，我们对现行的政府颁布标准进行了深入检索和筛选（见表 7）。

表 4　与人工智能相关的国家标准

标准号	标准名称	发布日期	实施日期	是否采标
GB/T 5271.28-2001	信息技术　词汇　第 28 部分：人工智能　基本概念与专家系统	2001.07.16	2002.03.01	是
GB/T 5271.29-2006	信息技术　词汇　第 29 部分：人工智能　语音识别与合成	2006.03.14	2006.07.01	是
GB/T 5271.31-2006	信息技术　词汇　第 31 部分：人工智能　机器学习	2006.03.14	2006.07.01	是
GB/T 5271.34-2006	信息技术　词汇　第 34 部分：人工智能　神经网络	2006.03.14	2006.07.01	是
GB/T 40691-2021	人工智能　情感计算用户界面　模型	2021.10.11	2022.05.01	否
GB/T 41867-2022	信息技术　人工智能　术语	2022.10.14	2023.05.01	否
GB/T 42018-2022	信息技术　人工智能　平台计算资源规范	2022.10.14	2023.05.01	否
GB/T 42131-2022	人工智能　知识图谱技术框架	2022.12.30	2023.07.01	否
GB/T 42755-2023	人工智能　面向机器学习的数据标注规程	2023.05.23	2023.12.01	否

表 5　与人工智能相关的行业标准

标准号	标准名称	行业领域	批准日期	实施日期	备案日期
JR/T 0221-2021	人工智能算法金融应用评价规范	金融	2021.03.26	2021.03.26	2021.04.08

（续表）

标准号	标准名称	行业领域	批准日期	实施日期	备案日期
YD/T 3944-2021	人工智能芯片 基准测试评估方法	通信	2021.08.21	2021.11.01	2021.10.19
YD/T 4043-2022	基于人工智能的多中心医疗数据协同分析平台参考架构	通信	2022.04.24	2022.07.01	2022.05.09
YD/T 4044-2022	基于人工智能的知识图谱构建技术要求	通信	2022.04.24	2022.07.01	2022.05.09
SJ/T 11805-2022	人工智能从业人员能力要求	电子	2022.04.24	2022.07.01	2023.02.13
YY/T 1833.1-2022	人工智能医疗器械　质量要求和评价　第1部分：术语	医药	2022.07.01	2023.07.01	2022.08.02
YY/T 1833.2-2022	人工智能医疗器械　质量要求和评价　第2部分：数据集通用要求	医药	2022.07.01	2023.07.01	2022.08.02
YY/T 1833.3-2022	人工智能医疗器械　质量要求和评价　第3部分：数据标注通用要求	医药	2022.08.17	2023.09.01	2022.09.21
YY/T 1858-2022	人工智能医疗器械　肺部影像辅助分析软件　算法性能测试方法	医药	2022.08.17	2023.09.01	2022.09.21
YD/T 4070-2022	基于人工智能的接入网运维和业务智能化　场景与需求	通信	2022.09.30	2023.01.01	2022.11.11
YD/T 4316-2023	面向智慧城市应用的人工智能服务能力开放技术要求	通信	2023.05.22	2023.08.01	2023.06.20
YY/T 1907-2023	人工智能医疗器械　冠状动脉CT影像处理软件　算法性能测试方法	医药	2023.09.05	2023.09.15	2023.09.22
YY/T 1833.4-2023	人工智能医疗器械　质量要求和评价　第4部分：可追溯性	医药	2023.09.05	2024.09.15	2023.09.22

表 6　与人工智能相关的地方标准

标准号	标准名称	发布省份	批准日期	实施日期	备案日期
DB35/T 1979-2021	智慧家庭人工智能语音服务通用技术规范	福建省	2021.06.21	2021.09.21	2021.08.04
DB14/T 2463-2022	人工智能　数据标注总体框架	山西省	2022.06.14	2022.09.15	2022.07.07
DB14/T 2464-2022	人工智能　数据标注一般技术要求	山西省	2022.06.14	2022.09.15	2022.07.07
DB14/T 2465-2022	人工智能　数据标注通用工作规程	山西省	2022.06.14	2022.09.15	2022.07.07
DB14/T 2527-2022	云平台　人工智能建模系统框架及功能要求	山西省	2022.08.18	2022.11.18	2022.09.14
DB43/T 2562-2023	人工智能手语播报软件系统　技术要求	湖南省	2023.02.17	2023.05.17	2023.03.15
DB52/T 1726-2023	糖尿病视网膜病变人工智能筛查应用规范	贵州省	2023.04.12	2023.05.01	2023.06.29
DB23/T 3479-2023	人工智能数据标注人员培训服务规范	黑龙江省	2023.07.05	2023.08.04	2023.08.10

表 7　人工智能关键通用技术和关键领域技术相关的政府颁布标准

标准号	标准名称	技术领域	发布日期	实施日期
GB/T 5271.31-2006	信息技术　词汇　第 31 部分：人工智能　机器学习	机器学习	2006.03.14	2006.07.01
JR/T 0263-2022	机器学习金融应用技术指南	机器学习	2022.11.25	2022.11.25
YD/T 4044-2022	基于人工智能的知识图谱构建技术要求	知识图谱	2022.04.24	2022.07.01
GB/T 42131-2022	人工智能　知识图谱技术框架	知识图谱	2022.12.30	2023.07.01
GB/T 42777-2023	基于文本数据的金融风险防控　知识图谱构建技术框架指南	知识图谱	2023.08.06	2023.08.06
YD/T 4394.6-2023	自然语言处理技术及产品评估方法　第 6 部分：客服质检系统	自然语言处理	2023.07.28	2023.11.01

（续表）

标准号	标准名称	技术领域	发布日期	实施日期
GB/T 5271.29-2006	信息技术　词汇　第 29 部分：人工智能　语音识别与合成	智能语音	2006.03.14	2006.07.01
GB/T 36464.4-2018	信息技术　智能语音交互系统　第 2 部分：智能家居	智能语音	2018.06.07	2019.01.01
GB/T 36464.5-2018	信息技术　智能语音交互系统　第 3 部分：智能客服	智能语音	2018.06.07	2019.01.01
GB/T 36464.4-2018	信息技术　智能语音交互系统　第 4 部分：移动终端	智能语音	2018.06.07	2019.01.01
GB/T 36464.5-2018	信息技术　智能语音交互系统　第 5 部分：车载终端	智能语音	2018.06.07	2019.01.01
GB/T 36464.1-2020	信息技术　智能语音交互系统　第 1 部分：通用规范	智能语音	2020.04.28	2020.11.01
DB35/T 1979-2021	智慧家庭人工智能语音服务通用技术规范	智能语音	2021.06.21	2021.09.21
GB/T 41813.1-2022	信息技术　智能语音交互测试方法　第 1 部分：语音识别	智能语音	2022.10.12	2023.05.01
GB/T 41813.2-2022	信息技术　智能语音交互测试方法　第 2 部分：语义理解	智能语音	2022.10.12	2023.05.01
GB/T 41864-2022	信息技术　计算机视觉　术语	计算机视觉	2022.10.12	2022.10.12
DB51/T 2544-2018	虚拟现实技术在心理健康领域应用指导规范	虚拟现实	2018.12.21	2019.01.01
DB51/T 2545-2018	虚拟现实技术在旅游行业应用指导规范	虚拟现实	2018.12.21	2019.01.01
DB22/T 3047-2019	虚拟现实影像技术规程	虚拟现实	2019.05.27	2019.06.17
GB/T 38258-2019	信息技术　虚拟现实应用软件基本要求和测试方法	虚拟现实	2019.12.10	2020.07.01
GB/T 38259-2019	信息技术　虚拟现实头戴式显示设备通用规范	虚拟现实	2019.12.10	2020.07.01
DB35/T 2044-2021	虚拟现实应用软件性能测试要求	虚拟现实	2021.12.29	2023.03.29

（续表）

标准号	标准名称	技术领域	发布日期	实施日期
YD/T 4198-2023	虚拟现实（VR）服务中用户沉浸体验评估算法及参数	虚拟现实	2023.05.22	2023.08.01
CY/T 272-2023	出版物虚拟现实（VR）技术应用要求	虚拟现实	2023.06.16	2023.08.01
YD/T 4381-2023	IPTV 虚拟现实（VR）全景多媒体业务服务技术要求	虚拟现实	2023.07.28	2023.11.01
GB/T 38247-2019	信息技术　增强现实　术语	增强现实	2019.10.18	2020.05.01
YD/T 4313-2023	增强现实（AR）应用服务平台技术功能评估规范	增强现实	2023.05.22	2023.08.01

当前，全球人工智能的发展进入了新一轮跃升期。以 GPT-4 为标志的生成式人工智能（GAI）技术上的突破正在加速从专用人工智能迈向通用人工智能的进程，有望催生出人工智能新范式和新生态。2023 年 4 月，国家网信办起草了《生成式人工智能服务管理办法（征求意见稿）》。短短三个月后，2023 年 7 月，国家网信办等七部门就联合公布了《生成式人工智能服务管理暂行办法》。面对人工智能技术发展带来的机遇与挑战，亟须推进国家层面的人工智能领域立法。新加坡通过双边或多边数字经济协定（不局限于数字经济协定）的形式，加强国际交流和合作，与更多国家在人工智能治理事项上达成共识。新加坡和中国之间有着良好的经贸合作基础，两国不仅签署了《中国—新加坡自由贸易协定》（CSFTA）并完成了协定的升级，而且还均为 RCEP 缔约国。虽然新加坡并非传统意义上的全球经济主导者，但是其在人工智能领域的国际合作经验对我国有很高的借鉴价值。今后应充分借鉴新加坡的发展模式，可以先和已经建立起紧密联系的"一带一路"沿线国家或 RCEP 缔约国之间探索小范围人工智能试点合作的可行性。同时，积极推进加入 DEPA 的进程，力争尽早正式加入 DEPA，与新加坡等缔约方共同参与人工智能国际治理规则的制定，增强中国在人工智能领域的话语权。

> **第 8.3 条：政府采购**
>
> 　1. 缔约方认识到数字经济将对政府采购产生影响，确认开放、公平和透明的政府采购市场的重要性。
>
> 　2. 为此，缔约方应开展合作行动，以了解货物和服务采购程序的数字化程度提高如何对现有和未来国际政府采购承诺产生影响。

释义

DEPA 第 8.3 条是对缔约方政府采购行为的规定，应开展国际合作探讨政府采购数字化的影响。

本条第 1 款指出，缔约方应认识到数字经济对政府采购的影响，确认开放、公平和透明的政府采购市场的重要性。DEPA 对政府采购市场的要求是"开放、公平和透明"，其定义可以参照《政府采购协定》（Government Procurement Agrement，以下简称"GPA"）、CPTPP 和 RCEP 等协定中的相关规定。GPA 是 WTO 框架下的诸边贸易协定，是目前世界范围内开放程度最高的政府采购协定，已有美国、欧盟等 48 个成员方签署该协定。[①] 加入 GPA 意味着各成员方愿意开放其政府采购市场，推动国际贸易的进一步自由化。根据 GPA 的规定，成员方可以按照互惠原则就次中央实体的门槛价和开放范围进行谈判。然而，GPA 现有成员主要是发达国家或地区，大部分发展中国家仍游离在 GPA 之外。2019 年 10 月，我国财政部向 WTO 提交了第七份中国加入 GPA 的出价清单，体现出我国加入 GPA 的诚意和维护多边贸易体制的决心。值得注意的是，当前越来越多的国家不再局限于加入 GPA，而是选择通过签署自由贸易协定的方式来开放政府采购市场。例如，CPTPP 第 15 章专门规范政府采购，其中第 15.4 条规定了国民待遇和非歧视原则，体现了缔约方之间政府采购市场的公平。RCEP 第 16 章也是政府采购专章，这是我国签署的首个包含政府采购承诺责任义务的区域性贸易协定。RCEP 第 16.4 条详细规定了"透明度"要求，

[①] 参见 What is the GPA?, https://www.wto.org/english/tratop_e/gproc_e/gp_gpa_e.htm, visited on 17 May 2023。

包括确保政府采购相关法律法规、程序可被公开获取并及时更新等。

本条第 2 款要求缔约方开展合作，深入探究货物和服务采购程序数字化程度提高对现有和未来国际政府采购承诺的影响。相较于个人采购，政府采购具有公益性质，其采购对象更广泛、复杂，且须遵循公开、透明的原则，这就要求缔约方在开展合作时高度重视政府采购相关事项的标准化。RCEP 第 16.4 条和 CPTPP 第 15.22 条都明确了政府采购合作的具体实施方式，包括交流法律、法规和程序以及修订信息、提供培训、技术援助或能力建设、分享中小微企业最佳实践信息、共享电子采购系统相关信息等。政府采购数字化不仅能使采购信息更透明，加强公开公正性，还能简化采购流程，提高工作效率。但政府采购数字化亦涉及数据开放和数据安全等问题，数据在政府采购活动中占据不可或缺的地位，贯穿于政府采购项目立项、预算至政府采购活动评审、评价的全流程。[①] 通过算法对政府采购数据的挖掘能创造更多社会价值，但是政府采购数字化平台对数据没有明确的所有权和使用权，可能存在数据侵权的风险。随着数据量的增多，传统的政府采购网络平台上的数据安全也存在隐患。CPTPP 第 15.4 条提到了电子方式的使用，包括公布采购信息、通知和招标文件，以及接收投标。RCEP 第 16 章附件 1 中也列出了缔约方用于发布透明度信息的电子方式，如与政府采购相关的一般法律、法规、程序及招标公告主要发布于官方网站等。本条并未详细指出政府采购数字化的影响。鉴于当前世界各国的数字经济发展尚处于摸索阶段，政府采购数字化的影响还有待缔约方今后在合作中进一步探索。

目前，我国政府采购法律制度体系主要以《政府采购法》为统领，以《政府采购法实施条例》《政府采购非招标采购方式管理办法》《政府采购货物和服务招标投标管理办法》等部门规章为依托，以财政部出台的政府采购规范性文件为补充。有专家建议在政府采购修法中设置更多制度，以有效规范数字采购的活动。[②]2018 年 11 月，中央全面深化改革委员会第五次会议通过

---

①　宋军：《回顾与展望我国政府采购制度体系构建——写在政府采购法颁布 20 周年之际》，载《中国政府采购报》2022 年 5 月 31 日，第 3 版。

②　《加入 DEPA 或促进中国政采数字化转型》，载《中国政府采购报》2021 年 11 月 5 日，第 1 版。

了《深化政府采购制度改革方案》，提出要加快形成"技术支撑先进的现代政府采购制度"。在数字经济的发展浪潮下，政府采购的数字化升级是必然趋势。对我国而言，加入 DEPA 可以促进政府采购的数字化转型，提高政府采购透明度，为国际数字经贸规则的制定贡献中国力量，但需规范政府采购数据的收集、筛选、分析、处理和保管流程。随着政府采购市场的国际化和开放化，我国应积极吸取 DEPA 的规则经验，结合国情，建立起符合实际且能有效保护国家安全的机制。具言之，应完善政府采购法律体系建设，制定实施细则；加强相关配套制度的建立，推进数据信息共享体系的建设；建设专业的政府采购机构，落实维护国家安全职能。[①]

关联规定

WTO《政府采购协定》（GPA）、《全面与进步跨太平洋伙伴关系协定》（CPTPP）第 15 章、《区域全面经济伙伴关系协定》（RCEP）第 16 章

第 8.4 条：竞争政策合作

1. 认识到缔约方可受益于分享其在竞争法执法及竞争政策制定实施以应对数字经济所带来挑战方面的经验，缔约方应考虑开展共同议定的技术合作活动，包括：

（a）交流关于制定数字市场竞争政策的信息和经验；

（b）分享促进数字市场竞争的最佳实践；以及

（c）提供咨询或培训，包括通过官员交换，以协助一缔约方具备必要能力以加强数字市场中竞争政策制定和竞争法执法。

2. 缔约方应酌情就数字市场中竞争法执法问题进行合作，包括通过通知、磋商和交流信息。

3. 缔约方应以符合各自法律、法规和重要利益的方式，并在合理可获得资源范围内开展合作。

---

① 沃晨亮：《对政府采购安全问题的思考》，载《中国政府采购》2014 年第 1 期，第 77—78 页。

释义

DEPA 第 8.4 条规定了缔约方应在竞争政策制定和执法方面加强合作，以应对数字经济发展带来的竞争法挑战，提高数字市场监管效率和协调性。

竞争政策是一系列旨在促进和保障公平竞争的法律法规、规章和政策的统称，其主要目标在于消除市场壁垒，构建统一开放、竞争有序的现代市场体系，使市场在资源配置中发挥决定性作用。近年来，数字经济领域的市场集中化、寡头化特征凸显，部分大型数字平台的不正当竞争行为引发了全球范围的监管担忧。本条的竞争政策合作内容可以视为从数字市场的角度对 CPTPP 第 16.4 条、第 16.5 条内容的继承与发展，具体涵盖竞争法执法及竞争政策制定两个方面的合作。目前，全球已有 130 多个国家和地区颁布实施了竞争法。然而，由于经济社会发展程度不同，国家利益冲突复杂，竞争执法程序的协调与统一仍面临诸多挑战。数字经济协定是加强平台竞争规制合作与协调的重要机制，但不同协定对竞争政策的设计方式并不相同。《新加坡—澳大利亚数字经济协定》设置了独立的竞争政策条款。而在 DEPA 中，竞争政策条款被置于模块 8（新兴趋势和技术）中，未独立成模块，似乎反映了 DEPA 将数字经济中的竞争问题仅作为技术性问题加以考量的情况。

本条第 1 款指出，缔约方应考虑开展共同议定的技术合作活动，加强数字市场中竞争政策的制定和执法合作。具体包括三个方面：一是积极交流数字市场竞争政策的信息和制定经验，这与 CPTPP 第 16.4 条第 1 款（a）项的内容一致。当前，各国竞争政策制定面临着诸多共同挑战，如数据隐私保护、算法监管、平台责任等问题。通过交流和分享信息，缔约方可以了解其他国家的成功经验、教训和最佳实践，从而为本国竞争政策的制定提供有益参考。二是分享促进数字市场竞争的最佳实践。技术和商业模式的不断革新为市场带来了诸多机遇和挑战。通过分享最佳实践，缔约方可以优化监管措施、提高执法效率、推动跨界合作等。三是提供咨询或培训，以协助缔约方提升竞争政策制定和执法能力，这与 CPTPP 第 16.5 条第 1 款（a）项的内容一致，体现了包容性发展的原则。

本条第 2 款聚焦于竞争法执法合作。缔约方应通过通知、磋商和交流信息等方式，就数字市场中的竞争法执法问题展开合作，这与 CPTPP 第 16.4 条第 1 款（b）项的内容一致。本条第 3 款的规定和 RCEP 第 13.4 条以及 CPTPP 第 16.4 条第 3 款的内容相似，都要求缔约方以符合各自法律、法规和重大利益的方式，在各自可获得的资源范围内，就竞争执法相关问题进行合作。

在实践中，各个国家或地区对数字市场竞争法律制度的实施态度与方法并不一致。欧盟的竞争政策倾向于细化、严格的实体法规定，其传统竞争法体系最主要的渊源是《欧盟运行条约》（TFEU）第 101—109 条，再辅以相关条例和通告，但是其在数字市场上适用时力有不逮。因此，欧盟于 2020 年 11 月起陆续推出了《数据治理法》（Data Governance Act）、《数字服务法》（Digital Service Act）、《数字市场法》（Digital Market Act）等法案。《数字市场法》专门引入"守门人"（Gatekeeper）的概念，明确了大型数字平台所需承担的义务。与欧盟不同，由于美国是苹果、谷歌等"数字巨头"的输出国，且受制于其根深蒂固的反垄断芝加哥学派传统，虽然自 2021 年以来也推出了《终止平台垄断法》（Ending Platform Monopolies Act）、《美国选择与创新在线法》（American Choice and Innovation Online Act）、《平台竞争和机会法》（Platform Competition and Opportunity Act）等相关立法，但是美国的数字市场竞争政策相对较为保守，如在《美墨加协定》第 21.1 条和第 21.2 条中，并未列举规定反竞争行为，只要求缔约方制定明确的禁止性条款以及将经济效益与保护消费者权益作为目标。

我国竞争法体系主要由《反垄断法》和《反不正当竞争法》构成。在数字市场的竞争法律制度方面，2021 年 2 月《国务院反垄断委员会关于平台经济领域的反垄断指南》出炉。2022 年新修订的《反垄断法》第 22 条①

---

① 《反垄断法》第 22 条规定："禁止具有市场支配地位的经营者从事下列滥用市场支配地位的行为：

（一）以不公平的高价销售商品或者以不公平的低价购买商品；

（二）没有正当理由，以低于成本的价格销售商品；

（三）没有正当理由，拒绝与交易相对人进行交易；

（四）没有正当理由，限定交易相对人只能与其进行交易或者只能与其指定的经营者进行交易；

（五）没有正当理由搭售商品，或者在交易时附加其他不合理的交易条件；

（六）没有正当理由，对条件相同的交易相对人在交易价格等交易条件上实行差别待遇；

（七）国务院反垄断执法机构认定的其他滥用市场支配地位的行为。

具有市场支配地位的经营者不得利用数据和算法、技术以及平台规则等从事前款规定的滥用市场支配地位的行为。

本法所称市场支配地位，是指经营者在相关市场内具有能够控制商品价格、数量或者其他交易条件，或者能够阻碍、影响其他经营者进入相关市场能力的市场地位。"

中也为平台经济领域的反垄断执法提供了法律依据。在竞争政策制定上，中国应积极参与国际组织数字经济议题的谈判与体制建设，发出中国声音、分享中国经验、提供中国方案，推进加入 DEPA 并深化其竞争条款，探索构建更公平开放的数字市场环境。建立了现代化市场经济体系的发达经济体通常拥有较完善的竞争规则制度和丰富的反垄断执法经验，值得中国借鉴。在竞争执法问题上，中国可以考虑加入国际竞争网络（ICN）的竞争执法程序合作框架，通过多边合作完善竞争执法制度，同时加强企业涉外竞争合规指导，积极参与全球规则制定。国际竞争网络是 2001 年成立的专注于竞争问题研究的机构，成员包括美国、欧盟、日本等 14 个国家和地区。

模块 9：创新和数字经济

> **第 9.1 条：定义**
>
> 就本章而言：
>
> **开放数据**指在被提供时具有可自由使用、再利用和转发所必需的技术特征和法律特征的电子数据。本定义仅与由一缔约方持有或处理或代表其持有或处理的数据相关。

释义

DEPA 第 9.1 条对开放数据进行了界定。"开放数据"是指可以被任何人免费使用、再利用、再分发的电子数据。在使用这些数据时，用户需要遵守一定的权利限制，表现为要求注明数据来源（署名）和使用类似的许可协议。[1]《国际开放数据宪章》同样将开放数据视为数字数据（Digital Data），并强调这些数据应具备必要的技术和法律特征，可供任何人在任何时间和地点自由利用、再利用和重新分配。《国际开放数据宪章》提出六项开放数据的原则，包括以开放为默认原则、及时且全面、可公开获取和可利用、可比较和互操作、致力于改善治理和公众参与、致力于包容性发展与创新。[2] 这些原则为开放数据的实施和应用提供了指导方针。

开放数据和公开数据区别在于，公开数据是一个较宽泛的概念，泛指一切公开的数据。比如最新的人口普查数据、企业注册登记数据等。而开放数据要求比公开数据更严格，要可以被任何人免费使用、再利用、再分

---

[1] 参见 What is Open Data?, http://opendatahandbook.org/guide/en/what-is-open-data/，访问日期 2023 年 8 月 3 日。

[2] 参见 International Open Data Charter, https://opendatacharter.net/wp-content/uploads/2015/10/opendatacharter-charter_F.pdf，访问日期 2023 年 8 月 3 日。

发，可以理解为一种特殊的公开数据，比如最新的人口普查数据、企业注册登记数据严格上不是开放数据，因为他们要么无法免费获取，要么不能授权再利用。[①]

第 9.2 条：目标

缔约方肯定技术创新、创造以及技术转让和传播有利于知识创造者和使用者，是实现社会和经济福祉的重要手段。

释义

DEPA 第 9.2 条强调了技术创新与传播对推动经济社会发展的重要意义。纵观全球，科学技术日益成为推动国家和地区经济社会发展的主要力量，创新驱动与开放合作亦成为广泛认同的发展理念。当前全球经济增长困难，社会进步乏力，通过技术创新和传播提升生产效率，拓展经济活动边界，促进产业升级转型，有助于提升经济社会的可持续发展能力，破解生存危机、发展停滞、合作困局等难题。

第 9.3 条：公有领域

1. 缔约方认识到拥有丰富且可易于获得的公有领域的重要性。

2. 缔约方还承认信息材料的重要性，例如可帮助确定已属公有领域的客体的可公开访问的已注册知识产权数据库。

释义

DEPA 第 9.3 条呼吁缔约方重视公有领域的丰富性和可获得性。公有领域是一个广泛的概念，涵盖了人类创作的一部分作品与知识，包括文章、艺术品、音乐、科学、发明等。对于公有领域内的知识财产，任何个人或团体都不具有所有权益（所有权益通常由版权或专利体现）。这些知识发明属于公有文化遗产，是全人类共同的财富，任何人都可以自由地使用、加

---

① 参见《"开放知识"的定义》, https://opendefinition.org/od/1.1/zh/, 访问日期 2023 年 8 月 3 日。

工和再创作（此处不考虑有关安全、出口等的法律）。[①] 公有领域的存在并不意味着对知识产权的否定，相反，它是对知识产权制度的一种补充和完善。在保护知识产权的同时，我们也应该充分利用公有领域的资源，推动创新和文化交流。

本条第 2 款进一步强调信息材料在公有领域中的重要作用，并特别提到已注册知识产权数据库的重要性。"信息材料"是指那些旨在向公众通报相关政策、程序、报告途径、资源和预防策略的材料。[②] "已注册知识产权数据库"为公众提供了便捷的途径，帮助确定哪些客体已经属于公有领域，从而可以自由访问和使用。这些数据库的建立和维护不仅有助于推动知识传播和共享，还有助于减少因知识产权纠纷而引发的争议和成本。

第 9.4 条：数据创新

1. 缔约方认识到，跨境数据流动和数据共享能够实现数据驱动的创新。缔约方进一步认识到，企业根据缔约方各自法律法规共享包括个人信息在内的数据，可以进一步增强创新。

2. 缔约方还认识到，数据共享机制，例如可信数据共享框架和开放许可协议，可便利数据共享并促进其在数字环境中的使用，从而：

（a）促进创新和创造；

（b）便利信息、知识、技术、文化和艺术的传播；以及

（c）促进竞争和培育开放高效的市场。

3. 缔约方应努力在数据共享项目和机制、数据新用途的概念验证（包括数据沙盒）方面开展合作，以促进数据驱动的创新。

释义

DEPA 第 9.4 条聚焦数据创新，肯定跨境数据流动和数据共享对促进创

[①] 参见中国保护知识产权网，http://www.ipr.gov.cn/bzpx/lzzq/532592.shtml，访问日期 2023 年 8 月 3 日。

[②] See Informational Material Definition, https://www.lawinsider.com/dictionary/informational-material, visited on 5 August 2023.

新和市场竞争的重要作用，鼓励缔约方在数据共享方面开展合作。

目前，数据作为关键生产要素，已深度融入生产、分配、流通、消费和社会服务管理等各个环节。"数据驱动的创新"是指在充分利用数据要素的过程中，通过结合人工智能算法、经济数学模型和领域专业知识，对研发、设计、生产、营销与决策各环节进行数据清洗、精准分析和科学建模，进而发现新的规律，探索新的理论，创造新的知识或技术，带来更多经济效益和更大社会价值。① 根据公开资料显示，从 2009 年至 2018 年，全球跨境数据流动使全球 GDP 增长 10.1%，对经济增长的贡献占全球 GDP 总量的 3%，预计到 2025 年，全球跨境数据流动对全球 GDP 贡献的价值将达到 11 万亿美元。②

本条第 2 款聚焦于可信数据共享框架和开放许可协议等数据共享机制的重要性。为了增强消费者对企业进行个人数据保护的信心，进一步推动新加坡数字经济的繁荣，新加坡个人数据保护委员会（PDPC）于 2019 年发布了《可信数据共享框架》（以下简称《框架》），旨在解决公司之间在共享数据时面临的挑战，包括确保合规性以及共享数据的方法等。《框架》的核心概念是"可信"，这是建立可信赖的数据共享伙伴关系的基础，主要包括透明、可访问性、标准化、公平与道德、问责制、安全和数据完整性等六个方面。《框架》主要用于商业和非政府部门，不包括公共部门与公共部门之间的数据共享。在《框架》中，"数据"是指个人和商业数据。当"数据提供者"将数据提供给一个或多个企业（每个企业都是"数据消费者"）时，就可以说数据是"共享的"。③

开放许可协议分为两类：一类是开放政府许可协议（Open Government License，以下简称"OGL"）。该协议由英国政府于 2010 年发布，目的是将政府拥有的公共数据提供给公众及企业使用。OGL1.0 的内容与知识共

---

① 孙辰朔：《发挥数据的创新引擎作用》，载新华网，http://www.xinhuanet.com/tech/20230112/88fdd1dce85e4c4a5af4717d5f7b3e4/c.html，访问日期 2023 年 8 月 3 日。

② 刘宏松、程海烨：《跨境数据流动的全球治理——进展、趋势与中国路径》，载《国际展望》2020 年第 12 期，第 65—88、148—149 页。

③ CAICT 互联网法律研究中心：《新加坡 PDPC 发布〈可信数据共享框架〉》，载安全内参，https://www.secrss.com/articles/12179。

享的署名许可证（CCBY）和开放数据共享署名许可（ODC-BY）相类似，涵盖的信息范围很广，包括皇家版权、数据库和源代码，并且授权使用者的范围不限于英国本土。另一类是非政府制定的共享协议。知识共享组织（Creative Commons）制定的许可协议是针对特定的创作性作品而设立的，如网站、学术、音乐、电影、摄影、文学、教材等作品。该组织制定的许可协议认为知识共享的理念和著作权是紧密联系的。开放数据共用（Open Data Commons, ODC）主要为数据库的使用而设立，是指在数据开放过程中，用以规范、约束、明确数据拥有者、发布者以及使用者在获取、传播、利用、再生产数据时的权利和义务的一种知识产权许可类型。[①]

本条第 3 款要求缔约方在数据共享项目和机制、数据新用途的概念验证方面开展合作，以促进数据驱动的创新。概念验证（Proof of Concept, POC）是指用简单的方式证明某想法、概念或理论的可行性，是一种"封闭"而有效的解决方案，从明确需求到成功实施，可根据明确的标准对该解决方案进行评估和测量。人工智能概念验证则是通过人工智能对数据进行处理，帮助企业决策，优化组织流程等，是一种数据新用途的概念验证。数据沙盒是一个可使用真实世界的数据进行测试、学习和实验的较为安全的环境。例如，在企业测试其数据的准确性、质量和合规性时，数据沙盒能助其上传数据并运行测试，以确保数据准确且符合法规要求，避免因错误导致的罚款和处罚风险。数据沙盒分为私有与公共两类：私有沙盒供个人使用，个人可以在其中测试查询并创建新表，以了解数据库的工作原理。公共沙盒用于组织、项目或团队成员间的共享和协作，可以使用它来共享数据、协作分析数据或设置数据集以进行测试。

第 9.5 条：开放政府数据

1. 缔约方认识到，便利公众获得和使用政府信息可促进经济和社会发展、竞争力和创新。

[①] 杨敏、夏翠娟、徐华博：《开放数据许可协议及其在图书馆领域的应用》，载《图书馆论坛》2016 年第 6 期，第 91—98、141 页。

2. 在一缔约方向公众提供政府信息（包括数据）时，应努力保证以开放数据方式提供此类信息。

3. 缔约方应努力合作确定缔约方可扩大获取和使用公开数据的方式，以期增加和创造商业机会。

4. 本条下的合作可包括下列活动：

（a）共同确定可利用开放数据集、特别是具有全球价值的数据集促进技术转让、人才培养和创新的部门；

（b）鼓励开发以开放数据集为基础的新产品和服务；以及

（c）推动使用和开发通过可在线获得的以标准化公共许可证为形式的开放数据许可模式，此类模式允许任何人出于缔约方各自法律法规所许可的任何目的自由访问、使用、修改和分享开放数据，且此类模式依赖于开放数据格式。

释义

DEPA 第 9.5 条强调了开放政府数据的重要性和必要性，要求缔约方在开放政府数据领域加强合作，共同推进政府数据的开放与利用。"政府数据"指的是政府部门在开展各项工作与履行职责过程中，所获得的与人们生活密切相关的大量数据，这些数据是国家最重要的数据资源之一。"开放政府数据"是指公众可以自由获取、利用的政府数据。政府数据开放和开放政府数据的区别在于，政府数据开放仅指公众对政府数据有知情权，而开放政府数据则强调公众对政府数据不仅有知情权，而且在使用政府数据时可以自由利用不受限。[①]DEPA 的表述是开放政府数据，而非政府数据开放。

新加坡于 2011 年 6 月启用了开放数据平台网站"Data.gov.sg"来分享政府资料。该平台汇聚了 70 多个公共部门的数据集和 100 多个应用程序，包括了可向社会开放的经济、教育、环境、金融/财政、健康医疗、基础

---

① 郑磊：《开放政府数据研究：概念辨析、关键因素及其互动关系》，载《中国行政管理》2015 年第 11 期，第 13—18 页。

设施、社会、科技和交通等领域数据集。[①]在大多数的开放政府数据使用上，新加坡采取免费无偿的方式供公众使用。若有需要付费使用的数据集，平台会在用户点选下载时出现提醒信息。此外，政府允许用户修改和转发开放数据，并根据应用程序的需求进行调整，将所开发的应用程序商业化。但新加坡政府保留对所开放数据的知识产权，要求用户在使用时注明引用自新加坡的开放政府数据网站。为了促进政府数据全面开放，新加坡采取了多种举措，主要包括三个方面：一是建立完善的数据开放法律制度保障体系，如《个人资料保护法令》（Personal Data Protection Act 2012, PDPA），并成立个人资料保护委员会。二是积极引入大数据人才，实施政府首席信息官制度，设立专门的高级官职全面负责信息技术和系统，加强政府部门的数据资源管理。同时，新加坡聘用了全球 IT 业及咨询业专家作为政府信息技术顾问，如 2014 年新加坡聘请了埃森哲（Accenture）公司的首席数据分析师作为政府首席架构师，为大数据处理分析系统的技术路线提供总体规划和架构设计，推动政府数据智能化应用。三是创新研发应用模式。新加坡很早便开始利用开源平台模式构建大数据分析系统的创新平台，例如，将大规模建设网络平台——风险评估与水平扫描系统（RAHS）对社会开放，高校、科研机构和其他社会组织均可依托 RAHS 进行二次开发，实现系统价值最大化。此外，为了鼓励公众使用政府数据，新加坡政府对数据进行可视化处理，开发了 100 多个 App 应用，体现了其高效创新的政府服务理念。

新西兰建立了一个开放政府数据的入口网站——Data.govt.nz。通过该网站，公众可以得知现有哪些开放政府数据，以及这些数据由哪些政府机关提供。其主要作用是提供一个整合性的接口，将用户引导至提供数据的政府机关网站，再进行开放数据下载。[②]为规范开放政府数据的实施，新西兰制定了一个开放数据的政策执行框架，即"新西兰政府开放获取和授权框架"（New Zealand Government Open Access and Licensing Framework,

---

① 参见新加坡开放政府数据网站, http://data.gov.sg, 访问日期 2023 年 8 月 3 日。
② 参见新西兰开放政府数据网站, http://data.govt.nz, 访问日期 2023 年 8 月 3 日。

以下简称"NZGOAL")。该框架要求政府机关在开放数据前，先充分了解现阶段各政府机关对其所持数据的相关法令以及其实施开放数据的能力。同时，该框架确认了哪些机关所持有的数据有较强的优势，应优先列入开放数据的范围。NZGOAL 为政府机关提供了完整的开放数据遵行规范，以确保政府机关在实施开放数据时能够明确哪些数据可以对公众开放以及如何开放。此外，NZGOAL 也解决了各政府机关旧有法令对开放数据产生的限制问题，规范了开放政府数据的统一标准。

　　智利也建立了一个开放政府数据平台——Datos.gob.cl。[1] 智利数字政府提供了 API 接口，允许用户直接访问开放数据门户上发布的数据。该 API 使用 RESTful 接口并以 JSON 格式返回数据。DataChile 则是一个由私营企业在中央政府支持下创建的平台，用于按不同主题整合和可视化智利公共数据。[2]

---

① 参见智利开放政府数据网站，https://datos.gob.cl/，访问日期 2023 年 8 月 3 日。
② See OECD OURdata Index: 2019, https://www.oecd.org/gov/digital-government/ourdata-index-chile.

模块 10：中小企业合作

第10.1条：定义

1. 缔约方认识到中小企业在保持数字经济活力和增强竞争力方面的基础地位。

2. 缔约方认识到在根据本章实施的中小企业合作中，私营部门将发挥不可或缺的作用。

3. 缔约方应推动各方中小企业就数字经济开展密切合作，并合作促进中小企业就业和增长。

释义

DEPA 第 10.1 条强调了中小企业（Small and Medium Enterprises, SMEs）在数字经济中的关键地位，鼓励中小企业向数字化、智能化转型。作为模块 10 的总起条款，本条主要表达了期待缔约方能够协调促进中小企业合作的愿景。

中小企业通常指在经营规模上较小，雇用人数与营业额不大的企业，在国际法中尚无统一定义。中小企业具有较强的灵活性和创新意识，能够迅速适应市场变化，通过引进新技术、开发新产品、拓展新市场，推动数字经济的创新和发展。近年来，OECD、APEC 等国际组织针对中小企业进行了深入调研并形成诸多报告。[①]CPTPP、USMCA、RCEP、《英国—澳大利亚自由贸易协定》(UK-Australia FTA)、《跨大西洋贸易与投资伙伴关系协定》(TTIP) 和 DEPA 等双多边经贸协定均高度关注中小企业议题。相比于其他议题，这些协定中的中小企业规则更多是倡议性与鼓励性条款，

---

① 参见何志鹏：《逆全球化潮流与国际软法的趋势》，载《武汉大学学报（哲学社会科学版）》2017 年第 4 期。

常以"承认""鼓励""探索"和"促进"作为规则行为模式的表述，约束力相对较弱，一般通过间接方式作用于中小企业[1]，且 DEPA 中小企业章节的争端无法通过协定争端解决程序得到解决。

本条第 2 款特别指出，在根据本章实施的中小企业合作中，私营部门将发挥不可或缺的作用。"私营部门"是与"公共部门"相对应的概念，指的是所有私有的、非政府经营的营利性企业。也有学者将私营部门定义为减少政府的作用，追求下放资源，着力培育市场和民间力量的经济集体组织。[2] 公共部门以政府及其官方政策为核心，私营部门则以盈利为目标、以市场为导向。中小企业是数字经济发展的重要力量，但其在资金、技术、市场等方面面临着诸多挑战。私营部门的参与可以为中小企业提供更多的资源、技术和市场机会，促进企业创新和发展。

目前，我国在促进数字中小企业对话与合作方面，已积累一定实践经验。未来应继续为数字中小企业提供优惠便利的政策支持，例如优化税收政策和投融资环境、进一步放宽市场准入政策等，以增强数字中小企业的市场活力和竞争力。同时，需加强与 DEPA 缔约方的合作，共同构建数字中小企业信息共享机制与长效合作机制，以促进各国数字中小企业的共同发展。

关联规定

《全面与进步跨太平洋伙伴关系协定》（CPTPP）第 24 章（中小企业）、《区域全面经济伙伴关系协定》（RCEP）第 14 章（中小企业）、《美墨加协定》（USMCA）第 25 章（中小企业）

第 10.2 条：增强中小企业在数字经济中的贸易和投资机会的合作

为促进缔约方之间开展更强有力的合作以增强中小企业在数字经济中的贸易和投资机会，缔约方应：

---

[1] 参见蓝庆新、韩萌：《TPP 协定中小企业条款分析及我国中小企业发展对策》，载《现代管理科学》2016 年第 12 期；张晨颖：《竞争中性的内涵认知与价值实现》，载《比较法研究》2020 年第 2 期。

[2] 参见孟于群、杨署东：《国际公共产品供给：加总技术下的制度安排与全球治理》，载《学术月刊》2018 年第 1 期，第 96—105 页。

　　（a）继续与其他缔约方合作，就利用数字工具和技术帮助中小企业获得资金和信贷、中小企业参与政府采购机会以及有助于中小企业适应数字经济的其他领域交流信息和最佳实践；及

　　（b）鼓励缔约方中小企业参与有助于中小企业与国际供应商、买家和其他潜在商业伙伴联系的平台。

释义

　　DEPA 第 10.2 条要求缔约方加强合作，搭建平台，以增强中小企业在数字经济中的贸易和投资机会，本质上仍然是促进中小企业的数字化转型。

　　中小企业数字化转型的概念，目前在业界尚未形成共识。有观点认为，数字化转型是利用数字技术驱动企业产品、组织结构以及业务流程全面变革的过程。[1] 也有学者指出，数字化转型是通过整合多种通信技术，实现实体转型与变革的过程。[2] 尽管解释角度不同，但都诠释了"企业数字化"最核心的要点，即利用数字技术提升效率和价值，重塑企业，推动产业模式的升级转型。

　　根据本条（a）款的规定，缔约方应充分利用数字工具，帮助中小企业融资，并为其提供参与政府采购的机会等。同时，缔约方还应积极开展信息交流，分享最佳实践。在数字经济浪潮下，中小企业面临着前所未有的机遇与挑战。各国政府、金融机构和科技企业纷纷开始探索利用数字工具和技术，为中小企业提供更加便捷、高效的资金支持、信贷服务和市场参与机会。例如，通过大数据分析，金融机构可以更加精准地评估中小企业的信用状况，从而提供更加快速、灵活的贷款服务。通过全流程的电子化操作，政府也可以更加便捷地发布采购信息、接受投标，这不仅降低了采购成本，还为中小企业提供了更加公平的竞争机会。此外，数字营销、电子商务等新型商业模式也为中小企业带来了更加广阔的市场空间和发展机

① Ivan Stepanov Introducing a Property Right over Data in the EU: the Data Producer's Right—An Evaluation, International Review of Law, Computers & Technology, Vol. 34, 2020, pp. 65-86.

② Jan Krämer The Data Economy and Data-driven Ecosystems: Regulation, Frameworks and Case Studies, Telecommunications Policy, Vol. 43, 2019, pp. 113-182.

遇。因此，各缔约方应加强合作，交流有关信息和最佳实践，推动中小企业的数字化转型和数字经济的高质量发展。

本条（b）款鼓励缔约方中小企业参与国际平台。中小企业可以借助平台的资源和优势，与国际供应商、买家和其他潜在商业伙伴建立联系，开拓更广阔的市场，获得更多的商业机会。中小企业还可以通过与国际先进企业的交流和学习，提升自身技术和管理水平，增强自身的竞争力。对此，缔约方政府、行业协会和社会各界应给予支持和帮助，例如为中小企业参与国际平台提供资金等方面的支持。

第 10.3 条：信息共享

1. 每一缔约方应各自建立或设立包含本协定信息的各自可公开访问的免费网站，包括：

（a）本协定文本；

（b）本协定摘要；以及

（c）为中小企业设计的信息，其中包含：

（i）该缔约方认为本协定中与中小企业相关的条款的说明；及

（ii）可对有意自本协定所提供机会中获益的中小企业有帮助的任何额外信息。

2. 每一缔约方应在其依照第1款建立或设立的网站上提供链接或可通过自动电子转换获得的信息：

（a）其他缔约方的对等网站；及

（b）其本国政府机构和其他适当实体的网站，其中向对本协定实施感兴趣的任何人提供该缔约方认为有用的信息。

3. 第 2（b）段所述信息可包括与下列领域相关的信息：

（a）海关法规、程序或查询点；

（b）有关数据流动和数据隐私的法规；

（c）创新和数据监管沙盒；

（d）有关知识产权的法规或程序；

（e）与数字贸易相关的技术法规、标准或合格评定程序；

（f）与进口或出口相关的卫生或植物卫生措施；

（g）贸易促进计划；

（h）政府采购机会；以及

（i）中小企业融资计划。

4. 每一缔约方应定期审议第 2 款和第 3 款中所指网站上的信息和链接，以保证信息和链接是最新的和准确的。

5. 在可能的限度内，缔约方应以英文提供依照本条公布的信息。

释义

DEPA 第 10.3 条明确规定了各缔约方在促进中小企业信息交流与共享时应遵循的具体要求和细节。此条款并非倡议性条款，而是对各缔约方具有法律约束力的义务性规定。

信息共享的前提是共享准确、全面、安全、高效的信息。本条要求缔约方建立可公开访问的免费网站作为中小企业信息共享平台，并对各缔约方应共享的信息内容和后续维护进行了明确规范，详细列举了共享平台应涵盖的关键信息，旨在为中小企业整合并实时更新包括公私部门在内的多主体数据资源，促进中小企业的数字化转型。DEPA 缔约方智利、新西兰等国已经搭建起中小企业信息共享平台，可以为其他国家提供有益参考和借鉴。

本条在共享信息方面对缔约方提出的细节要求存在如下内在逻辑：

首先，明确在该平台上应该公开的核心信息。本条第 1 款要求缔约方在其网站中公开 DEPA 文本和摘要、对 DEPA 中小企业相关条款的解释说明，以及任何有助于中小企业利用 DEPA 协定所提供机会的额外信息。

其次，强调互联功能。本条第 2 款要求缔约方在其网站中提供其他缔约方信息共享网站的链接，以及其他相关网站的链接。根据本条第 3 款的规定，相关网站涉及的信息可以包括海关法规、数据流动与隐私法规、创新和数据监管沙盒、知识产权法规、数字贸易技术法规、卫生或植物卫生措施、贸易促进计划、政府采购机会及中小企业融资计划等。这一举措的目的在于打破信息孤岛，促进各国或地区之间的信息流通和共享。如果失去信息和平台的互联功能，该平台只是国内的数据平台，其功能性和影响力将大大削弱。

最后，考虑了时效性。本条第 4 款要求缔约方定期审议其网站上的信息和链接，确保信息和链接是最新的和准确的。数字化世界日新月异，只有持续更新的信息才拥有可持续的竞争力。通过定期审议，缔约方可以及时删除过时、无效的信息，保持其网站的可信度。本条第 5 款还要求缔约方尽可能以英文提供相关信息，这也是提高信息可达性、扩大影响力的有效方式。

第 10.4 条：数字中小企业对话

1. 缔约方应开展数字中小企业对话（"对话"）。对话可包括来自每一缔约方的私营部门、非政府组织、学术专家和其他利益攸关方。在开展对话过程中缔约方可与其他利害关系方开展合作。

2. 对话应促进缔约方中小企业自本协定中获得利益。对话还应促进缔约方之间因本协定所产生的相关合作努力和倡议。

3. 为鼓励缔约方利益攸关方的包容性参与并增加外展影响，缔约方可考虑在缔约方已参加或已为成员的现有平台和会议召开期间组织对话，包括 APEC 或 WTO 会议。

4. 缔约方可考虑利用对话所产生的相关技术或科学投入或其他信息，促进本协定的实施和进一步现代化，从而使缔约方中小企业获得益处。

释义

DEPA 第 10.4 条强调了数字中小企业展开多方对话和搭建不同对话平台的重要性。模块 10 的核心就是信息共享，开放对话，鼓励中小企业提升数字化能力，抓住数字经济红利。缔约方在开展合作时，必须充分考虑中小企业的需求和实际情况，为其创造更多参与数字经济的机会。

本条第 1 款和第 3 款重点强调数字中小企业对话应涵盖多元参与主体，彰显了包容性发展理念。数字中小企业对话的参与者应包括来自每一缔约方的私营部门、非政府组织、学术专家和其他利益攸关方。这一点跳脱出了企业间或企业与政府间的双边沟通，拓展企业沟通合作的对象是站在中小企业的立场上作出的考虑。DEPA 第 10.3 条强调信息共享的重要意义。在信息泛滥的当下，中小企业如何识别有效信息、如何定位自身的优势寻找最优秀的合作方、如何解读专门领域的知识成为关键议题。为此，需要与更广泛的社会利益相关方展开对话。缔约方可考虑利用已参与的现有平台和会议来组织这些对话，如 APEC 或 WTO 会议。缔约方所构建的平台需发挥桥梁作用，并且这座桥梁非一对一的简单连接，而是多对多的、由点及面的网状结构，从而有效推动区域内的互联互通，促进更多对话平台的建立，实现中小企业共享发展成果的包容性发展。[①]

本条第 2 款和第 4 款还提到缔约方应基于对话成果，促进 DEPA 规则的实施，帮助中小企业获得更大利益，如推进数字基础设施建设，降低采用数字技术的门槛，搭建国际销售、供应和分工协作等的平台，提供专业数字化人才，开展数字化互助合作项目、政府采购项目，分享数字化信息和成功经验等，尽可能地减少中小企业数字化转型的风险，最终实现迈向数字化的目标。

就我国实际情况而言，可以进一步突出"数博会"和"数字丝绸之路"等对话平台的重要性，并借助自贸试验区、自由贸易港、粤港澳大湾区等自贸区优势，为当地中小企业建立更多与国际高标准数字经济交流合作平台对接的机会。在此基础上，在数据跨境流动、政府数据开放、数据管理创新、监管沙盒制度等领域积极探索和实践，搭建起我国与国际接轨的数字经济制度框架。

---

① 参见李佳倩等：《DEPA 关键数字贸易规则对中国的挑战与应对——基于 RCEP、CPTPP 的差异比较》，载《国际贸易》2022 年第 12 期；杜志雄、肖卫东、詹琳：《包容性增长的理论脉络、要义与政策内涵》，载《中国农村经济》2010 年第 4 期。

模块 11：数字包容性

第 11.1 条：数字包容性

1. 缔约方承认数字包容性对于保证所有人和所有企业参与数字经济、作出贡献并从中获益的重要性。

2. 缔约方认识到通过消除障碍以扩大和便利数字经济机会获得的重要性。此点可包括加强文化和人与人的联系，包括原住民之间的联系，以及改善妇女、农村人口和低收入社会经济群体的机会。

3. 为此，缔约方应就数字包容性相关事项进行合作，包括妇女、农村人口、低收入社会经济群体和原住民参与数字经济。合作可包括：

（a）分享在数字包容性方面的经验和最佳实践，包括专家交流；

（b）促进包容和可持续经济增长，以帮助保证数字经济的利益得以更广泛分享；

（c）应对获得数字经济机会的障碍；

（d）制定计划以促进所有群体参与数字经济；

（e）分享与数字经济参与相关的分类数据收集、指数使用和数据分析方法和程序；以及

（f）缔约方共同议定的其他领域。

4. 可通过酌情协调缔约方各自机构、企业、工会、民间社会、学术机构和非政府组织等以开展与数字包容性相关的合作活动。

释义

DEPA 第 11.1 条主要涉及数字包容性，该条款是 DEPA 的首创，CPTPP 等其他经贸协定均没有涵盖数字包容性的条款。

数字包容性是数字经济领域的新议题，旨在解决参与数字经济的广

度问题。① 这一概念重点关注数字不平等和数字鸿沟问题，指的是消除数字鸿沟的动态过程，通常也指尽力缩减数字鸿沟的努力。国际电信联盟（ITU）将"数字包容性"定义为旨在确保所有人拥有平等的机会和适当的技能，能够从广泛数字技术和系统中受益的策略。"数字鸿沟"是指在全球数字化进程中，由于个人在获取和使用信息通信技术方面的差异，而造成的信息落差，以及由此引发的社会不平等、排斥和分化。②

数字包容性概念自 20 世纪 90 年代互联网发展初期便已被提出，当时，其内涵是缩小狭义的互联网可接入性与可负担性，使每个人都能接入互联网。随着数字技术与人们生活生产的方方面面加速融合，数字包容性的范畴也逐步扩大。在如今的数字经济时代，数字包容性的主要任务已转变为填平数字鸿沟，确保包括最弱势群体在内的所有人都能够享有数字技术，平等地获得相关机会。数字鸿沟存在于不同发展程度的国家之间，据联合国贸易和发展会议发布的《2021 年数字经济报告》显示，2019 年，发达国家与最不发达国家在互联网接入和应用的普及率分别为 90% 和 20%，可见国家之间的数字鸿沟是巨大的。③ 数字鸿沟也普遍存在于不同年龄、性别和族群间。根据本条第 2 款的规定，数字经济中的弱势群体主要包括原住民、妇女、农村人口和低收入社会经济群体。为应对这一挑战，《东盟2025：携手前行》计划特别强调了数字包容性的重要性，旨在缩小亚太地区的数字鸿沟，推动更为均衡和全面的数字化发展。④

本条第 3 款和第 4 款为缔约方合作推进数字包容性提出了路径指引，包括经验分享和计划制定等。许多发达国家在推进数字包容性方面已展开深入探索，通过制定政策文件，系统指导各类主体开展数字包容实践。例如，新加坡于 2018 年提出了《数字化就绪蓝图》（Digital Readiness Blueprint），强调数字化就绪度包括数字获得感、数字素养、数字参与三大方面，并设置首

---

① 李墨丝、应玲蓉、徐美娜：《DEPA 模式数字经济新议题及启示》，载《国际经济合作》2023年第 1 期，第 31 页。

② 参见中国信息通信研究院政策与经济研究所：《中国数字包容发展研究报告（2024 年）》，https://www.digitalelite.cn/h-nd-8378.html。

③ See UNCTAD, Digital Economy Report 2021, https://unctad.org/webflyer/digital-economy-report-2021, visited on 23 August 2023.

④ See ASEAN 2025: Forging Ahead Together, https://cil.nus.edu.sg/wp-content/uploads/2019/02/2015-ASEAN-2025-Forging-Ahead-Together-2nd-Reprint-Dec-2015-1.pdf, visited on 23 August 2023.

席数字官、首席数据管家、首席信息安全官等职务，服务数字政府建设和发展。① 类似地，英国政府在 2014 年发布了《政府数字包容策略》（Government Digital Inclusion Strategy）② 和《英国数字包容宪章》（UK Digital Inclusion Charter）③。新西兰政府于 2019 年发布了《数字包容蓝图》（Digital Inclusion Blueprint）④。这些策略和蓝图均基于各国的发展特点，设定数字包容的愿景和目标，并强调由政府主导推动数字包容的重点环节和行动计划。欧盟也明确将数字素养纳入其整体发展战略，在 2020 年发布了《数字教育行动计划（2021—2027 年）》（Digital Education Action Plan）。

　　我国近年来也非常重视数字包容性，提出要提升数字经济包容性，弥合数字鸿沟。也就是说，我们需要构建一个全球包容性的数字经济发展模式，以弥合发展中国家与发达国家之间的数字鸿沟，让数字化赋能每个人、每个家庭和每个组织，实现惠及人民的包容性增长。我国政府在数字包容性方面已经进行积极尝试和努力，例如，为推动乡村治理数字化转型，促进数字包容性，自 2018 年以来，我国相继出台了包括《乡村振兴战略规划（2018—2022 年）》《国家质量兴农战略规划（2018—2022 年）》《数字乡村发展战略纲要》《数字农业农村发展规划（2019—2025 年）》《数字乡村发展行动计划（2022—2025 年）》等多个关涉数字乡村建设的重要政策文件。我国可进一步参照 DEPA 数字包容性规则，完善相关法律法规和监督制度，加强数字基础设施建设，为民众提供便利，并注重维护社会公平正义。同时，加强数字教育和技能培训，帮助老年人、残疾人等数字弱势群体跨越"数字鸿沟"，创建更具包容性的数字化社会。此外，持续创建智慧城市、智慧乡村等应用场景，将数字技术发展与人民群众的生产生活相结合，促进数字经济赋能经济社会高质量发展。

---

① See Government Chief Digital Officer, https://www.digital.govt.nz/digital-government/leadership/government-system-leads/government-chief-digital-officer-gcdo/, visited on 18 March 2024.

② See Government Digital Inclusion Strategy, https://www.gov.uk/government/publications/government-digital-inclusion-strategy/government-digital-inclusion-strategy, visited on 18 March 2024.

③ See UK Digital Inclusion Charter, https://www.gov.uk/government/publications/government-digital-inclusion-strategy/uk-digital-inclusion-charter, visited on 18 March 2024.

④ See The Digital Inclusion Blucprint, https://www.digital.govt.nz/dmsdocument/113-digital-inclusion-blueprint-te-mahere-mo-te-whakaurunga-matihiko/html#what-is-already-happening-to-achieve-digital-inclusion, visited on 18 March 2024.

模块 12：联合委员会和联络点

第 12.1 条：联合委员会的设立

　　缔约方特此设立由每一缔约方政府代表组成的联合委员会。每一缔约方应对其代表人员的组成负责。

释义

DEPA 第 12.1 条规定了联合委员会的设立和组成。

DEPA 的初始缔约方为新西兰、智利和新加坡三个国家，随着协定影响力的不断扩大，越来越多的国家表现出积极参与和加入的意向。目前，韩国已与创始国三国贸易部长和副部长达成实质性加入 DEPA 协议，中国和加拿大也在加速推进加入程序，一些中南美和中东地区国家也在考虑加入 DEPA。

DEPA 联合委员会由各缔约方的政府代表组成，旨在加强各缔约方之间的沟通与协作，共同推进各项合作事务的顺利开展。每一缔约方都应对其代表人员的组成负责，确保他们具备相关专业知识和经验，能够充分代表各自国家的利益。缔约方也需要对其代表人员的行为及后果进行监督和负责。缔约方有权利和义务保证联合委员会积极履行职能，充分发挥作用。未来，DEPA 联合委员会可能设立附属机构，并根据缔约方商定的条件建立秘书处，为联合委员会及其附属机构提供秘书和技术支持。

第 12.2 条：联合委员会的职能

　　联合委员会应：

　　（a）审议与本协定实施或运用相关的任何事项，包括下属机构的设立和加入条件；

　　（b）审议修正或修改本协定的任何提案；

（c）审议进一步加强缔约方之间的数字经济伙伴关系的途径；

（d）制定实施本协定的安排；

（e）制定第 14 章（争端解决）中所指议事规则，并在适当时修正这些规则；以及

（f）采取缔约方可能同意的任何其他行动。

释义

DEPA 第 12.2 条明确列举了 DEPA 联合委员会的六项主要职能。其中，（e）项中的"议事规则"是指依照联合委员会的职能制定的通过仲裁解决争端的议事规则。此外，联合委员会应审议与本协定实施或运用相关的任何事项以及修正或修改本协定的任何提案，并审议进一步加强缔约方之间的数字经济伙伴关系的途径，制定实施本协定的安排且采取缔约方可能同意的任何其他行动。

根据 DEPA 第 16.4 条的规定，"本协定开放供按缔约方之间议定的条件加入，并依照每一缔约方适用法律程序予以批准"。一旦联合委员会依照职能通过一项关于批准加入条件的决定，并邀请一申请加入方成为缔约方，则联合委员会应规定一期限，该期限经缔约方同意可延长。在此期限内，申请加入方需向交存方交存加入书以表明其接受加入条件。新成员加入 DEPA 有 3 个主要步骤：首先，请求启动加入程序；其次，DEPA 联合委员会设立加入工作组，并以协商一致的方式决定是否批准加入申请；最后，申请方需完成其国内相关改革和法律修改。

2021 年 10 月，中方正式提出申请加入 DEPA。2022 年 8 月，根据 DEPA 联合委员会的决定，中国加入 DEPA 工作组正式成立，全面推进中国加入 DEPA 的谈判。DEPA 联合委员会设立了一个加入工作组，由智利担任主席。特设工作组将审议中国的加入请求，就中国遵守 DEPA 标准和承诺的能力进行讨论，并向联合委员会提交关于中国加入的拟议条款和条件的报告。[1]

---

① 《中国加入〈数字经济伙伴关系协定〉（DEPA）工作组正式成立》，载中华人民共和国中央人民政府官网，https://www.gov.cn/xinwen/2022-08/23/content_5706451.htm，访问日期 2023 年 12 月 4 日。

RCEP 也对联合委员会的职能作了规定。相较于 DEPA，RCEP 关于联合委员会职能的规定更加详细，也更为系统。RCEP 的相关条款明确列出了联合委员会需要对协定条款作出解释，讨论在协定的解释和实施过程中可能出现的分歧，并就职能范围内的事项寻求专家意见。此外，还规定了 RCEP 联合委员会附属机构的详细内容。

关联规定

《全面与进步跨太平洋伙伴关系协定》（CPTPP）第 27.2 条，《区域全面经济伙伴关系协定》（RCEP）第 18.3 条、第 18.6 条和第 18.7 条

第 12.3 条：决策

联合委员会应经协商一致对其职责范围内的事项作出决定，除非本协定中另有规定或缔约方另有决定。除非本协定中另有规定，否则如在作出决定时出席任何会议的任何缔约方未提出反对，则联合委员会或任何下属机构应被视为已经协商一致作出决定。

释义

DEPA 第 12.3 条规定了联合委员会的决策机制，核心是协商一致。一般情况下，只要出席会议的任一缔约方均未提出反对，即可视为已经通过协商一致的方式作出了决定。

通过对比 DEPA 和 CPTPP 的相关文本，可以发现，DEPA 特意强调联合委员会应对其"职责范围内"的事项作出决定。这一表述侧面说明 DEPA 缔约方对联合委员会职责界定的把握，明确了联合委员会的决策范围。

关联规定

《全面与进步跨太平洋伙伴关系协定》（CPTPP）第 27.3 条、《区域全面经济伙伴关系协定》（RCEP）第 18.4 条

> **第 12.4 条：联合委员会议事规则**
>
> 1. DEPA 联合委员会应在本协定生效之日起 1 年内召开会议，并在此后根据缔约方决定及为履行其在第 12.2 条（联合委员会的职能）下职能的需要召开会议。缔约方将轮流担任联席委员会会议主席。
>
> 2. 担任联合委员会会议主席的一缔约方应为该届会议提供任何必要的行政支持，并应将联合委员会的任何决定通知其他缔约方。
>
> 3. 除非本协定另有规定，否则联合委员会和根据本协定设立的任何下属机构应通过任何适当方式开展工作，包括电子邮件或视频会议。
>
> 4. 联合委员会和根据本协定设立的任何下属机构可制定开展工作的议事规则。

释义

DEPA 第 12.4 条对联合委员会的议事规则进行了规定，明确了缔约方在联合委员会中的角色和承担的职责。DEPA 联合委员会议事规则与 CPTPP 自贸协定委员会议事规则的具体内容并无实质性不同，措辞具有较高相似性，体现出两者在委员会议事规则方面的默契和借鉴。DEPA 的详细规定为其运行和发展提供了规范性指引，有利于提高议事效率，保证议事规范，增强协定权威，扩大协定影响。DEPA 联合委员会依照职能需要及议事规则定期召开会议，讨论相关事项与问题。

根据本条第 1 款的规定，DEPA 联合委员会自协定生效之日起 1 年内即召开首次会议，此后则根据缔约方的共同决定及履行职能的需要定期或不定期召开会议。这种灵活的会议机制确保了联合委员会能够及时响应各种变化和挑战，保持对协定实施情况的持续关注和有效监督。在会议召开过程中，缔约方将轮流担任联合委员会会议主席，这一安排既体现了平等与公正原则，也促进了各缔约方的深度参与。作为主席的缔约方将在会议筹备、议程设置等方面发挥更加积极的作用，推动各方就共同关心的问题进行深入探讨和有效沟通。

本条第 2 款规定，担任联合委员会会议主席的缔约方应为该届会议提供任何必要的行政支持，也即提供决策、组织、管理和调控等各方面的支持，而不得以各种理由推辞或拒绝提供应有的行政支持和帮助。同时，担任联合委员会会议主席的缔约方应及时将联合委员会的任何决定通知其他缔约方，不得延误甚至取消通知，从而最大程度保证各缔约方的知情权和参与权，保障各缔约方的合法权益。

本条第 3 款指出，联合委员会及其下属机构应当通过任何适当的方式开展工作，包括电子邮件或视频会议。这体现出联合委员会工作方式的机动性与灵活性，确保能够因时因地制宜开展工作，有效提升工作效率，从而更好地落实协定精神、完成工作任务。

本条第 4 款指出联合委员会及其下属机构可制定开展工作的议事规则。为更好地履行职责，联合委员会需要制定一套科学、合理、高效的议事规则，以指导其开展工作。联合委员会的议事规则应涵盖会议召开、议程设置、决策程序、表决方式等方面。下属机构作为联合委员会的执行机构，其议事规则应更加具体、细致，包括工作任务分配、工作进度安排、成果汇报等方面，以确保工作的顺利开展。

2023 年 8 月 24 日，中国加入 DEPA 工作组第三次首席谈判代表会议及第三次技术磋商在北京举行。中方同 DEPA 缔约方智利、新西兰、新加坡就数字产品待遇、数据问题、更广泛的信任环境、商业和消费者信任等议题，以及贸易单据数字化等拟在 DEPA 框架下开展的合作进行深入交流。① 中国与 DEPA 缔约方就多个议题进行讨论磋商，在遵守议事规则的基础上积极交流合作，体现了中国严格遵守协定规则、发扬合作的精神。中国努力加入并更好地融入 DEPA，能够推动落实 DEPA 规划的路线图，深化缔约方在货物贸易、服务贸易、知识产权以及国际投资等多个领域的合作，实现数字经济的繁荣发展。

关联规定

《全面与进步跨太平洋伙伴关系协定》（CPTPP）第 27.4 条、《区域全面经济伙伴关系协定》（RCEP）第 18.5 条

---

① 《中国加入〈数字经济伙伴关系协定〉工作组第三次首席谈判代表会议及第三次技术磋商在北京举行》，载财联社，https://www.cls.cn/detail/1449062，访问日期 2023 年 12 月 5 日。

> **第 12.5 条：本协定的合作和实施**
>
> 　1. 缔约方应进行合作，以便利本协定的实施，并使自协定产生的利益最大化。合作活动应考虑每一缔约方的需要，可包括：
>
> 　（a）缔约方的监管机构中政策官员、承担监管职能的机构或监管者之间的信息交流、对话或会议；
>
> 　（b）正式合作，例如相互承认、对等或协调；以及
>
> 　（c）缔约方可能同意的其他活动。
>
> 　2. 缔约方可在单独备忘录中列出合作活动的详细安排。
>
> 　3. 在联合委员会的每一次会议上，每一缔约方应报告其实施协定的计划和进展。
>
> 　4. 进一步明确，对于本协定项下的所有合作，缔约方承诺在各自能力限度内并通过各自渠道提供适当的资源，包括财政资源。

释义

　　DEPA 第 12.5 条规定了缔约方应通力合作，兼顾各方需求，共同推进协定的实施，以实现各缔约方的利益最大化。

　　新加坡作为东南亚唯一的发达国家，通过与拉丁美洲的智利和大洋洲的新西兰建立紧密联系，形成联结不同地域和文化背景的"金三角"式数字地理结构，共同推动 DEPA 的出台和实施。DEPA 条款的制定以高标准为宗旨，其模块化的规则设置能够最大限度地协调不同国家的数字经济发展需求，促进数字技术的国际交流与共享。这种灵活而富有弹性的条款设置，为数字经济的全球治理提供了求同存异的合作路径，增强了成员对协定的适应度与融合度，也推动全球数字治理格局向更均衡的方向发展。①

　　关于协定的合作，本条第 1 款和第 2 款要求各缔约方通过政策与监管机构之间的信息交流、对话或会议，以及相互承认、对等或协调等正式合作方式，平等协商、加强信任，使协定产生的利益最大化。相互承认是指

---

① 参见牛东方、张宇宁、黄梅波：《新加坡数字经济竞争力与全球治理贡献》，载《亚太经济》2023 年第 3 期，第 97 页。

各国在监管领域相互认可对方的监管结果，避免重复监管和浪费资源。对等是指各国在监管标准、程序等方面保持协调一致，以确保公平竞争和市场准入。协调则强调各国在监管过程中的密切配合，以确保各自政策的连贯性和一致性。

与 CPTPP 相比，DEPA 在协定实施方面作出了更为明确、具体的规定。例如，本条第 3 款明确指出，在联合委员会的每次会议上，各缔约方应报告其实施协定的计划和进展。这一要求强调了缔约方实施协定的义务与责任，也体现出协定对缔约方行为的规制与约束。各缔约方须在协定设置的框架内开展活动，以减少麻烦。此外，本条第 4 款还主张各缔约方根据自身能力范围，提供适当的资源支持。例如提供资金或技术，支持缔约方开展对话和合作。相比之下，CPTPP 并未涉及此方面的规定。这一差异一定程度上体现出 DEPA 更加务实的态度和其对各缔约方发展差异的充分考虑，具有人道主义色彩。

第 12.6 条：联络点

1. 每一缔约方应指定一总联络点，以便利缔约方之间就本协定所涵盖任何事项进行沟通，并应按本协定要求指定其他联络点。

2. 除非本协定中另有规定，否则每一缔约方应不迟于本协定对其生效之日起 60 天将其指定的联络点书面通知其他缔约方。对于本协定在较晚日期对其生效的另一缔约方，一缔约应不迟于本协定对该另一缔约方生效之日起 30 天将其指定的联络点通知该另一缔约方。

3. 每一缔约方应将其指定联络点的任何变更通知其他缔约方。

释义

DEPA 第 12.6 条对联络点制度进行了规定。联络点的设置可以为各方提供明确的沟通渠道，确保信息传递的及时性和有效性。

根据本条第 1 款规定，每一缔约方需指定一个总的联络点，便于缔约方之间就协定所涉事项进行沟通。此外，各缔约方还需按照协定要求，设立其他必要的联络点。

　　本条第 2 款对通知其他缔约方指定联络点的具体时间进行了严格规定。DEPA 对于指定联络点的时间与 CPTPP 保持一致，均为 60 天，即每一缔约方应不迟于协定对其生效之日起 60 天将其指定的联络点书面通知其他缔约方。RCEP 则要求各缔约方在协定对其生效之日起 30 日内完成联络点的指定和通报工作，与 DEPA 和 CPTPP 的要求有所区别。

　　本条第 3 款规定，每一缔约方应将其指定联络点的任何变更及时通知其他缔约方。该规定与 RCEP 的相关规定保持一致，旨在保证缔约方不会因联络点变更而产生不必要的利益损失或沟通障碍，有利于及时实施协定规定的义务。

关联规定

　　《全面与进步跨太平洋伙伴关系协定》（CPTPP）第 27.5 条、《区域全面经济伙伴关系协定》（RCEP）第 18.8 条

模块 13：透明度

第 13.1 条：定义

就本章而言：

普遍适用的行政裁决指适用于所有人和事实情况并与本协定实施相关的行政裁决或解释，但不包括下列内容：

（a）在行政或准司法程序中作出的适用于一特定案件中另一缔约方的一特定人、商品或服务的决定或裁决；或

（b）对一特定行为或做法作出的裁决。

释义

模块 13 是对透明度的规定，DEPA 从公布、行政程序、复审和上诉、通知和提供信息等角度对缔约方提出了具体的透明度要求。

透明度是多边贸易体制的一项基本规则，其设立目的是营造一个公平、透明的法律和政策环境，减少国际贸易体制运行中的不确定性，进而推动全球贸易的进步与发展。许多贸易协定都对透明度作出了明确规定，例如 RCEP 第 4.5 条和第 12.12 条、CPTPP 的第 26 章，以及 TFA 的第一部分第 1 条至第 5 条等。在 WTO 法律体系中，透明度规则占据重要地位。WTO 对透明度的要求最早规定于 GATT 1994 中[1]，后其他各主要协议也引入了透明度规则。[2]

---

[1] GATT 1994 第 6 条规定了成员征收反补贴税的报告义务，第 10 条规定了在货物贸易领域的信息公开、设立独立审查机制的透明度义务，第 13 条规定了数量限制措施的公开以及相关信息的提供义务，第 16 条规定成员采取补贴措施的通知义务和相关信息的提供义务，第 17 条规定了国营企业进出口产品的通知和信息公开义务，第 21 条规定透明度规则的例外等。

[2] WTO 法律体系中对透明度的规定具体表现在：《服务贸易总协定》第 3 条、《与贸易有关的知识产权协定》第 63 条，以及货物贸易专门协定中的条款，如《农业协定》第 18 条、《进口许可协定》第 5 条、《补贴与反补贴措施协定》第 25 条、《实施卫生与植物卫生措施协定》附件 B、《纺织品与服装协定》第 2 条和第 3 条、《技术性贸易壁垒协定》（TBT）第 10 条等。参见金建恺：《WTO 透明度规则的改革进展、前景展望与中国建议》，载《经济纵横》2020 年第 12 期。

WTO 对透明度规则的实质要求包括三个方面：第一，涉及贸易政策的法律、法规可以公开获取。第二，行政程序公平。第三，对行政性决定有独立和公正的审查机制。具体而言，WTO 成员方应及时公布与贸易有关的普遍适用的法律、法规、司法判决和行政裁定等；设立司法、仲裁或行政庭，以及信息咨询点和联络点；履行国际条约缔结后的通知义务；充分考虑相关利害关系方的反馈意见。[①]

当前，国际上许多投资和贸易活动都以数字化形式开展，透明度对于数字经济营商环境建设具有重要意义。因此，DEPA 作为全球首个数字贸易协定，专门设置了透明度章节，对成员在透明度方面提出明确要求，是 WTO 透明度规则在数字经济领域的进一步细化，有助于加强数字经济监管和治理，保证数字经济市场的公平竞争，促进数字经济企业的跨国合作和交流。

DEPA 第 13.1 条对"普遍适用的行政裁决"进行了定义，该表述与 CPTPP 基本一致。"普遍适用的行政裁决"是指适用于所有人的行政裁决或解释，不包括仅针对特定案件或特定行为的裁决。普遍适用的行政裁决能够确保所有市场参与者在面对相同情况时受到同等对待，包括遵守相同的数据保护标准等，避免因特定裁决而导致的市场扭曲和不公平竞争。

关联规定

《全面与进步跨太平洋伙伴关系协定》（CPTPP）第 26.1 条、《区域全面经济伙伴关系协定》（RCEP）第 17.1 条

第 13.2 条：公布

1. 每一缔约方应保证其有关本协定所涵盖任何事项的普遍适用的法律、法规、程序和行政裁决以使利害关系人和缔约方知悉的方式迅速公布或以其他方式提供包括通过互联网或印刷形式。

---

① 胡加祥、刘婷：《WTO 透明度原则法律适用研究》，载《北方论丛》2012 年第 3 期，第 152 页。

> 2. 如可能，每一缔约方应：
>
> （a）提前公布其拟议采取的第 1 款中所指任何措施；及
>
> （b）如适当，为利害关系人和其他缔约方提供对此类拟议措施进行评论的合理机会。

释义

DEPA 第 13.2 条聚焦于信息公开，即公布条款。公布条款属于透明度规则的核心条款，DEPA、RCEP、CPTTP 和 TFA 等协定均有明确规定。

本条第 1 款主要规定了公布的内容和公布方式。DEPA 要求缔约方及时公布普遍适用的法律、法规、程序和行政裁决等相关信息。同时，对公布的方式进行了说明，明确包括互联网或印刷形式。2007 年，我国颁布了《政府信息公开条例》，经 2019 年修订后，该条例第 5 条规定："行政机关公开政府信息，应当坚持以公开为常态、不公开为例外，遵循公正、公平、合法、便民的原则。"2019 年 10 月，国务院公布了《优化营商环境条例》，明确指出："政府及其有关部门应当通过政府网站、一体化在线平台，集中公布涉及市场主体的法律、法规、规章、行政规范性文件和各类政策措施，并通过多种途径和方式加强宣传解读。"《外商投资法》[①] 和《外商投资法实施条例》[②] 也有相应的规定。在实际操作中，全国人大网和国务院网站都会对颁布的法律、法规、规章等予以公布，以便公众及时掌握最新的各种政策法规信息。我国海关也针对法律、行政法规规定的违规行为，制定了细化的执行标准并公开发布，增强了海关行政处罚的透明度。

在本条第 2 款中，DEPA 呼吁缔约方尽可能提前公布普遍适用的法律、法规、程序和行政裁决，即采取先公布后生效的模式，同时给予利害关系人和其他缔约方进行评论的合理机会，强化立法过程的公众参与。该款规

---

① 《外商投资法》第 10 条第 2 款规定："与外商投资有关的规范性文件、裁判文书等，应当依法及时公布。"

② 《外商投资法实施条例》第 7 条第 2 款规定："与外商投资有关的规范性文件应当依法及时公布，未经公布的不得作为行政管理依据。与外商投资企业生产经营活动密切相关的规范性文件，应当结合实际，合理确定公布到施行之间的时间。"

定属于非强制性规定。根据我国法律实践，不论法律、法规、程序、行政裁决等正式生效的时间点如何，都会先行公布，或于公布的同时生效，或公布后一段时间开始生效。我国《立法法》第74条规定，"行政法规在起草过程中，应当广泛听取有关机关、组织、人民代表大会代表和社会公众的意见。听取意见可以采取座谈会、论证会、听证会等多种形式。行政法规草案应当向社会公布，征求意见，但是经国务院决定不公布的除外"。《法治政府建设实施纲要（2021—2025年）》①亦指出，"加强政企沟通，在制定修改行政法规、规章、行政规范性文件过程中充分听取企业和行业协会商会意见"。通过座谈会、论证会等多种途径听取利害关系人等发表的法律法规拟定意见，有助于提高立法质量，增强法律法规的执行力和可操作性。

比较发现，CPTPP对公布的要求更为详细，还规定了在拟定法律、法规、程序时须提供合理公布期间，以及将对贸易有影响的法规汇总在单一站点中发布等详细内容。②TFA也详细列举了应在互联网上公布的信息，并

---

① 《法治政府建设实施纲要（2021—2025年）》，http://www.gov.cn/zhengce/2021-08/11/content_5630802.htm，访问日期2023年5月25日。

② CPTPP第26.2条第3—5款表述为：3.在可能的限度内，在引入或修改第1款所指的法律、法规或程序时，每一缔约方应努力在这些法律、法规或程序依照其法律制度以拟议形式或最终形式公开提供之日与其生效之日之间提供一合理期限。

4.对于一缔约方中央一级政府与本协定所涵盖任何事项相关的、有可能影响缔约方之间贸易或投资且依照第2款（a）项予以公布的一拟议的普遍适用的法规，每一缔约方应：

（a）在一官方公报或一官方网站上公布该拟议法规，最好选择在线方式并汇总至一单一门户站点；

（b）努力在下列时限公布该拟议法规：

（i）不迟于评论到期日期前60天；或

（ii）在评论到期日期前的另一期限内，为一利害关系人提供充分时间以评估该拟议法规并编写和提交评论；

（c）在可能的限度内，在根据（a）项公布的内容中包括对该拟议法规的目的和理由的说明；以及

（d）考虑在评议期内收到的意见，并鼓励最好在一官方网站或在线公报中对拟议法规作出的任何实质性修改作出说明。

5.对于其中央一级政府通过的有关本协定所涵盖任何事项并依照第1款予以公布的一普遍适用的法规，每一缔约方应：

（a）迅速在单一官方网站或全国发行的官方公报中公布该法规；及

（b）如适当，在公布内容中包括对该法规目的和理由的说明。

对设立咨询点进行了细致规定，均体现出对透明度和信息公开的高度重视。

关联规定

　　WTO《贸易便利化协定》（TFA）第一部分第 1—2 条、《区域全面经济伙伴关系协定》（RCEP）第 4.5 条、《全面与进步跨太平洋伙伴关系协定》（CPTPP）第 26.2 条

第 13.3 条：行政程序

　　为以一致、公正和合理的方式管理影响本协定所涵盖事项的所有措施，对于涉及其他缔约方的特定人、货物或服务的具体案件，每一缔约方应保证在实施第 13.2.1 条中所指措施的行政程序过程中遵守下列规定：

　　（a）只要可能，在启动行政程序时，依照其国内程序，向受该程序直接影响的另一缔约方的人提供合理通知，包括对程序性质的说明、关于据以启动该程序的法律权限的说明以及对所涉及任何问题的总体说明；

　　（b）在任何最终行政行为前，如时间、程序的性质和公共利益允许，给予此类人提供事实和论据以支持他们立场的合理机会；以及

　　（c）其程序符合其法律法规。

释义

　　DEPA 第 13.3 条规定了具体案件的行政程序，要求缔约方启动行政程序时提供合理通知、给予当事人提供事实和论据的机会、确保程序符合法律规范等，相关表述与 CPTPP 基本一致。

　　行政程序条款也属于透明度规则的基本条款，其设立是为了缔约方政府更好地履行公布义务，同时规制缔约方政府的行政行为，确保政府在公布信息、执行政策和法规以及处理国际贸易事务时的行政程序更加透明。[①]

---

　　① 参见贾琳、吴柳鹏：《论美国 BITs 与 FTAs 中的透明度规则及其对中国的启示》，载《国际法与比较法论丛》2021 年，第 150 页。

首先，本条（a）款要求缔约方在可行情况下，履行程序启动的通知义务，该通知义务涵盖了对启动的行政程序性质的说明、对据以启动该程序的法律权限的说明以及对该行政程序所涉及任何问题的总体说明，说明应向受该程序直接影响的另一缔约方的人作出。这意味着缔约方需要明确通知启动该程序的目的、法律依据、范围和影响等。其次，（b）款要求在行政程序中给予相关人陈述事实和论据以支持其立场的合理机会。最后，（c）款要求行政程序的过程应当符合缔约方的法律法规。以我国行政处罚程序为例，依据该条款，在启动行政处罚程序时，首先，应当向受该程序影响的缔约方履行通知义务，包括对该行政处罚性质的说明、启动行政处罚的法律权限的说明，以及在该程序中可能涉及的任何问题的总体说明。其次，在行政处罚过程中应当保证相关当事人陈述事实和论据以支持其立场的合理机会。最后，该行政处罚程序应当符合我国国内法，即《行政处罚法》等相关法律法规，这些立法对行政处罚提出了信息公开、保障当事人相关权益等规定。

关联规定

WTO《贸易便利化协定》（TFA）第一部分第 3 条、《全面与进步跨太平洋伙伴关系协定》（CPTPP）第 26.3 条

第 13.4 条：复审和上诉

1. 每一缔约方，如必要，应建立或设立司法、准司法、行政法庭或程序，以迅速审议和纠正关于本协定涵盖事项的最终行政行为，但出于审慎原因而采取的行为除外。此类法庭应公正且独立于受委托负责行政实施的部门或管理机构，且不得与有关事项的结果有任何实质利益。

2. 每一缔约方应保证在任何此类法庭或程序中，使行政程序当事人获得下列权利：

（a）支持各自立场或为各自立场辩护的合理机会；及

（b）得到根据证据和提交记录作出的决定，或根据其法律法规要求，得到根据相关权力机构汇编记录作出的决定。

3. 每一缔约方应保证，在可按其法律法规所规定的进行上诉或进一步审议的情况下，2（b）款中所指决定应由所涉行政行为有关的部门或管理机构执行，并应规范上述部门或管理机构的做法。

释义

DEPA 第 13.4 条规定了复审和上诉机制，明确要求缔约方建立公正、独立的司法或行政法庭，保证当事人的救济权、辩护权和知情权等。该条表述与 CPTPP 基本一致，其源于 GATT 1994 第 10 条第 3 款的正当程序要求。① 相较之下，TFA 对上诉、复议的机构和程序进行了更为详细的规定。另外，虽然 RCEP 未设立专门的透明度章节，但其关于透明度的规定可见于第 17 章。②

本条第 1 款要求负责审议最终行政行为的复审和上诉机关应独立于行政执行机关，且不得与有关事项的结果有任何实质利益关系，但"出于审慎原

---

① GATT 1994 第 10 条第 3 款表述为：3.（a）各缔约方应以统一、公正和合理的方式实施本条第 1 款所述的法令、条例、判决和决定。（b）为了能够特别对于有关海关事项的行政行为迅速进行检查和纠正，各缔约方应维持或尽快建立司法的、仲裁的或行政的法庭或程序。这种法庭或程序应独立于负责行政实施的机构之外，而他们的决定，除进口商于规定上诉期间向上级法院或法庭提出申诉以外，应由这些机构予以执行，并作为今后实施的准则；但是，如这些机构的中央主管机关有充分理由认为他们的决定与法律的既定原则有抵触或与事实不符，它可以采取步骤使这个问题经由另一程序加以检查。（c）如于本协定签订之日在缔约方领土内实施的事实上能够对行政行为提供客观公正的检查，即使这种程序不是全部或正式地独立于负责行政实施的机构以外，本款（b）项的规定，并不要求取消它或替换它，实施这种程序的缔约方如被请求，应向缔约方全体提供有关这种程序的详尽资料，以便缔约方全体决定这种程序是否符合本项规定的要求。

② RCEP 第 17 章（一般条款与例外）中第 6 条审查和上诉条款表述为：

一、每一缔约方应当建立或维持司法、准司法或者行政庭或者程序，以便迅速审查并且在必要时纠正与本协定所涵盖的任何事项相关的最终行政行为。此类审查庭应当公正并且独立于被授权行政执法的机关或机构，并且不得与该事项的结果存在任何实质利益。

二、每一缔约方应当保证，在任何此类审查庭或程序中，程序中的每一方被赋予下列权利：

（一）支持或辩护该方立场的合理机会；以及

（二）获得基于证据和提交的记录，或者依其法律和法规要求，由相关机关或机构编纂的记录而作出决定。

三、每一缔约方应当保证，在按其法律和法规上诉或进一步审查的情况下，第二款第（二）项所提及的决定应当由与所涉行政行为有关的机关或机构予以实施，并约束该机关或机构的行为。

因而采取的行为"可不经复审或上诉程序。审慎原因指的是在处理特定问题时，需采取格外审慎的态度和措施。这种原因往往出现于处理敏感和复杂的问题时，例如国家安全、社会公益、人权等议题。我国《行政诉讼法》第13条规定，人民法院不受理对"法律规定由行政机关最终裁决的行政行为"和"国防、外交等国家行为"提起的行政诉讼。对于救济程序的独立性，WTO"泰国香烟案"专家组指出，成员方可以允许行政执行机关进行自我审查，但在该自我审查之外必须设立独立的二审程序，以确保决定的公正性和准确性。① 在"美国虾案"中，WTO 上诉机构以美国政府未向申请者送达理由充分的书面决定，且申请者对不予批准决定无复议或上诉的权利为由，裁定美国违反了 GATT 第 10 条第 3 款的正当程序要求。②

本条第 2 款规定应当在复审和上诉的过程中充分保证当事人相关权利，包括当事人为各自立场辩护的权利和对决定的知情权。当事人辩护权的行使确保其能充分表达自己的观点和证据，让决策者全面了解案情，从而作出更加公正和合理的决定。复审和上诉的结果应当及时向当事人传达，并提供详细的证据与说理。

本条第 3 款规定，复审和上诉中所作的决定，应由所涉行政行为有关的部门或机构执行并应受到监督。这种规定有助于确保法律适用和解释的连贯性和一致性，避免出现执行不力或执行主体不明确的情况。执行主体需要严格按照复审和上诉决定的内容进行执行，对于执行主体还需要设立相应的监督机制，督促执行主体遵循法定程序和规定，确保行政行为的合法性和合规性。

我国在《中国加入世贸组织议定书》第 2 条 D 项明确承诺，对与贸易相关的所有立法和执法行为建立公正的行政和司法审查程序，确保不存在任何可能影响公正性的利害关系。结合我国立法实际，我国已经制定了《行政诉讼法》《行政复议法》《海关行政复议办法》等涉及复审和上诉程序

---

① Panel Report, Thailand—Customs and Fiscal Measures on Cigarettes from the Philippines, WT/DS371/R, adopted 15 July 2011, para. 7.1014.

② Appellate Body Report, United States—Import Prohibition of Certain Shrimp and Shrimp Products, adopted on 6 November 1998, WT/DS58/AB/R, paras. 182-183.

的法律规范，如《行政复议法》第 2 条第 1 款规定："公民、法人或者其他组织认为行政机关的行政行为侵犯其合法权益，向行政复议机关提出行政复议申请，行政复议机关办理行政复议案件，适用本法"；第 10 条规定："公民、法人或者其他组织对行政复议决定不服的，可以依照《中华人民共和国行政诉讼法》的规定向人民法院提起行政诉讼，但是法律规定行政复议决定为最终裁决的除外。"《行政诉讼法》第 2 条第 1 款规定："公民、法人或者其他组织认为行政机关和行政机关工作人员的行政行为侵犯其合法权益，有权依照本法向人民法院提起诉讼"；第 4 条第 1 款规定："人民法院依法对行政案件独立行使审判权，不受行政机关、社会团体和个人的干涉"；第 10 条规定："当事人在行政诉讼中有权进行辩论。"

关联规定

WTO《贸易便利化协定》（TFA）第一部分第 4 条、《全面与进步跨太平洋伙伴关系协定》（CPTPP）第 26.4 条

第 13.5 条：通知和提供信息

1. 如一缔约方认为任何拟议或实际措施可能实质影响本协定运用或以其他方式实质影响另一缔约方在本协定项下的利益，则其应在可能的限度内向该另一缔约方通知该拟议或实际措施。

2. 应另一缔约方请求，一缔约方应就任何实际或拟议措施提供信息并回答问题，无论该另一缔约方以往是否已获知该措施。

3. 本条下的任何通知、请求或信息应通过联络点传递至其他缔约方。

4. 根据本条提供的任何通知或信息不损害该措施是否符合本协定。

释义

DEPA 第 13.5 条规定了通知和提供信息的义务。缔约方需尽可能通过联络点，及时向另一缔约方告知可能影响其利益的拟议措施并回应对方的相关问题。此条规定可以视为信息公布条款的延伸，其表述与 CPTPP 基本

一致。

本条第 1 款明确指出，若一缔约方认为其实施或拟实施的措施可能会对另一方在 DEPA 协定下享有的利益产生实际影响时，应当尽可能履行通知义务。缔约方可以通过正式的外交渠道向对方发送通知，也可以考虑通过召开磋商会议或提供详细的技术资料等方式，增进双方的理解和沟通，避免因信息不对称而引发误解和冲突。

本条第 2 款进一步规定，当另一缔约方请求提供实施或拟实施措施的信息时，无论是否履行了通知义务，被请求方均有义务回复。这构成了被动的信息提供机制，使缔约方在面临可能的贸易壁垒时，能够及时获取到关键信息，从而作出合理决策。值得注意的是，本条对实际或拟议措施并没有 "可能实质影响本协定运用或以其他方式实质影响另一缔约方在本协定项下的利益" 的规定。

本条第 3 款要求，所有关于通知和提供信息的义务都应通过联络点履行。根据 DEPA 第 12.6 条的规定，每一缔约方需指定一个总的联络点，以便缔约方之间就协定所涉事项进行及时沟通。此外，还需按照协定要求，设立其他必要的联络点。该联络点制度类似于 TFA 所规定的 "咨询点" 制度。WTO 成员方所设立的一个或多个咨询点，用以回答政府、贸易商和其他利益相关方提出的合理咨询，并提供需要的表格和单证等信息。

本条第 4 款规定根据本条提供的任何通知或信息，均不影响该措施是否符合 DEPA 协定。这一规定明确区分了信息提供与措施合规性之间的关系。即使通知或信息已经按协定要求通过联络点进行了提供，也不意味着相关措施就一定符合 DEPA 协定要求。这些通知或信息仅是对措施的一种说明或解释，措施的合规性仍需根据 DEPA 协定的相关规定进行独立评估。

关联规定

WTO《贸易便利化协定》(TFA) 第一部分第 5 条、《全面与进步跨太平洋伙伴关系协定》(CPTPP) 第 26.5 条

模块 14：争端解决

第 14.1 条：定义

就本章及其附件而言，

起诉方指根据第 14-C.2.1 条（仲裁庭的指定）请求指定仲裁庭的一缔约方；

磋商方指根据第 14-C.1.1 条（磋商）请求磋商的一缔约方或被请求磋商的一缔约方；

争端方指一起诉方或一应诉方；

应诉方指根据第 14-C.2 条（仲裁庭的指定）被起诉的一缔约方；

议事规则指依照第 12.2 条（联合委员会的职能）制定的通过仲裁解决争端的议事规则；

第三方指除争端方外的、根据第 14-C.7 条（第三方参与）递送书面通知的一缔约方。

释义

DEPA 模块 14 规定了 DEPA 争端解决机制，共有 7 个条文。第 14.1 条首先对该模块的核心名词作了解释，包括起诉方、磋商方、争端方、应诉方、第三方和议事规则。其他条款阐述了设立 DEPA 争端解决机制的目标、争端解决机制的适用范围以及解决争端的四类具体方式。在其后的附件中，首先是明确了争端解决不适用的领域，其次是规定了有关调停机制执行的相关措施，最后针对仲裁机制的执行作了规定。

本模块规定的争端解决机制不包括国际投资中投资者—东道国争端解决机制，它只适用于国家与国家之间就协定适用、解释以及实施等问题所产生的争端。当今世界上大多数区域性贸易协定采用的都是这种"国家与国家之间"的争端解决机制。①DEPA 常规争端解决机制的主要特点是应对缔约方的"措施"之争，即 DEPA 某一缔约方的国内立法、程序等是否导致其违反了在 DEPA 协定下的义务，或者是否导致了其他缔约方在 DEPA 协定下的合理利益受到损失。

第 14.2 条：目标

1. 缔约方应始终努力就本协定的解释和适用达成一致，并应尽一切努力通过合作和磋商就可能影响本协定运用的任何事项达成双方满意的解决办法。

2. 本章的目标是提供一个就缔约方之间在本协定项下权利和义务的争端进行磋商和解决的有效、高效和透明的程序。

释义

DEPA 第 14.2 条规定了争端解决机制的目标，即提供一个有效、高效和透明的程序，以妥善处理缔约方在本协定下的权利和义务争端。

本条第 1 款与 CPTPP 相同，第 2 款与 RCEP 相似。RCEP 争端解决机制的目标为："为解决本协定项下产生的争端提供有效、高效和透明的规则与程序。"CPTPP 争端解决机制的目标为："缔约方应始终努力对本协定的解释和适用达成一致，并应尽一切努力通过合作和磋商就可能影响本协定运用或适用的任何事项达成双方满意的解决办法。"

第 14.3 条：范围

除附件 14-A 中的规定外，本章及其附件应适用：

（a）关于避免或解决缔约方之间关于本协定的解释或适用的争端；或

（b）如一缔约方认为另一方的实际或拟议措施与本协定一项义务不一致或可能不一致，或该另一方在其他方面未能履行本协定项下的一项义务。

---

① 龚柏华：《TPP 协定投资者—东道国争端解决机制评述》，载《世界贸易组织动态与研究》2013 年第 1 期，第 59—67 页。

释义

DEPA 第 14.3 条规定了 DEPA 争端解决机制的适用范围。

根据本条规定，DEPA 争端解决机制适用于处理两类争议：一是处理缔约方之间与本协定理解与适用有关的争议。这类争议往往涉及协定条款的具体解释和适用条件等分歧，需要争端解决机制提供权威、公正的解读。二是处理因违反本协定规定的义务所产生的争议。这类争议通常涉及具体的违约行为（包括实际措施或拟议措施），如一方未能按照协定要求履行承诺、采取保护措施等。

同时，根据附件 14-A 第 1 条的规定，DEPA 争端解决机制把以下几类争端排除在争端解决机制的适用范围之外：一是数字产品非歧视性待遇；二是使用密码术的信息和通信技术产品；三是第 4.3 条通过电子方式跨境传输信息；四是计算设施的位置。这意味着，当发生上述几类争端时，缔约方无法通过 DEPA 争端解决机制寻求救济。而在 CPTPP 项下，除越南、马来西亚两国对争端解决程序适用于特定数字经济规则作出一定期限的保留之外，CPTPP 的争端解决机制可以适用于所有缔约方就数字经济相关规则引发的争议，包括前述被 DEPA 争端解决机制排除的议题。

第 14.4 条：斡旋和调解

1. 缔约方可随时同意自愿采取争端解决的任何替代方法，例如斡旋或调解。

2. 涉及斡旋或调解的程序应保密，且不损害缔约方在任何其他程序中的权利。

3. 参加本条下程序的缔约方可以随时中止或终止这些程序。

4. 如争端各方同意，则斡旋或调解可在争端进行的同时继续进行直至根据第 14-C.2 条（仲裁庭的指定）设立仲裁庭。

释义

DEPA 第 14.4 条是关于斡旋和调解的规定。

"斡旋"指第三方不介入具体的争端，主要运用外交手段协助争端当事国谈判，促使其达成协议。斡旋一般是劝告争端当事国通过谈判解决争端，有时要对双方做工作，使之同意举行谈判，并提供谈判会场、设备和通信等事务性的协助。斡旋只是给争端当事方以方便，它的作用是进行劝告，而不具有法律约束力。从事斡旋的第三方，一般都是国家，有时也有组织或个人。①

"调解"的特点是由与争议双方无利害关系的第三方参与国际争端的解决。通常应首先由争议双方订立通过调解的方式解决他们之间争议的书面或口头协议，并共同参与对调解员的选择。调解员的主要作用是促成争议双方达成和解协议。为此，该调解员可以按照当事各方约定的程序查明争议的事实，然后对争议双方进行面对面的或背对背的调解，协助双方当事人分析争议的问题，从中找出妥善的争端解决方案，或者促成当事人自行达成和解协议，或者由调解员提出解决此项争议的方案。但无论是当事人自行达成的和解协议，还是调解员提出的解决争议的方案，对争议双方均无法律上的拘束力。②

DEPA 在争端解决机制的设计上采用了混合解决模式。DEPA 第 14.4 条和 14.5 条分别规定了体现政治手段解决争端的斡旋、调解和调停的程序，第 14.6 条规定了请求设立仲裁的相关司法程序。斡旋、调解和调停程序并非强制性的争端解决程序，是由争端各方协商自愿采用的一种替代性争端解决方式。各争端方可以在整个争端解决过程中随时采用此程序，也可以随时暂停或终止该程序，DEPA 这样的规定充分体现了该程序的自愿性和灵活性。

实际上，我国对于在自贸区引进国际调解、仲裁机制已有经验。2020年 10 月，世界知识产权组织（WIPO）仲裁与调解中心在上海自贸试验区正式启动运营，这是国际组织仲裁机构在我国境内登记设立的首个仲裁业务机构。但当前国际上仍然缺乏专司调解的政府间国际组织。为提升国际

---

① 叶兴平：《国际争端解决中的斡旋与调停剖析》，载《武汉大学学报（哲学社会科学版）》1997 年第 2 期，第 18—23 页。

② 郭寿康、赵秀文：《国际经济法》，中国人民大学出版社 2012 年版，第 948—949 页。

争端调解能力，2022 年以来，中国相继与印度尼西亚、巴基斯坦、老挝、柬埔寨、塞尔维亚等十几个国家签署《关于建立国际调解院的联合声明》，决定共同发起建立国际调解院，致力于专门提供调解服务，为各类国际争端提供友好、灵活、经济、便捷的解决方案。国际调解院是对现有争端解决机构和争端解决方式的有益补充，对促进国际和平安全发展和国际秩序稳定具有重要意义。国际调解院筹备办公室于 2023 年 2 月 16 日在中国香港特别行政区成立，负责协调各方开展建立国际调解院的公约谈判，预计两三年内完成公约谈判并设立国际调解院。①

> **第 14.5 条：调停**
>
> 　　通过调停解决争端的程序载于附件 14-B。
>
> **第 14.6 条：仲裁**
>
> 　　1. 通过仲裁解决争端的程序载于附件 14-C。
>
> 　　2. 议事规则应由联合委员会依照第 12.2 条（联合委员会的职能）制定。

释义

　　DEPA 第 14.5 条及附件 14-B 规定了调停程序。"调停"是指第三方以调停人的身份，就争端的解决提出方案，并直接参加或主持谈判，以协助争端解决。调停人提出的方案本身没有拘束力，调停人对于进行调停或调停成败也不承担任何法律义务或后果。

　　调停人是争端各方授权的积极参与者，甚至被期待提出新颖的建议或解释，而调解人通常被期待提交给争端各方一套正式的争端解决建议。但实践中，调停和调解的区别已渐趋模糊。②

　　DEPA 第 14.6 条规定的仲裁程序载于附件 14-C。与斡旋、调停和调解

---

　　① 孙劲、纪小雪：《发起建立国际调解院：背景、基础及进展》，载国际合作中心网，https://www.icc.org.cn/specialties/international/2253.html，访问日期 2024 年 8 月 3 日。

　　② ［英］梅时尔斯：《国际争端解决（第 5 版）》，韩秀丽译，法律出版社 2013 年版，第 33—34 页。

等被视为外交方法的争端解决方式相对，仲裁被视为一种法律解决方法，是指由争端当事方共同选任的仲裁人审理有关争端并作出有拘束力的裁决的一种国际争端解决形式。国际仲裁包括机构仲裁和临时仲裁两种形式。[①]现在，国际上广为认可的仲裁规则是《联合国国际贸易法委员会仲裁规则》，其不仅在临时仲裁中被广为采纳，也被一些仲裁机构作为自己的仲裁规则，如香港国际仲裁中心和海牙常设仲裁法院等。

关联规定

《区域全面经济伙伴关系协定》（RCEP）第 19.6 条

第 14.7 条：场所的选择

1. 如一争端涉及本协定项下和包括《WTO 协定》在内的争端方均为参加方的另一国际贸易协定项下产生的任何事项，则起诉方可选择解决争端的场所。

2. 一旦起诉方根据第 1 款中所指一协定请求设立一专家组或将一事项向一专家组或其他法庭提交，则应使用所选择的场所而同时排除其他场所。

释义

DEPA 第 14.7 条是关于争端解决场所选择的规定。DEPA 争端解决机制为了避免与其他国际贸易协定争端解决机制出现管辖权冲突，其在赋予成员国"程序选择自由"的同时对争端解决机制的管辖作出了"排他性"规定。[②]

本条第 1 款规定了场所选择的"程序选择自由"。当 DEPA 争端各方在 DEPA 之外已经缔结或将要缔结一个协定，并在该协定中设置了争端解决

---

① ［英］梅时尔斯：《国际争端解决（第 5 版）》，韩秀丽译，法律出版社 2013 年版，第 106 页。

② 范巾妹：《〈区域全面经济伙伴关系协定〉争端解决机制探究》，载《对外经贸》2022 年第 12 期，第 16—19 页。

机制时，争端各方可以在 DEPA 的争端解决程序与 DEPA 之外的争端各方签订的贸易或者投资协定当中的争端解决程序中任选其一作为解决争端的程序。[①] 以中国与新加坡为例，如果中国成功加入 DEPA，中国与新加坡同时是 DEPA、WTO 以及 RCEP 的成员方，当双方发生争端，中国与新加坡可以在 RCEP 争端解决机制、WTO 争端解决机制以及 DEPA 争端解决机制里面任选其一以解决争端。这一规定给予了缔约方极大的程序选择自由，将程序选择的权利赋予缔约方，以避免 DEPA 与其他国际贸易协定间的管辖权产生冲突。

本条第 2 款规定了场所选择的"排他性管辖"，即"专属管辖"和"独占管辖"。在这里主要是指缔约方在选择一项争端解决程序后，即排除其他争端解决程序对它的管辖权。截至 2024 年 3 月，DEPA 缔约方新加坡、新西兰、智利同时还是 CPTPP 的缔约方，其中新加坡、新西兰亦是 RCEP 的缔约方。按照自由选择争端程序的制度设计，同时参与了 DEPA 和其他协定的缔约方，理论上完全可以采用其他争端解决机制。由于缔约方可以将案件提交至不同的争端解决机制，如何避免 DEPA 争端解决机制与其他区域贸易协定的争端解决机制之间产生管辖权冲突就成为一个问题。为了解决案件的管辖问题，DEPA 规定了对场所的选择（Choice of Forum），在争议涉及 DEPA 项下与争议当事人均是缔约方的另一贸易或者投资协议项下实质相等的权利或者义务时，起诉方可以选定处理争端的地点，而一旦争议当事人选定了处理争端的地点，就排除了对其他争端处理场所的适用。

[①] 孔庆江：《RCEP 争端解决机制：为亚洲打造的自贸区争端解决机制》，载《当代法学》2021 年第 2 期，第 34—43 页。

附件 14-A：第 14 章的范围（争端解决）

第 14-A.1 条：第 14 章（争端解决）的范围

第 14 章（争端解决），包括附件 14-B（调停机制）和附件 14-C（仲裁机制），不得适用于：

（a）第 3.3 条（数字产品非歧视性待遇）；

（b）第 3.4 条（使用密码术的信息和通信技术产品）；

（c）第 4.3 条（通过电子方式跨境传输信息）；以及

（d）第 4.4 条（计算设施的位置）。

释义

DEPA 附件 14-A 规定了其争端解决机制不适用的特定领域，包括数字产品非歧视性待遇、使用密码术的信息和通信技术产品、通过电子方式跨境传输信息以及计算设施的位置。因此，对于 DEPA 缔约方而言，如果发生与上述内容相关的争端，他们将无法诉诸该协定项下的争端解决机制进行解决。而如果缔约方同时也是 CPTPP 的成员，则可以考虑诉诸 CPTPP 的争端解决程序予以解决。

DEPA 这一排除适用的原因可能源于以下几个方面。首先，数字产品的非歧视性待遇更多地涉及国内法规和政策制定，各国在数字市场发展水平上的差异导致对非歧视性待遇问题的理解和实施存在较大分歧；此外，数字技术的快速发展推动了数字产品和服务的不断创新，其特性和应用范围也在不断变化，这增加了争端解决的难度。其次，密码术作为一种保护信息安全的关键技术，其应用领域广泛且复杂。由于密码术涉及国家安全、隐私保护等敏感领域，各国在监管和使用方面可能存在较大差异。再次，跨境数据流动涉及国家主权、个人隐私等多重复杂因素，各国在数据跨境流动政策上往往存在较大分歧。最后，计算设施的位置与一国的信息技术基础设施布局和国家安全利益紧密相关。相关决策需要综合考虑国家的整体利益和发展战略，因此不适宜通过国际争端解决机制加以约束。将这类争端排除在 DEPA 争端解决机制之外，有助于避免在跨国层面引发敏感的国家主权、安全和隐私等问题。

　　在 RCEP 中，电子商务章节不适用 RCEP 争端解决机制。在处理相关内容的分歧和争端时，RCEP 要求缔约方首先进行善意磋商，如磋商无果，则提交至 RCEP 联合委员会。相较之下，CPTPP 电子商务章节中，除电子商务网络的接入和使用原则、互联网互通费用分摊、网络安全事项合作等少数条款为倡议性条款外，其他大部分条款均规定了强制性义务。CPTPP 规定电子商务章节适用其协定争端解决机制，进一步增强了上述条款的约束力。但 CPTPP 也给予部分缔约方一定灵活空间，在数字产品非歧视性待遇、通过电子方式跨境传输信息和计算设施的位置等条款适用协定争端解决机制方面，CPTPP 为马来西亚和越南设定了 2 年过渡期。

　　总体而言，DEPA 的适用争端解决的范围比 RCEP 更加广泛，相比 CPTPP 的适用范围则稍有保留。

附件 14-B：调停机制

第 14-B.1 条：信息请求

1. 在启动调停程序之前的任何时间，任何缔约方可书面请求任何其他缔约方提供有关第 14.3 条（范围）中所述任何事项的信息。

2. 被请求的缔约方应在收到请求之日起 20 天内提供书面答复，其中包含对所请求信息的意见。

3. 如被请求的缔约方认为无法在自收到请求之日起 20 天内作出答复，则应迅速通知请求方，说明延误的原因，并提供其将能够提供答复的预计最短期限。

4. 鼓励每一缔约方在启动调停程序之前利用这一规定。

释义

本条鼓励缔约方在启动调停程序之前先进行信息请求，且可在调停程序正式启动前的任何时间请求其他缔约方提供信息。被请求的缔约方需要在 20 天内进行书面答复，如果无法在 20 天内答复，则应迅速通知请求方并提供预计答复的最短期限。这一时间限制确保了信息提供的及时性和有效性。缔约方之间在调停之前进行充分的信息沟通，有助于深入理解对方的立场和关切，增进彼此的信任与尊重，从而为后续的调停工作奠定良好的基础。

第 14-B.2 条：启动调停程序

1. 一缔约方可随时请求与任何其他缔约方就第 14.3 条（范围）中所述任何事项进入调停程序。

2. 请求进行调停的缔约方应以书面形式提出请求，并应列出提出请求的理由，包括对措施或其他争议事项的确认及关于提出请求的法律根据的说明。请求方应将请求通过第 12.6 条（联络点）指定的总联络点同时散发其他缔约方。

3. 被请求进行调停的缔约方应对请求予以同情考虑，除非参与调停的缔约方另有议定，否则应在不迟于其收到调停请求之日后 14 天书面答复请求。该缔约方将其答复通过总联络点同时散发其他缔约方并真诚参与调停。

4. 收到调停请求后，被提出请求的缔约方可拒绝参与调停。

5. 不得启动调停程序以审议一拟议措施。

释义

本条规定了启动调停机制的程序，包括申请调停的范围、申请形式、申请文件和答复要求等。RCEP 和 CPTPP 并未对调停启动程序作详细规定。

根据本条第 1 款，可以申请调停的范围即 DEPA 第 14.3 条所规定的争端解决机制适用范围，包括缔约方之间与本协定理解与适用有关的争议和因为违反本协定规定的义务所产生的争议。但本条第 5 款明确将拟议措施排除在申请调停的范围之外。这意味着，缔约方只能针对那些已经实施的涉嫌违反本协定义务的措施申请调停，而不能就尚处于规划或提议阶段的措施提出申请。

根据本条第 2 款，当某一缔约方决定请求调停时，应以书面形式提出其请求，并详细列出请求的理由，包括所涉争议事项、措施和法律根据。这样做有助于确保调停请求的正式性和透明度，能让其他缔约方更清楚地理解请求方的立场和诉求。为确保请求能迅速、准确地传达给所有相关方，请求方应将其书面请求通过总联络点同时散发给其他缔约方。

本条第 3—4 款对被请求方设置了一定程序和规则。其中对于答复要求，被请求调停的缔约方可以接受或拒绝调停，但在没有其他规定的情况下，应当在 14 天内书面答复请求。被请求方也应将其书面答复通过总联络点同时散发其他缔约方。

第 14-B.3 条：调停人的选择

1. 参与调停的缔约方应努力在调停程序启动后 10 天内就调停人达成一致。

2. 如参与调停的缔约方不能在第 1 款中规定的期限内就调停人达成一致，则任何一缔约方可请求 WTO 总干事在另外 15 天内作出任命。

3. 如 WTO 总干事通知参与调停的缔约方他或她无法作出任命，或在第 2 款中所指的请求之日起 15 天内未指定调停人，则任何一缔约方可请求海牙常设仲裁法院秘书长迅速作出任命。

4. 除非参与调停的缔约方另有议定，否则调停人不得为任何一缔约方的国民或受雇于任何一缔约方。

5. 调停人应遵守在细节上作必要修改后的《〈关于争端解决规则与程序的谅解〉行为规则》（载于文件 WT/DSB/RC/1 及任何后续修正）。

释义

本条对调停人的选择作出了规定。调停人负责促进双方的对话与协商，致力于寻求双方都能接受的解决方案。

根据本条第 1—3 款，缔约方应努力在启动调停程序后的 10 天内协商确定调停人；若协商不能确定，任何一方都有权请求 WTO 总干事在 15 天内作出任命；若 WTO 总干事无法作出任命，任何一方还可以请求海牙常设仲裁法院秘书长作出任命。可见，调停人可以由缔约方协商产生，也可以由国际组织任命产生。这一层次递进的规定为调停人的选择设置了双重保障，既体现了对缔约方自主性的尊重，也确保了争端解决的及时性和效率。

此外，本条第 4 款明确指出，调停人不得为任何参与调停的缔约方的国民或受雇于任何一缔约方，除非缔约方另有议定。这一规定旨在确保调停人的中立性和公正性，避免潜在的偏见和利益冲突。

本条第 5 款要求调停人遵守 WTO《〈关于争端解决规则与程序的谅解〉行为规则》的有关要求，但在必要时可对该行为规则作一定修正。作为《关于争端解决规则与程序的谅解》的配套规则，《〈关于争端解决规则与程序的谅解〉行为规则》出台于 1996 年 12 月 11 日。该行为规则对 WTO

专家组和上诉机构成员、仲裁员等主体的任职资格、披露和保密等行为规范提出了要求，被许多国际经贸协定援引使用。

第 14-B.4 条：调停程序规则

1. 在任命调停人后 10 天内，发起调停程序的缔约方应向调停人和另一缔约方递交一份关于其关注的详细书面说明，特别是应说明措施的实施情况和起诉的法律依据。

2. 在该说明递送后 20 天内，另一缔约方可提供书面意见。任何一方均可在其描述或意见中纳入其认为相关的任何信息。

3. 调停人应以公正和透明的方式协助参与调停的缔约方澄清第 14.3 条（范围）中所述措施或任何其他事项，并达成共同议定的解决办法。特别是，调停人可组织参与调停的缔约方召开会议，与之举行联合或单独磋商，寻求相关专家和利益相关者的协助或与之进行磋商，并提供参与调停的缔约方所请求的任何额外支持。调停人在寻求相关专家和利益相关者的帮助或与之进行磋商之前，应与参与调停的缔约方进行磋商。

4. 调停人可提供建议并提出解决办法，供参与调停的缔约方考虑。参与调停的缔约方可接受或拒绝拟议解决办法，或同意一不同解决办法。调停人不得就所涉措施与本协定的一致性提出建议或评论。

5. 调停程序应在收到第 14-B.2 条中所指调停请求的缔约方首都进行，或经共同议定在任何其他地点或以任何其他方式进行。

6. 参与调停的缔约方应努力在任命调停人后 60 天内达成共同议定的解决办法。在达成最终协议之前，参与调停的缔约方可考虑临时解决办法，特别是如该措施与易腐货物或贸易价值快速失去的季节性商品或服务相关。

7. 应参与调停的任何一缔约方的请求，调停人应向缔约方出具书面事实报告草案，提供：

（a）调停程序中所涉措施的概要；

（b）遵循的程序；以及

（c）作为调停程序结果所达成的任何共同议定的解决办法，包括可能的临时解决办法。

8. 调停人应允许参与调停的缔约方在 15 天内对事实报告草案提出意见。在考虑所收到的意见后,调停人应在 15 天内向参与调停的缔约方递交一份书面最终事实报告。事实报告不得包括对本协定的任何解释。

9. 调停程序可随时经参与调停的任何一缔约方的书面通知而中止。

10. 调停程序在下列情形下终止:

(a)参与调停的缔约方通过双方议定的解决办法,调停在通过解决办法之日终止;

(b)参与调停的缔约方在调停任何阶段达成共同协议,调停在达成协议之日终止;

(c)调停人在与参与调停的缔约方磋商后作出书面声明指出进一步调停不再奏效,调停在作出该声明之日终止;

(d)参与调停的一缔约方在根据调停程序探讨共同议定的解决办法并已考虑调停人的任何建议和拟议解决办法后作出书面声明,调停在作出该声明之日终止;或

(e)参与调停的任何一缔约方作出书面通知,调停在该通知之日终止。

释义

本条详细规定了调停程序的各个环节,包括书面说明、调停人的职责、调停地点、解决办法、事实报告以及调停的中止与终止等,以确保调停过程严谨、规范。

书面说明应当在任命调停人后 10 天内向另一缔约方递交,书面说明的内容包括措施的实施情况和起诉的法律依据,在递送后的 20 天内,另一缔约方可提供书面意见。

调停人可组织缔约方召开会议,与之举行联合或单独磋商,在与缔约方磋商之后,可以寻求相关专家和利益相关者的协助或与之进行磋商,同时,调停人可提供建议并提出解决办法,参与调停的缔约方可接受或拒绝拟议解决办法,或同意不同的解决办法,调停人不得就所涉措施与本协定

的一致性提出建议或评论。

调停地点可以在缔约方的首都进行，也可以由缔约方协商选定任何地点。

解决办法应在任命调停人后 60 天内议定，但为了保障易腐货物或贸易价值快速失去的季节性商品或服务，在达成最终协议之前，参与调停的缔约方可考虑临时解决办法。

事实报告草案由调停人向缔约方出具，事实报告草案的内容应当包括调停程序中所涉措施的概要、遵循的程序以及共同议定的解决办法，包括可能的临时解决办法。在缔约方提出意见后，调停人应当递交最终事实报告。

任何一缔约方均有权通过书面通知的形式中止调停程序。

调停程序的终止方式多样，包括但不限于以下几种：通过解决办法、协商一致达成共同协议、磋商后作出书面声明，或者作出书面通知。这些方式均可有效地终止调停程序。

第 14-B.5 条：共同议定的解决办法的实施

1. 如参与调停的缔约方已议定解决办法，则每一缔约方应采取必要措施在议定时限内实施共同议定的解决办法。

2. 实施解决办法的缔约方应将为实施双方议定的解决办法所采取的任何步骤或措施书面告知参与调停的另一缔约方。

释义

本条规定了共同议定的解决办法的执行。在议定解决办法后，每一缔约方都有责任和义务采取必要措施来确保解决办法的顺利执行。同时，应将实施解决办法的具体步骤和措施及时告知参与调停的另一缔约方，这不仅有助于另一方了解实施过程，增进双方互信，也能促进另一方提供必要的支持和协助。

第 14-B.6 条：时限

本附件中所指任何时限可经参与调停的缔约方共同协议进行修改。

释义

本条允许缔约方协商修改调停程序中的所有时限，以确保各方在时限方面拥有更大的灵活性和自主权。

> **第 14-B.7 条：机密性**
>
> 除非参与调停的缔约方另有议定，否则调停程序的所有步骤，包括任何建议或拟议解决办法均属机密性质。参与调停的任何一缔约方可向公众披露正在进行调停这一事实。

释义

本条规定缔约方可以向公众披露正在进行调停这一事实，但是调停程序的步骤、建议和拟议解决办法都具有机密性，缔约方另有议定除外。这是因为调停过程中的信息披露可能会影响调停的进展和结果，涉及商业秘密、个人隐私等敏感信息的泄露可能会对参与调停的缔约方造成不利影响。

> **第 14-B.8 条：费用**
>
> 1. 参与调停的每一缔约方应自行负担各自因参与调停程序而产生的费用。
>
> 2. 参与调停的缔约方应共同平均分摊组织事项所产生的费用，包括调停人的报酬和费用。调停人的报酬应符合（参照）《议事规则》规定的仲裁庭庭长的报酬。

释义

本条第 1 款规定参与调停的缔约方需要各自承担参与调停程序所产生的费用，即各方需要自行承担为了支持自身主张而发生的费用，包括但不限于律师费、差旅费和材料费等。

但根据本条第 2 款，参与调停的缔约方需要平均分担组织事项所产生的费用，主要包括调停人的报酬和费用。调停人的报酬参照仲裁庭庭长的报酬进行确定，其报酬水平往往代表了该领域专业服务的市场价值。

附件 14-C：仲裁机制

第 14-C.1 条：磋商

1. 任何缔约方可请求与任何其他缔约方就第 14.3 条（范围）中所述任何事项进行磋商。请求进行磋商的缔约方应以书面形式提出请求，并应列出提出请求的理由，包括对实际措施或拟议措施或其他争议事项的确认及关于起诉法律根据的说明。请求方应将请求通过第 12.6 条（联络点）指定的总联络点同时散发其他缔约方。

2. 被请求磋商的缔约方应不迟于在其收到请求之日后 7 天内以书面形式作出答复，除非参加磋商的缔约方另有议定。该缔约方应将其答复通过总联络点同时散发其他缔约方并真诚参加磋商。

3. 认为对该事项具有实质利益的不属磋商缔约方的一缔约方可不迟于磋商请求散发之日后 7 天通过向其他缔约方作出书面通知的方式参加磋商。该缔约方应在其通知中对其在该事项中的实质利益进行说明。

4. 除非磋商各方另有议定，否则应不迟于下列期限前参加磋商：

（a）对于涉及易腐货物的事项，在收到磋商请求之日 15 天；或

（b）对于所有其他事项，在收到磋商请求之日后 30 天。

5. 磋商可面对面进行或通过磋商各方可获得的任何技术手段进行。如磋商面对面举行，则磋商应在被请求磋商方的首都进行，除非磋商方另有议定。

6. 磋商方应尽一切努力通过本条下的磋商达成双方满意的解决办法。为此：

（a）每一磋商方应提供充分的信息从而可以全面审查实际措施或拟议措施如何影响本协定的运用或适用；及

（b）参加磋商的一缔约方应对磋商过程中所交换的指定为属机密性质的任何信息按照与提供信息的缔约方相同的基础加以处理。

> 7. 在本条下的磋商中，一磋商方可请求另一磋商方提供其政府机构或其他监管机构中对争议事项具备专门知识的人士予以协助。
>
> 8. 磋商应保密，且不得损害任何缔约方在任何其他程序中的权利。

释义

磋商是国际争端解决过程中的常见机制。《现代汉语词典》对"磋商"的定义是"仔细商量、研究"，在不同立法语境中，磋商还可指协商、协调、商议等。磋商是一种合作型争端解决机制，旨在为当事人友好解决争端提供制度性支持。[①]DEPA 设置了一套制度化的磋商争端解决机制，旨在促使有争端的各方相互协商，最终取得一致满意的结果。DEPA 将磋商确定为仲裁的前置程序，磋商必须遵守一定的程序性步骤与时限，当事方不得协议排除。从本质上看，这改变了传统贸易投资协定中松散的、不具约束力的磋商机制，有助于推动争端方重视并实质性参与磋商程序。

DEPA 鼓励争端各方尽力通过磋商达成双方满意的解决方案，并要求各方提供充分信息以保证磋商的效率。基于 DEPA 对磋商的保密义务限制，DEPA 并未对磋商的具体程序有过多要求，仅对磋商的范围、主体、时效等作简要的规定，给予成员国较大的磋商自由度。例如，从磋商适用范围上看，磋商的事项范围包括"关于避免或解决缔约方之间关于 DEPA 协定的解释或适用的争端"以及"如一缔约方认为另一方的实际或拟议措施与 DEPA 协定一项义务不一致或可能不一致，或该另一方在其他方面未能履行 DEPA 协定项下的一项义务"。又如，从磋商的参与主体上看，参与主体包括请求磋商方、被请求磋商方以及第三方（与磋商事项具有实质利益）。DEPA 并未指明"实质利益"的内涵与外延，仅要求第三方对实质利益进行说明，给予了第三方较大的自由参与度。参考 WTO 争端解决机制规则，《关于争端解决规则与程序的谅解》也没有对何为"实质性利益"作出界定，其第 10 条第 1 款仅规定"在专家组程序中，争端各方的利益和其

---

①　桑远棵:《〈中欧全面投资协定〉ISDS 机制：欧盟方案与中国选择》，载《国际贸易》2023 年第 5 期，第 67 页。

他成员根据某一可适用协定与争议问题有关的利益都应该得到充分考虑"。据此，在专家组阶段，基本上所有与争端有关的利益似乎均可理解为具有"实质利益"，理论上第三方介入专家组程序的门槛是比较低的。然而，根据 WTO 专家组争端解决实践，一些学者将"实质利益"基本总结为以下三种类型：第一种是与争端方利益相同或相似的利益；第二种是与专家组审理事项有潜在联系的利益；第三种是可能受到专家组结论影响的利益。

磋商制度常见于中国签订的各类双多边经贸投资协定，例如中国—东盟自由贸易区（China—ASEAN Free Trade Area，CAFTA）贸易争端解决机制中便对磋商有较为详细的规定。2002 年 11 月 4 日，中国与东盟签署了《中国—东盟全面经济合作框架协议》，它是中国与东盟全面经济合作的里程碑，标志着中国与东盟的经贸合作进入了崭新的历史阶段。《中国—东盟全面经济合作框架协议》共有 16 个条款，从宏观上确定了中国—东盟自贸区的基本架构，涵盖了货物贸易、服务贸易、投资等领域的经济合作。协议规定了争议各方可以通过磋商的方式解决争议，且把磋商设置为强制性解决争议的第一个阶段。磋商在保密的情况下进行，不得损害任何一方在进一步程序或者其他诉讼程序中的权利。在规定的时间内，由于分歧明显而无法达成一致协议的，则直接进入下一程序（仲裁）。① 因此，中国在早先的双多边经贸投资协定中便已有对磋商制度的参与先例②，DEPA 的磋商义务对中国加入而言要求并不高。

RCEP、CPTPP 中对磋商的规定与 DEPA 基本类同，均采用了"磋商＋仲裁"的法律构架，即要求争端双方首先尝试通过磋商这一双边程序就争议解决达成一致意见；若无法和解，则经争端一方申请可进入仲裁程序，由临时成立的中立的第三方对争议进行仲裁；仲裁庭作出的最终裁决结果对争端方具有约束力。③RCEP 磋商机制规定于第 19 章第 6 条，CPTPP 磋

① 李春顶：《中国国际贸易摩擦治理路径的有效性研究》，经济管理出版社 2020 年版，第 171—172 页。
② 李猛：《我国对接 DEPA 国际高标准数字经济规则之进路研究——以参与和引领全球数字经济治理为视角》，载《国际关系研究》2023 年第 3 期，第 20—42 页。
③ 赵春蕾：《美欧自由贸易协定下劳工争端解决机制的范式分析与经验借鉴》，载《国际经济法学刊》2022 年第 4 期，第 126—127 页。

商机制规定于第 28 章第 5 条。略微不同的地方在于，DEPA 与 CPTPP 均提及了"磋商可面对面进行或通过磋商各方可获得的任何技术手段进行"（DEPA 第 14-C.1 条第 5 款、CPTPP 第 28 章第 5 条第 5 款），即磋商可以通过线上的方式进行，并指明"如磋商面对面举行，则磋商应在被请求磋商方的首都进行，除非磋商方另有议定"，RCEP 则没有这样的规定。在第三方参与磋商的规定上，RCEP 要求要有"实质贸易利益"才可申请加入，CPTPP 与 DEPA 仅要求与事项具有实质利益关系即可参加，并未严格限定贸易利益关系。

第 14-C.2 条：仲裁庭的任命

1. 根据第 14-C.1 条请求磋商的缔约方可通过向应诉方作出书面通知的方式请求指定仲裁庭，如磋商各方未能在下列期限内解决该事项，

（a）在收到第 14-C.1 条下的磋商请求之日后的 60 天期限；

（b）对于涉及易腐货物的事项，在收到第 14-C.1 条下的磋商请求之日后的 30 天期限；或

（c）磋商各方可能同意的任何其他期限。

2. 起诉方应将该请求通过根据第 12.6 条（联络点）所指定的总联络点同时散发所有缔约方。

3. 起诉方应在指定仲裁庭的请求中包括对争议措施或其他事项的确认，并包括一份足以清晰陈述有关问题的关于起诉法律依据的摘要。

4. 除非争端各方另有议定，否则仲裁庭的设立和履行职能应与本附件相一致。

5. 除非争端方另有议定，否则仲裁庭的组成应与本附件和议事规则相一致。

6. 如就一事项已设立仲裁庭且另一缔约方就相同事项请求设立仲裁庭，只要可行，应设立一单一仲裁庭审查有关起诉。

7. 不得设立仲裁庭审查一拟议措施。

释义

当通过磋商方式无法解决分歧时，DEPA 规定磋商提出方有权申请设

立仲裁庭，通过仲裁的方式予以解决。根据本条第 1 款的规定，DEPA 设置了一系列申请设立仲裁庭的建议时间节点，以促进争议的尽快解决，包括提出磋商请求的 60 天后，以及对于易腐货物 30 天申请设立仲裁庭的期限设定。该设定符合国际惯例，与 CPTPP 的时限规定基本一致（CPTPP 第 28 章第 5 条），RCEP 的期限设定则略微不同（RCEP 第 19 章第 8 条规定，易腐货物等自提出磋商请求之日后 20 天内，其他事项自提出磋商请求之日后 60 天内申请设立仲裁庭）。值得注意的是，该期限并非强制性规定，DEPA 同时也允许磋商各方基于合意设定提起申请设立仲裁庭的不同期限。

根据本条第 3 款的规定，DEPA 要求仲裁提起方应在指定仲裁庭的请求中，对争端事项的事实进行确认，如他方违反 DEPA 协议规定的争议措施为何，并应提交相应的法律意见，列明起诉的法律依据。仲裁庭的设立和履行职能、仲裁庭的组成见 DEPA 第 14-C.3 条、第 14-C.4 条。此外，根据本条第 6 款的规定，DEPA 设立了仲裁一事一议原则，对相同的起诉事由，应由已设立的仲裁庭予以解决。RCEP 与 CPTPP 同样设置了相似规则，例如，RCEP 第 19 章第 9 条（多个起诉方的程序）中第 1 款规定"如一个以上缔约方就同一事项请求设立或重新召集专家组，在可行的情况下，应该设立或重新召集单一专家组审查与该事项相关的起诉"。

总之，DEPA 仲裁庭的任命条款与 RCEP 第 19 章第 8 条（设立专家组的请求），以及 CPTPP 第 28 章第 5 条（专家组的设立）规定基本类同。除了前述区别外，其他区别还包括：第一，RCEP 规定当应诉方并未对起诉方的磋商请求作出回复，或者双方未进行磋商时，起诉方即可提请设立仲裁庭，DEPA 与 CPTPP 则没有此类规定；第二，RCEP 要求被诉方收到设立仲裁庭请求时应立即以通报形式确认，作出相应的回应，DEPA 与 CPTPP 无此规定；第三，CPTPP 规定专家组（仲裁庭）自请求递送被诉方之日起便可设立，该规定更侧重对起诉方的保护，DEPA 则无此规定。[①]

---

① 牛东芳、张宇宁、黄梅波：《新加坡数字经济竞争力与全球治理贡献》，载《亚太经济》2023 年第 3 期，第 95—108 页。

第 14-C.3 条：职权范围

除非争端各方不迟于设立仲裁庭的请求递送之日后 20 天另有议定，否则职权范围应为：

（a）按照本协定相关条款，审查根据第 14-C.2 条提交的设立仲裁庭的事项；及

（b）根据第 14-C.10 条的规定，提出调查结果和作出决定及应任何联合请求提出建议，并附相关理由。

释义

本条是关于仲裁庭职权范围的规定。在 DEPA 规则定义下，仲裁庭主要有两项职权：第一项为对起诉方申请设立仲裁庭的程序合法性的审查权利。该项审查权主要是对 DEPA 第 14-C.2 条项下事项的审查，包括申请设立仲裁庭的起诉方是否出现了"（a）在收到第 14-C.1 条下的磋商请求之日后的 60 天期限；（b）对于涉及易腐货物的事项，在收到第 14-C.1 条下的磋商请求之日后的 30 天期限；或（c）磋商各方可能同意的任何其他期限"未达成一致意见的情况，以及起诉方是否履行了申请设立仲裁庭的各项义务等。第二项职权为根据第 14-C.10 条"初步报告"的要求所赋予的各项权力，包括事实审查与抽象审查的权限等，并可对审查事项及规则提出调查结果和作出决定及应任何联合请求提出建议等，具体详见第 14-C.10 条释义，在此不赘述。DEPA、RCEP 与 CPTPP 在仲裁庭职权范围事项上的规则基本一致。RCEP 规定于第 19 章第 12 条第 2 款，CPTPP 则规定于第 28 章第 8 条。RCEP 在该条下增设了对专家组（RCEP 更多是参考了 WTO 的争端解决机制）审理案件客观评估的要求，同样赋予了专家组事实审查与抽象审查的权利，并对专家组报告列明了多项要求，包括专家组具有建议报告的执行方式等权限。总之，RCEP 对专家组的职权规则相对较为详细，在赋予权利的同时，也对专家组提出了较多义务性的要求。

第 14-C.4 条：仲裁庭的组成

1. 仲裁庭应由 3 名成员组成。

2. 除非争端方另有约定，否则在组成仲裁庭时应适用下列程序：

（a）在根据第 14-C.2 条递送设立仲裁庭请求之日后 20 天内，一个或多个起诉方作为一方，应诉方作为另一方，应各自指定一名仲裁员，并相互通知各自指定。

（b）如一个或多个起诉方未能在（a）项中所规定的期限内指定一名仲裁员，则争端解决程序应在该期限结束时终止。

（c）对于应担任主席的第三名仲裁员的指定，争端各方应努力就主席的指定达成一致。

（d）如应诉方未指定一名仲裁员，或在递送（a）项中所指请求之日起 30 天内未指定仲裁庭主席，则应任何一争端方请求，WTO 总干事将在收到对其所指请求后 30 天内作出必要指定。

（e）如 WTO 总干事通知争端各方他或她无法作出指定，或未在提出（d）项中请求之日后 30 天内指定其余仲裁员，则任何一方可请求海牙常设仲裁法庭秘书长迅速作出其余指定。

3. 除非争端方另有议定，否则主席不得属任何一争端方或第三方的国民，也不得受雇于任何一争端方或第三方。

4. 每一争端方应努力选择具备与争端主题事项相关的专门知识或经验的仲裁员。

5. 如根据第 2 款选择的一仲裁员不能任职，则起诉方、应诉方或争端各方（视情况而定）应不迟于得知该仲裁员不能任职后 20 天依照原用于选择该无法任职仲裁员的相同方法选择另一名仲裁员，除非争端方另有议定。替代人选应拥有原仲裁员的所有权力和职责。仲裁庭的工作应在任命替代仲裁员前中止，且本附件和议事规则中所列所有时限应按中止工作的时间长度加以延长。

6. 如一争端方认为一仲裁员违反第 14-C.5.1（d）条中所指的《〈关于争端解决规则与程序的理解〉行为规则》，则争端各方应进行磋商，如各方同意，则该仲裁员应予以撤换，并应依照本条选择一名新仲裁员。

释义

本条是对仲裁庭组成程序的规范。DEPA 基本按临时仲裁的国际通行惯例，搭建起仲裁庭组成的程序架构。仲裁庭由 3 名仲裁员组成，一般情形下，争端双方各指定一名仲裁员，并一致同意指定首席仲裁员（仲裁庭主席）。如果起诉方无法在设立仲裁庭请求之日后 20 天内指定仲裁员，则仲裁程序自动终止。如果应诉方无法指定一名仲裁员或指定仲裁庭主席，则可提请 WTO 总干事作出必要指定，也可在 WTO 总干事无法指定时请求海牙常设仲裁法庭秘书长迅速作出指定。RCEP 与 CPTPP 对于这些事项的规定也基本相同。

值得注意的是，DEPA 对仲裁庭主席的资格限制相对较少，仅对主席的国籍与竞争限制等作出规定，要求主席不得属于争端一方或与争端各方产生利益关系的第三方的国民，也不得受雇于任何一争端方或第三方。RCEP 则对仲裁庭主席的资格提出了更多的要求，包括"（1）曾在 WTO 专家组或者 WTO 上诉机构任职；（2）具有与争端中的事项相关的专业知识或经验"。RCEP 对 WTO 总干事与海牙常设仲裁法庭秘书长指定的仲裁庭主席人选也提出了一定限制，要求"（1）具有法律专业知识，包括国际公法、国际贸易以及国际贸易协定项下产生的争端的解决方面的专业知识；（2）是一位资深的政府或非政府个人，包括曾在 WTO 专家组或 WTO 上诉机构或 WTO 秘书处任职，曾讲授或出版国际贸易法或政策著作，或曾担任 WTO 成员高级贸易政策官员的个人"。

与之相对，CPTPP 对仲裁员、仲裁主席的资格要求，以及相应程序、时限等制定了更为详细的规则。例如，CPTPP 不仅要求每一争端方应努力选择具备与争端主题事项相关的专门知识或经验的专家组成员，还对特殊事项提出了更加专业的要求，如对于劳工争端，要求除主席外的专家组成员应具备劳动法律或实务的专门知识或经验；对于环境争端，要求除主席外的专家组成员应具备环境法律或实务的专门知识或经验；对于透明度和反腐败事项，要求除主席外的专家组成员应具备反腐败法律或实务的专门知识或经验等。更多详细规定可以参见 CPTPP 第 28 章第 9 条专家组的组成规则。

总之，在对仲裁庭（专家组）组成程序的规定上，DEPA、RCEP 与 CPTPP 具有较多的不同。第一，DEPA 对仲裁庭组成的要求相对较为宽松，RCEP 与 CPTPP 均提出了更为详细的资格、程序、时限等要求。RCEP 对仲裁庭主席、仲裁员的指定提出了较多的身份能力上的限制要求。第二，CPTPP 对仲裁庭组成的原则性规范虽然与 DEPA 基本相似，但也在一些议题上设置了更为详细的规则。例如，在 CPTPP 规则下，争端方可使用专家组名册选择未任命的仲裁员，两位被任命的仲裁员可根据名册指定第三名仲裁员主席等，基本可以解决无法选出仲裁庭主席的各类情形。第三，CPTPP 对特定情形案件的仲裁员身份与能力提出了更高的要求，如劳工案件、环境争端等。CPTPP 还对仲裁员不能履职的替代情形作出了详细规定，防止争端解决陷入停滞，十分注重争端解决的效率问题。

第 14-C.5 条：仲裁员的资格

1. 所有仲裁员应：

（a）具备法律、国际贸易、数字经济、本协定所涵盖的其他事项或国际贸易协定项下争端解决方面的专门知识或经验；

（b）在客观性、可靠性和合理判断力基础上进行严格挑选；

（c）独立于且不附属于任何缔约方或接受任何缔约方的指示；以及

（d）遵守在细节上做必要修改后的《〈关于争端解决规则与程序的谅解〉行为规则》（载于文件 WT/DSB/RC/1 及任何后续修正）。

2. 根据第 14.4 条（斡旋和调解）已参与一争端的个人不得担任该争端的仲裁员。

释义

本条是对仲裁员任职资格的细化规定。从规则中可以看出，DEPA 作为与数字贸易紧密关联的协议，高度强调仲裁员不仅应具备传统的国际法、国际贸易方面的专业知识，符合独立性与中立性要求之外，还需要具备数字经济领域的专门知识或经验，该要求显著区别于传统贸易协定的规范。

DEPA 同时也要求仲裁员应当遵守 WTO《〈关于争端解决规则与程序的谅解〉行为规则》（WT/DSB/RC/1）的有关要求。作为《关于争端解决规则与程序的谅解》的配套规则，《〈关于争端解决规则与程序的谅解〉行为规则》出台于 1996 年 12 月 11 日。该规则对仲裁员任职资格提出了原则性规定，因此许多双多边投资经贸协定均援引该协定，作为仲裁员任职资格的一项兜底性要求。该规则主要对仲裁员的任职资格、管理要求、自我披露、保密性、仲裁程序等作出了原则性规定。①

　　除了对数字经济专业知识与经验提出要求，DEPA 有关仲裁员资格的规定与 RCEP、CPTPP 规则基本一致。RCEP 对仲裁员资格的要求规定于第 19 章第 11 条，CPTPP 则规定于第 28 章第 10 条。如前所述，RCEP 对经 WTO 总干事或常设仲裁庭秘书指定的仲裁员提出了更高的任职资格要求，对仲裁庭主席的要求也更高，其中，经 WTO 总干事或常设仲裁庭秘书指定的仲裁员要求："（1）具有法律专业知识，包括国际公法、国际贸易以及国际贸易协定项下产生的争端的解决方面的专业知识；（2）是一位资深的政府或非政府个人，包括曾在 WTO 专家组或 WTO 上诉机构或 WTO 秘书处任职，曾讲授或出版国际贸易法或政策著作，或曾担任 WTO 成员高级贸易政策官员的个人。"而对经指定的仲裁庭主席则要求："（1）曾在 WTO 专家组或者 WTO 上诉机构任职；（2）具有与争端中的事项相关的专业知识或经验。"

第 14-C.6 条：仲裁庭的职能

　　1. 仲裁庭的职能是对向其提交的事项作出客观评估，包括对事实、本协定的适用性及与本协定的一致性进行的审查，并作出其职权范围所要求的和为解决争端所需要的调查结果、决定和建议。

　　2. 除非争端各方另有议定，否则仲裁庭应以与本附件和议事规则相一致的方式履行其职责和进行诉讼。

---

　　① 参见 WTO 秘书处编：《WTO 争端解决程序（第二版　中英文对照）》，索必成译，法律出版社 2003 年版。

> 3. 仲裁庭应依照《维也纳条约法公约》（1969）第 31 条和第 32 条所体现的国际法条约解释规则审议本协定。对于已纳入本协定的《WTO 协定》任何条款，仲裁庭还应审议 WTO 争端解决机构所通过的专家组报告和上诉机构报告中的相关解释。仲裁庭的调查结果、决定和建议不得增加或减少缔约方在本协定项下的权利和义务。
>
> 4. 仲裁庭应经协商一致作出决定，但是如仲裁庭不能达成一致，则可以多数票表决作出决定。

释义

本条是对仲裁庭职能的详细规定，既吸纳了 DEPA 第 14-C.3 条（仲裁庭职权范围）的规定，也对仲裁庭本身职能作出厘定。对本条的阐释与理解显然离不开对"职能"的界定问题。"职能"区别于"职权"，从文义解释的角度出发，二者既有联系又有区分。一方面，"职权"与"职能"均强调是基于仲裁员身份、仲裁庭主席身份而发生的权限或义务属性。另一方面，"职权"更倾向于指执行事务时所具有的权限，因此应当理解为 DEPA 赋予仲裁庭、仲裁员的权限范围；"职能"则主要倾向于在一定的职务上应该而不能推卸的执行事务的责任，因此应当理解为 DEPA 对仲裁庭、仲裁员的义务要求。鉴于此，第 14-C.6 条实际上是对仲裁庭履职义务的规定，主要涵盖以下几个方面的义务：

第一，DEPA 要求仲裁庭应当对争端方提交的事项作出客观公正的评估。这个评估过程包括对事实、DEPA 适用性及与 DEPA 一致性进行的审查，并作出仲裁庭职权范围内所要求的和为解决争端所需要的调查结果、决定和建议。因此，对于争端事由，仲裁庭既有事实审查的权限，也有法律审查的权限。事实审查是指着重于审查案件事实的程序，法律审查则是对争议事项是否属于 DEPA 管辖范围以及是否违反 DEPA 规则进行审查的过程。对适用性与一致性的审查既包含具体审查，又包含抽象审查。一方面，仲裁庭有义务对案件的事实进行通盘审理，查清主要的争议焦点，并通过质证、问询、核验等方式确定仲裁庭审查后的案件事实；另一方面，仲裁庭需要对案件事实与 DEPA 规则的适用性与一致性问题进行审理，既包括是否合乎 DEPA 规定，也包括是否对其他缔约方的权益造成损害进而影响权利义务一致性等要求。在这个过程中，仲裁庭也将对 DEPA 规则自身进行理解与适用。

第二，DEPA 对仲裁庭审理案件过程中的法律解释规则以及法律渊源作出了明确规定。本条第 3 款规定，仲裁庭应依照《维也纳条约法公约》（1969）第 31 条和第 32 条所体现的国际法条约解释规则审议本协定。对于已纳入本协定的《WTO 协定》任何条款，仲裁庭还应审议 WTO 争端解决机构所通过的专家组报告和上诉机构报告中的相关解释。此处列明了仲裁庭在审理案件时可援引的法律依据。一是应按照《维也纳条约法公约》（1969）第 31 条和第 32 条的规定解释 DEPA。1969 年《维也纳条约法公约》第 31 条第（1）款规定："条约应就其用语按照上下文并参照其目的和宗旨所具有的通常意义，善意地予以解释。"第 32 条规定："遇有按第 31 条所作解释仍（a）含义仍不明确或难以理解；（b）所得结果显然荒谬或不合理时，为了认定其含义，得用包括条约的筹备及缔约时的情况在内解释的补充资料。"二是需要考量 WTO 规则以及 WTO 争端解决机构所通过的专家组报告和上诉机构报告中的相关解释，即在审理具体案件时，应参考 WTO 司法案例与解释，WTO 争端解决判例、规则对 DEPA 仲裁审理具有影响力。三是仲裁庭的审理结果，即调查结果、决定和建议不得增加或减少 DEPA 缔约方的权利和义务。

第三，DEPA 要求仲裁庭应经协商一致作出决定，但如仲裁庭不能达成一致，则可以以多数票表决的形式作出决定。

第 14-C.7 条：第三方参与

不属争端方而认为其对仲裁庭审议的事项具有利益的一缔约方，在向争端各方递送书面通知后，应有权出席所有听证会、提交书面陈述、向仲裁庭口头陈述观点并接收争端各方的书面陈述。该缔约方应不迟于根据第 14-C.2 条散发指定仲裁庭请求之日后 10 天发出书面通知。

释义

根据本条的规定，对仲裁庭审议的事项具有相关利益的某一缔约方，在向争端各方递送书面通知后，应有权出席所有听证会、提交书面陈述、向仲裁庭口头陈述观点并接收争端各方的书面陈述。该规定列明了与争议事项有利益关系的相关方可以通过书面通知的方式参与到仲裁争议解决的过程的权利。参与方式包括出席听证会、提交书面陈述、口头陈述观点等，但 DEPA 并未界定"利益"关系的具体内涵与外延，且未提及该参与会对庭审过程及决定产生何种结果、发挥何种影响等，因此可能会导致第三方参与主体范围较大、影响力较强等后果，可能需要后续在对 DEPA 条文进行具体适用时，通过司法解释等方式进行进一步厘定。CPTPP、RCEP 与 DEPA 的第三方参与规则基本一致。

第 14-C.8 条：专家的作用

仲裁庭可应一争端方的请求或自行向其认为适当的任何个人或机构寻求信息和技术建议，只要争端各方同意且遵守争端各方议定的任何条款和条件。争端各方应有机会就根据本条获得的任何信息或建议进行评论。

释义

本条规定，仲裁庭可应争端方请求，寻求专家的意见，该规定符合国际仲裁的相关实践惯例。值得注意的是，DEPA 并未对专家意见的效力等问题作出详细规定，实践中可能仅作为参考来源而效力较低。CPTPP 对专家的作用的规则（第 28 章第 15 条）与 DEPA 基本类似，RCEP 对专家意见的规定见于第 19 章第 13 条第 13 款，"专家组可以应一争端方的请求或自发地向其认为适当的任何个人或机构寻求附加信息和技术建议。但在此之前，该专家组应当寻求争端各方的意见。如争端各方同意专家组不得寻求附加信息或技术建议，则专家组不得寻求此类信息或技术建议。专家组应当向争端各方提供其收到的任何附加信息或技术建议，以及提供提出意见的机会。如专家组在准备报告时考虑了该附加信息或技术建议，其也应当考虑一争端方对附加信息或技术建议所提出的任何意见"。

寻求外部专家的建议似乎已成为国际争端解决过程中的常见方法。例如，专家建议在 WTO 争端解决机制中起着一定的作用，依照《关于争端解决规则与程序的谅解》的有关规则，专家组成员可以请求其他专家帮助他们评估某一 WTO 成员方的政策，以界定该成员方所采取的措施是否符合其所承担的自由贸易义务。[①]《关于争端解决规则与程序的谅解》第 13 条规定，"每一专家组有权向其认为适当的任何个人或机构寻求信息和技术建议……专家组可向任何有关来源寻求信息，并与专家进行磋商并获得他们对该事项某些方面的意见"，WTO《技术性贸易壁垒协定》（Agreement on Technical Barriers to Trade）第 14 条规定，"专家组可自行或应一争端方请求，设立技术专家小组，就需要由专家详细研究的技术性问题提供协助"。然而，与 DEPA 相似，WTO 当前对于外部专家的选任、意见的征求方式以及意见的效力等方面存在着规则模糊的情况，采用外部专家的建议很容易引起争端方的争议。因而，WTO 专家组在具体案件中，对于外部专家意见的使用普遍较为严格，往往仅是有限的参考并设置了一定的使用原则、规则。

第 14-C.9 条：程序的中止或终止

1. 应起诉方请求，或在有多个起诉方的情况下，应起诉方联合请求，仲裁庭可随时中止工作，中止期限不连续超过 12 个月。如争端方请求中止工作，则仲裁庭应随时中止工作。在出现中止，则本附件和议事规则中所列相关时限应按中止工作的时间长度加以延长。如仲裁庭工作中止连续超过 12 个月，则仲裁庭程序应终止，除非争端各方另有议定。

2. 如争端各方请求，则仲裁庭应终止其程序。

---

① 张潇剑：《WTO 争端解决机制中的专家决策与公众参与》，载《河北法学》2007 年第 3 期，第 39—44 页。

释义

本条是对仲裁程序中止或终止的程序性规定。根据 DEPA 规定，应起诉方请求，或在有多个起诉方的情况下应起诉方的联合请求，仲裁庭可随时中止工作，中止期限不连续超过 12 个月。如果仲裁庭中止工作超过 12 个月，则仲裁庭程序应终止，除非争端各方另有议定。此外，DEPA 也设置了较为宽泛的仲裁终止条件，即若各争端方提出请求，仲裁庭可以随时终止，体现了 DEPA 鼓励争端协商一致快速解决的立法理念。RCEP 与 CPTPP 对争端解决仲裁程序的中止或终止的程序性规则基本一致。其中，RCEP 还特意强调"在专家组发布最终报告前，专家组可以在争端解决程序的任何阶段建议争端各方友好地解决争端"（RCEP 第 19 章第 14 条），即协商调解可以在仲裁的任一阶段进行。

第 14-C.10 条：初步报告

1. 仲裁庭应在任何缔约方不在场的情况下起草其报告。

2. 仲裁庭应根据本协定相关条款、争端各方和任何第三方的陈述和论据起草报告。应争端各方联合请求，仲裁庭可对解决争端提出建议。

3. 仲裁庭应不迟于最后一名仲裁员指定之日后 150 天向争端各方提交初步报告。在紧急情况下，包括涉及易腐货物的情况，仲裁庭应努力不迟于最后一名仲裁员指定之日后 120 天向争端各方提交初步报告。

4. 初步报告应包括：

（a）对事实的调查结果；

（b）仲裁庭关于下列各项的决定：

（i）争议措施是否与本协定中的义务不一致；或

（ii）一缔约方在其他方面是否未履行其在本协定中的义务；

（c）职权范围所要求的任何其他决定；

（d）如争端各方联合请求，为解决争端所提出的建议；以及

（e）调查结果和决定的理由。

　　5. 在特殊情况下，如仲裁庭认为不能在第 3 款中所规定的期限内发布其初步报告，则应将迟延的原因和其将发布报告的估计时间以书面形式通知争议各方。迟延不得超过 30 天额外期限，除非争端各方另有议定。

　　6. 仲裁员可对未获一致同意的事项提出单独意见。

　　7. 一争端方可不迟于初次报告提交后 15 天或在争端各方可能同意的另一期限内，向仲裁庭提交其对初次报告的书面意见。

　　8. 在考虑争端各方对初次报告的任何书面意见后，仲裁庭可修改报告并进行其认为适当的任何进一步审查。

释义

　　初步报告条款可以看作是 DEPA 争端解决仲裁规则中的"成果性"条款，该条款解答了 DEPA 争端解决报告应包含的主要内容以及报告作出应遵守的相应程序。初步报告发布后，争端方可以就初步报告提出书面意见，仲裁庭认为应当采纳的，可进行进一步的审查并对初步报告的具体决定进行修改，进而形成最终报告。争端方没有意见或是仲裁庭认为意见不被采纳的，初步报告的决定将成为最终决定并体现于最终报告之中。

　　首先，基于保密原则以及中立原则，DEPA 要求仲裁庭应在任何缔约方不在场的情况下起草报告。报告应基于 DEPA 相关条款、争端各方和任何第三方的陈述和论据起草，并且仲裁庭可以在初步报告中就争端的最终解决提出建议。值得注意的是，此处 DEPA 并未赋予仲裁庭惩戒的权限，而是以"建议"的较为中性的方式表述，表现出 DEPA 仲裁机制整体"克制性"的特点，突出寻求争议的最终解决而非惩戒取向。

　　其次，DEPA 对报告的程序性规定显得较为严格。仲裁庭应不迟于最后一名仲裁员指定之日后 150 天向争端各方提交初步报告。在紧急情况下，包括涉及易腐货物的情况，仲裁庭应努力不迟于最后一名仲裁员指定之日后 120 天向争端各方提交初步报告。在特殊情况下，如仲裁庭认为不能在第 3 款中所规定的期限内发布其初步报告，则应将迟延的原因和其将发布报告的估计时间以书面形式通知争议各方。迟延不得超过 30 天额外期限，除非争端各方另有议定。该时效规定与 RCEP、CPTPP 中的时限规定基本类似。由于规则体例、排布的不同，RCEP 对初步报告（中期报告）的规定散见于第 19 章第 12 条、第 13 条各款之中。初步报告在 RCEP 中的表述为"中期报告"。根据 RCEP 第 19 章第 13 条专家组程序第 14 款的规定，仲裁专家组应当自其设立之日起 150 天内向争端各方发布中期报告。在紧急情况下，包括涉及易腐货物的情况，专家组应当努力在其设立之日起 90 天内发布中期报告，在例外情况下，报告发布的迟延不得超过 30 天。CPTPP 初步报告时限规定见其第 28 章第 17 条的规定。

再次，DEPA 对初步报告的内容组成作出了详细的要求，应包括：（a）对事实的调查结果；（b）仲裁庭关于下列各项的决定：（i）争议措施是否与本协定中的义务不一致；或（ii）一缔约方在其他方面是否未履行其在本协定中的义务；（c）职权范围所要求的任何其他决定；（d）如争端各方联合请求，为解决争端所提出的建议；以及（e）调查结果和决定的理由。可以看出，该规则内容实际上与前述 DEPA 对仲裁庭的职权与职能的规定相对应，仲裁庭需要在职责范围内对案件事实及 DEPA 规则适用进行审查，并做出最终决定。此外，与 WTO 争端解决机制相同，仲裁员可对未获一致同意的事项提出单独意见，并于初步报告中列明，以便争端方及各缔约方充分了解案件的审理情况。

最后，争端方应于初步报告发布后 15 天或在争端各方可能同意的另一期限内，向仲裁庭提交其对初步报告的书面意见。在考虑争端各方对初步报告的任何书面意见后，仲裁庭可修改报告并进行其认为适当的任何进一步审查，以便得出最终报告。

第 14-C.11 条：最终报告

1. 仲裁庭应不迟于初次报告提交之日起 30 天向争端各方提交最终报告，包括对未获一致同意的事项的任何单独意见，除非争端各方另有议定。在采取任何步骤保护机密信息后，争端各方应不迟于最终报告提交后 15 天向公众发布最终报告。

2. 仲裁庭不得在初步报告或最终报告中披露哪位仲裁员持多数意见或哪位仲裁员持少数意见。

释义

本条是对仲裁庭最终报告发布时限等作出的程序性规定。DEPA 要求仲裁庭应不迟于初次报告提交之日起 30 天向争端各方提交最终报告，其中还包括对未获一致同意的事项的任何单独意见，除非争端各方另有议定。该规定相较于初步报告，给予仲裁庭更严格的时限要求。仲裁庭必须在相对有限的时间内，对初步报告发布后各方仍然存在的争议进行解决，并提出相应的意见。从中可以看出，初步报告实际已基本是仲裁庭的裁决结果，留给仲裁庭再次审理并出具最终报告的时限并不是很长。此外，DEPA 也规定了案件信息公开义务，在进行保密处理后，争端各方应不迟于最终报告提交后 15 天向公众发布最终报告，发布方为争端各方而非仲裁庭，以此最大化信息披露。

RCEP、CPTPP 与 DEPA 在最终报告的规则上基本相似。RCEP 第 19 章第 13 条第 17 款规定，专家组应当在中期报告发出之日起 30 天内向争端各方发布最终报告。专家组的中期报告和最终报告应当在该争端各方不在场的情况下起草。专家组应当在向争端各方发布最终报告之日起 7 天内向其他缔约方发布最终报告，此后，在遵循保护最终报告所包含的任何保密信息的情况下，一争端方可以使最终报告公开获得，公开权赋予争端方自行决定。CPTPP 的第 28 章第 18 条对最终报告作出了规定，具体规则内容与 DEPA 基本一致。

第 14-C.12 条：最终报告的执行

1. 缔约方认识到迅速遵守仲裁庭根据第 14-C.11 条所作决定对于实现本附件中争端解决程序的目标的重要性，这一目标即为保证争端得到积极解决。

2. 如仲裁庭在最终报告中确定：

（a）一争议措施与一缔约方在本协定中的义务不一致；或

（b）一缔约方在其他方面未能履行其在本协定中的义务则应诉方应在任何可能的情况下消除不符之处。

3. 除非争端各方另有议定，否则如立即执行不可行，则应诉方应可在一合理期限消除不符之处。

4. 争议各方应努力就合理期限达成一致。如争端各方未能在根据第 14-C.11 条提交最终报告后 45 天内就合理期限达成一致，则任何争端方可不迟于根据第 14-C.11 条提交最终报告后 60 天，将该事项提交主席，通过仲裁确定合理期限。

5. 主席应作为一项指南加以考虑，即合理期限不应超过自根据第 14-C.11 条提交最终报告起的 15 个月。但是，该时间可能缩短或延长，取决于特定情况。

6. 主席应不迟于根据第 4 款向其提交该事项之日后 90 天确定合理期限。

7. 争端各方可同意改变第 4 款至第 6 款中所列程序以确定合理期限。

释义

DEPA 鼓励争端方当积极、立即执行最终报告，使得争端得以真正解决。DEPA 对报告执行的方式并没有过多的规定，主要有停止侵权与履行义务两项义务性要求。具言之，要求违反 DEPA 规定义务的争端方应当履行遵守义务的约定，并且消除违反义务产生侵权的各种行为及其后果。[①] 与 WTO 争端解决机制相同，DEPA 对执行的期限作出了规定。当立即执行无法实现或争端双方另有约定的情况下，DEPA 设置了"合理期限"的规则，一旦争端方达成了执行的"合理期限"，则应在期限内履行相应的执行义务。若争端各方未能在最终报告公布后 45 天内就合理期限达成一致，则任何争端方可不迟于最终报告公布后 60 天，将该事项提交仲裁庭主席，通过仲裁确定合理期限的长度。DEPA 同时对仲裁庭主席裁决合理期限的过程设置了较多的时效性规定，具体规定在本条第 5、6、7 款，体现出 DEPA 尽快定分止争的立法取向。总体而言，与其他贸易争端解决执行规则相比，DEPA 的规则较为柔性，司法化程度相对不高。[②]

---

① 冯辉、靳岩岩：《完善以规则为基础的国际化法治化便利化营商环境——以建立"一带一路"国际投资仲裁机制为例》，载《中国特色社会主义研究》2021 年第 2 期，第 19—27 页。

② 江河：《联合国专门机构争端解决机制的司法化》，载《当代法学》2023 年第 2 期，第 148—160 页。

CPTPP 与 DEPA 对最终报告的执行规则基本一致。与之相对，RCEP 的执行规则更为细化，一方面，对时效的规定有些许不同，如确定执行合理期限的请求应当在专家组向争端各方发布最终报告之日起 120 天内提出，不同于 DEPA 与 CPTPP 规定中的 60 天；另一方面，RCEP 规定了更多程序性义务，如被诉方应通报起诉方其执行的意愿等。

> **第 14-C.13 条：不执行—补偿与中止利益**
>
> 1. 如一个或多个起诉方提出请求，则应诉方应不迟于收到该请求后 15 天与该一个或多个起诉方进行谈判，以期制定双方可接受的补偿，如：
>
> （a）应诉方已通知一个或多个起诉方拟不消除不符之处；或
>
> （b）在依照第 14-C.12 确定的合理期限期满后，争端各方对应诉方是否已消除不符之处。
>
> 2. 一起诉方可依照第 3 款中止利益，如该起诉方和该应诉方：
>
> （a）未能在启动补偿谈判后 30 天内就补偿达成协议；或
>
> （b）已就补偿达成协议，但相关起诉方认为应诉方未能遵守该协议的条款。
>
> 3. 一起诉方可在满足第 2 款中所列与该起诉方相关的条件后，随时向应诉方作出书面通知告知中止具有同等效果的利益的意向。该通知应明确该缔约方拟议中止的利益水平。起诉方可在根据本款作出通知之日或仲裁庭根据第 5 款作出其决定之日（视情况而定）中的较晚日期后 30 天起实施中止利益。
>
> 4. 在考虑根据第 3 款中止何种利益时，起诉方应适用下列原则和程序：
>
> （a）应首先寻求中止与仲裁庭已确定存在不符之处相同主题事项中的利益；
>
> （b）如其认为中止相同主题事项中的利益不可行或无效果，且情况足够严重，则起诉方可中止一不同主题事项中的利益。在第 3 款中所指的书面通知中，起诉方应表明决定中止不同主题事项中利益所根据的理由；及
>
> （c）在适用（a）项和（b）项中所列原则时，起诉方应考虑：
>
> （i）仲裁庭已认定存在不符之处的货物贸易、服务提供或其他事项，以及该贸易对起诉方的重要性；
>
> （ii）中止利益更广泛的经济后果。

5. 如应诉方认为：

（a）拟议中止的利益水平明显过度或起诉方未能遵循第 4 款中所列原则和程序；或

（b）应诉方已消除仲裁庭确定存在的不符之处。

则应诉方可在起诉方根据第 3 款递送书面通知之日后 30 天内，请求重新召集仲裁庭以审议该事项。应诉方应以书面形式向起诉方递送其请求。仲裁庭应在递送请求之日后尽快重新召集，并应不迟于重新召集以审议根据（a）项或（b）项提出的请求后 90 天，或不迟于重新召集以审议根据（a）项和（b）项提出的请求后 120 天，向争端各方提交其所作决定。如仲裁庭确定起诉方拟议中止的利益水平明显过度，则应确定其认为具有同等效果的利益水平。

6. 除非仲裁庭已确定应诉方已消除不符之处，否则起诉方可中止利益，水平可达到仲裁庭根据第 5 款已确定的水平，或如仲裁庭未确定该水平，则可达到起诉方根据第 3 款拟议的水平。如仲裁庭确定起诉方未能遵循第 4 款规定的原则和程序，则仲裁庭应在其决定中列出起诉方可在哪一主题事项中中止利益的限度，以保证完全符合第 4 款中所列原则和程序。起诉方仅可以符合仲裁庭决定的方式中止利益。

7. 补偿和中止利益均应为临时措施。通过消除不符之处而实现全面执行优于上述各项措施。补偿和中止利益仅应适用至应诉方已消除不符之处或已达成双方满意的解决办法时为止。

释义

本条是对争端方不执行 DEPA 仲裁决议的补偿与中止利益的规范，通过法条分析可以看出，DEPA 的立法精神仍体现出尽快解决争端的取向，补偿与中止利益均为临时措施，目的是敦促争端方遵守仲裁决议，消除不符合 DEPA 规定的行为，履行相关义务而非对其进行惩戒。

本条第 1 款是对补偿规则的一般规范。DEPA 规定，当应诉方拒绝消除与 DEPA 规则不符的行为，或者在最终报告规则所确定的时间内应诉方未履行相应义务，则一个或多个起诉方可以提出请求，要求应诉方启动补偿谈判，协商补偿事项。本条第 2 款则是对中止利益的一般规范，如起诉方和应诉方未能在启动补偿谈判后 30 天内达成补偿协议，或者已达成补偿协议但相关起诉方认为应诉方未能遵守该协议的条款的情况下，起诉方可以进行中止利益的行为。

本条第 3 款是对"中止利益"的法律概念界定。DEPA 将中止利益界定为"中止具有同等效果的利益"，并赋予起诉方在履行通知义务后的一段时间内，或是根据仲裁庭的决议，直接实施中止利益的行为。从规则中可以看出，DEPA 要求中止的利益应当与损失具有相称性，不可随意扩大利益覆盖范围。DEPA 在本条第 4 款中对"利益""同等"等作了更为明确的划分。"利益"是指"仲裁庭已确定存在与 DEPA 规则等不符之处相同主题事项中的利益"。根据以往的国际实践，相同主题事项一般指相同产业、生产部门或者产品等。同时，DEPA 亦规定了交叉报复的规则。当中止相同主题事项中的利益不可行或无效果且情况足够严重时，则起诉方可以选择中止一个不同主题事项中的利益进行交叉报复。

DEPA 也对应诉方在中止利益方面的权益进行了保障，突出体现在 DEPA 对中止利益的限度与水平作了较为严格的限定。本条第 5 款规定，如果应诉方认为起诉方中止的利益水平明显过度，或者起诉方没有遵守相关的 DEPA 中止利益原则与程序，以及应诉方认为其已消除仲裁庭决议确定的与 DEPA 规则不符之处但起诉方仍然进行中止利益的，则应诉方可以请求重新召集仲裁庭，通过仲裁的方式要求起诉方停止中止利益等相关行为。DEPA 不仅要求仲裁庭应对此类事项快速解决，同时也要求在起诉方中止的利益水平明显过度的情况下，应当通过仲裁庭确定具有同等效果的具体利益水平，起诉方仅可在仲裁庭确定的同等效果利益水平事项中进行中止。

总体而言，本条规定基本遵循了 WTO 争端解决中的具体模式，对补偿、报复、中止利益等问题进行规定，并突出仲裁庭对此类事项的主导权。当争端各方对补偿、利益减让、报复（交叉报复）等具体问题产生新的争端时，仍应通过重新设立仲裁庭的方式，对具体争议进行仲裁解决。CPTPP 与 RCEP 同样具有此类立法导向。RCEP 规定于第 19 章第 17 条

"补偿和中止减让或其他义务"，CPTPP 则规定于第 28 章第 20 条 "不执行—补偿与中止利益"。除 RCEP 对可补偿的情形作出了更为详细的规定外，RCEP 与 DEPA 对不执行的补偿与中止利益等规则基本类同，CPTPP 则有较多创新性规则。例如，CPTPP 对补偿的货币选择与计价进行了较为详细的规定。CPTPP 第 28 章第 20 条第 8 款规定，如果应诉方选择向起诉方以货币赔偿的方式支付不执行补偿，则应当以美元或以同等金额的应诉方货币或争端各方同意的另一货币进行支付，自应诉方告知起诉方有意支付赔偿之日后 60 天起，分季度等额分期支付。此外，CPTPP 还倡导设置赔偿基金。争端各方可以决定应诉方将赔偿存入争端各方指定的某一个基金里，该基金用于便利未来争端缔约方之间的贸易活动，例如帮助进一步减少不合理的贸易壁垒或帮助应诉方履行其在 CPTPP 项下的各项义务，以此来完成应诉方补偿的责任。

第 14-C.14 条：对遵守情况的审查

1. 在不损害第 14-C.13 条中程序的情况下，如一应诉方认为其已消除仲裁庭裁定的不符之处，则应诉方可通过向一个或多个起诉方作出书面通知的方式将该事项提交仲裁庭。仲裁庭应不迟于应诉方作出书面通知后 90 天就该事项提交报告。

2. 如仲裁庭确定应诉方已消除不符之处，则一个或多个起诉方应迅速恢复根据第 14-C.13 条中止的任何利益。

释义

本条是对争端方对仲裁决议的遵守情况的审查，以及停止中止利益行动的相关规范。根据规定，应诉方对仲裁裁定的履行情况应由应诉方主动进行报告，如一应诉方认为其已消除仲裁庭裁定的不符之处，则应诉方可通过向一个或多个起诉方作出书面通知的方式将该事项提交仲裁庭，并由仲裁庭作最终履行完结或是结案的相关报告。在仲裁庭确定应诉方已履行完毕仲裁裁定后，则起诉方应停止中止利益的行为，恢复争端各方的经贸交往秩序。

DEPA 与 CPTPP 对执行审查的规则基本相同，与 RCEP 有所不同。RCEP 设置了"执行审查专家组"的规则，通过重新召集专家组的方式，使得各方可以就未执行妥当事宜继续进行仲裁解决。同时，对相应的执行审查规则与程序作出了细化规定。

模块 15：例外

第 15.1 条：一般例外

1. 就本协定而言，GATT 1994 第 20 条及其解释性说明在细节上作必要修改后纳入本协定并成为本协定一部分。

2. 缔约方理解 GATT 1994 第 20 条（b）款中所指的措施包括为保护人类、动物或植物的生命或健康所必需的环境措施，且 GATT 1994 第 20 条（g）款适用于与保护可用尽的生物和非生物自然资源相关的措施。

3. 就本协定而言，GATS 第 14 条（包括其脚注）在细节上作必要修改后纳入本协定并成为本协定一部分。缔约方理解 GATS 第 14 条（b）款中所指措施包括为保护人类、动物或植物的生命或健康所必需的环境措施。

4. 就本协定而言，在遵守此类措施不在情形相同的缔约方之间构成任意或不合理歧视或构成对贸易的变相限制要求的前提下，本协定的任何条款不得解释为阻止一缔约方采取或实施保护具有历史或考古价值的国宝或特定地点或支持具有国家价值创意艺术的必要措施。

释义

例外条款在国际经贸协定中是平衡贸易目标与非贸易目标的重要条款，是对设置义务的一般性规则或原则进行的限定或限制。[①] 为了实现预期目的，DEPA 对缔约方设定了一系列义务，但也在模块 15 集中赋予了缔约方出于保护环境、安全利益、税收和国际收支等政策目标而不履行相关义务

---

① 高田甜：《WTO 例外条款：理论解析与中国实践》，载《上海对外经贸大学学报》2015 年第 1 期，第 5—15 页。

的权利。

DEPA 第 15.1 条 "一般例外" 的规定基本上沿用了 GATT 1994 第 20 条一般例外条款的内容。GATT 1994 第 20 条一般例外是缔约方在特定情形下违反 GATT 1994 项下义务的 "免责" 条款。[①] 因此，GATT 1994 第 20 条不是一条设置义务的积极性规则。[②] 在实践中，如果某一缔约方实施了贸易限制措施，而其他缔约方认为该措施与 GATT 1994 义务不一致，其他缔约方可以通过 WTO 争端解决机制提起申诉。此时，实施贸易限制措施的缔约方可以援引第 20 条为其措施进行辩护，以其贸易限制措施属于例外规定范畴为由证明其措施正当。这时即启动了对 GATT 1994 第 20 条的援引使用。

GATS 第 14 条在服务贸易自由化和各缔约方公共政策目标之间起着非常重要的平衡作用。[③] 该规定主要涉及保护公共道德或维护公共秩序，保护人类、动物或植物的生命或健康，以及保护个人资料和个人隐私等方面的措施。GATS 第 14 条是 GATT 1994 第 20 条在服务贸易领域的延伸，其在文字表述上与 GATT 1994 第 20 条有所不同，但它们的结构、功能和语言特点相似，并且在多数情况下可以关联考虑。

DEPA 第 15.1 条的一般例外条款也对 WTO 体系下的一般例外条款进行了一定程度的发展，如 GATT 1994 第 20 条（b）款表述为 "为保护人类、动物或植物的生命或健康所必需的措施"。而 DEPA 在本条第 2 款明确指出 GATT 1994 第 20 条（b）款应包含为保护人类、动物或植物的生命或健康所必需的 "环境措施"。此外，GATT 1994 第 20 条（g）款表述为 "与保护可用尽的自然资源有关的措施，如此类措施与限制国内生产或消费一同实施"。DEPA 在本条第 2 款则明确指出 GATT 1994 第 20 条（g）款包含与保护可用尽的 "生物和非生物" 自然资源有关的措施。本条第 4 款也是对 GATT 1994 第 20 条（f）款的发展。GATT 1994 第 20 条（f）款即

[①] 马乐：《GATT 一般例外条款适用的价值导向与司法逻辑》，载《华东政法大学学报》2015 年第 1 期，第 16—24 页。

[②] 曾令良、陈卫东：《论 WTO 一般例外条款（GATT 第 20 条）与我国应有的对策》，载《法学论坛》2001 年第 4 期，第 32—49 页。

[③] 那力、王森：《GATT 第 20 条 a、b、d 款及 GATS 第 14 条的 "必需" 问题：变化与发展》，载《国际贸易》2010 年第 8 期，第 59—64 页。

"为保护具有艺术、历史或考古价值的国宝所采取的措施"，本条第 4 款将具有历史或考古价值的"特定地点"以及"具有国家价值的创意艺术"纳入例外条款适用范围。根据联合国教科文组织和世界银行集团合著的《城市、文化和创造力——利用文化和创造力，促进可持续城市发展与包容性增长》一书中对非物质文化遗产的定义 [①]，文化和创意产业包括以下文化领域：视听和互动媒体、文学和新闻、表演艺术、视觉艺术和手工艺、非物质文化遗产、设计和创意服务，以及遗产和旅游活动。因此，DEPA 所新增的"创意艺术"大致也分为视听和互动媒体、文学和新闻、表演艺术、视觉艺术和手工艺、非物质文化遗产等相关艺术类型。

关联规定

《区域全面经济伙伴关系协定》（RCEP）第 17.12 条、《全面与进步跨太平洋伙伴关系协定》（CPTPP）第 29.1 条

第 15.2 条：安全例外

本协定中任何条款不得解释为：

（a）要求一缔约方提供或允许获得其认为如披露则违背其基本安全利益的任何信息；或

（b）阻止一缔约方采取其认为对履行维护或恢复国际和平或安全的义务或保护其自身基本安全利益所必要的措施。

释义

DEPA 第 15.2 条安全例外条款，是指缔约方可基于国家安全利益的理由不履行其认为不符合国家安全利益的义务。国家安全在国际交往中关涉国家主权，属于重要且具有敏感性的议题。安全例外条款可以排除其他章节所规定的义务，且含有自决权的表述。

---

① 参见《城市、文化和创造力——利用文化和创造力，促进可持续城市发展与包容性增长》，载联合国教科文组织数字图书馆，https://unesdoc.unesco.org/ark:/48223/pf0000384682，访问日期 2023 年 12 月 4 日。

DEPA 的安全例外规定基本吸收了 GATT 1994 第 21 条安全例外条款的内容，其与 CPTPP 第 29.2 条措辞相同。GATT 1994 第 21 条规定了缔约方可以基于基本安全利益等目的援引安全例外条款，这是多边条约中首次对安全例外条款进行明确规定。[①] 在起草 GATT 时，考虑到国家安全事项与国家主权的紧密联系，起草者特别设置了安全例外条款，旨在赋予成员方在国家安全事项上一定的自由裁量权，从而有效平衡国家主权与世界自由贸易体制之间可能存在的冲突。[②]GATT 1994、DEPA 和 CPTPP 等协定的安全例外条款均不存在禁止"任意或不合理歧视的手段"或"对国际贸易的变相限制"等序言约束，且通过"其认为"（It considers）的表述赋予成员方自主决定本国"基本安全利益"的权力。

值得注意的是，DEPA 和 CPTPP 的安全例外条款均删去了 GATT 1994 第 21 条（b）款的三项客观约束情形，扩大了缔约方为维护国家安全利益采取行动的自由。RCEP 中也包含对安全例外条款的表述，主要集中在第 17.13 条："本协定的任何规定不得解释为：（一）要求任何缔约方提供其认为如披露则违背其基本安全利益的任何信息；（二）阻止任何缔约方采取其认为对保护其基本安全利益所必需的任何行动：……3. 为保护包括通信、电力和水利基础设施在内的关键的公共基础设施而采取的行动；4. 在国家紧急状态，或战时，或国际关系中的其他紧急情况下采取的行动；或者（三）阻止任何缔约方为履行其在《联合国宪章》项下维护国际和平与安全的义务而采取的任何行动。"通过增加"关键公共基础设施"和"国家紧急状态"等例外情形，RCEP 在一定程度上也拓展了缔约方援用安全例外的裁量权。

关联规定

《区域全面经济伙伴关系协定》（RCEP）第 17.13 条、《全面与进步跨太平洋伙伴关系协定》（CPTPP）第 29.2 条

[①]　张乃根：《国际经贸条约的安全例外条款及其解释问题》，载《法治研究》2021 年第 1 期，第 128—138 页。

[②]　安佰生：《WTO 安全例外条款分析》，载《国际贸易问题》2013 年第 3 期，第 125—131 页。

第 15.3 条:《怀唐伊条约》

1. 本协定中任何条款不得阻止新西兰对于本协定所涵盖事项,采取其认为必要的措施以给予毛利人更优惠待遇,包括在履行其在《怀唐伊条约》项下义务的过程中,只要此类措施未用作针对其他缔约方的人的任意或不合理歧视的手段,或用作对货物贸易、服务贸易和投资的变相限制。

2. 缔约方同意,《怀唐伊条约》的解释,包括对于其项下所产生的权利和义务的性质,不得受本协定的争端解决条款约束。第 14 章(争端解决)在其他方面适用于本条。根据第 14 章(争端解决)设立的仲裁庭可被请求仅就第 1 款中所指的任何措施是否与一成员在本协定项下的权利不一致作出确定。

释义

DEPA 第 15.3 条中规定的《怀唐伊条约》内容与 CPTPP 第 29.6 条以及 RCEP 第 17.16 条中所涉及的《怀唐伊条约》内容基本一致。《怀唐伊条约》可追溯至 1840 年,其是英国和毛利人签订的一个关系协定。[①] 这一条约在新西兰北岛和南岛的各个地区均具备法律效力,其核心内容是毛利人各酋让出其领土主权,岛上出生的人需受英国法律管辖,同时,英国许诺毛利人具有"英国国民所享有的权利和义务"。

《怀唐伊条约》本身难以直接作为法律执行,一方面因为条约十分简略,另一方面因为《怀唐伊条约》存在英语和毛利语两种语言版本,直接认定其中一种版本有效容易引发纷争。新西兰最高法庭已确认《怀唐伊条约》的若干核心原则,包括毛利人转让主权的前提是保留毛利酋长的统治权,双方基于合作精神理性且善意履行该条约,英国政府享有统治的自由,英国政府需实施积极保护的义务和纠正历史违约行为并给予受害方适当补偿的义务,以及毛利人享有公民权等。[②] 该条约属于特定缔约方特有的条

---

① 汪诗明:《〈怀唐伊条约〉与"主权让与"问题》,载《世界历史》2015 年第 4 期,第 101—113、160 页。

② 刘飞飞:《毛利"大宪章"——对新西兰〈怀唐伊条约〉的考察》,载《英国研究》2022 年第 2 期,第 146—159 页。

约，鉴于其特殊性质，《怀唐伊条约》被 DEPA 列为例外条款之一。

关联规定

　　《区域全面经济伙伴关系协定》（RCEP）第 17.16 条、《全面与进步跨太平洋伙伴关系协定》（CPTPP）第 29.6 条

第 15.4 条：审慎例外和货币和汇率政策例外

　　1. 尽管本协定有任何其他条款，但是不得阻止一缔约方出于审慎原因而采取或维持措施，包括为保护投资者、存款人、保单持有人或金融机构或金融服务供应商对其负有信托义务的人，或保证金融系统的完整性和稳定性。如这些措施不符合本协定条款，则不得将其用作逃避该缔约方在这些条款下的承诺或义务的手段。

　　2. 本协定中任何条款不得适用于任何公共实体为追求货币和相关信贷政策或汇率政策而采取的普遍适用的非歧视措施。

　　3. 尽管有第 2.7 条（电子支付），但是一缔约方可通过公平、非歧视和善意实施与维护金融机构或跨境金融服务供应商的安全、健全、完整性或金融责任相关的措施，阻止或限制一金融机构或跨境金融服务提供者向与该机构或提供者的附属机构或人进行转移，或为此类附属机构或人的利益进行转移。本款不损害本协定中允许一缔约方限制转移的任何其他条款。

　　4. 为进一步明确，本协定中任何条款不得解释为阻止一缔约方采取或执行保障与本章不相抵触的法律或法规得到遵守所必要的措施，包括与防止欺骗和欺诈行为或处理金融服务合同违约影响相关的措施，但需遵守如下条件：即此类措施的实施不得以在条件相似的缔约方之间或缔约方与非缔约方之间构成任意或不合理歧视的方式实施，或构成对本协定所涵盖金融机构中的投资或跨境金融服务贸易的变相限制的方式实施。

释义

DEPA 第 15.4 条涉及金融领域的审慎例外和货币和汇率政策例外的规定。审慎例外条款的设置主要是出于保证缔约方拥有足够规制主权防范金融风险和维护金融稳定的目的。

对 DEPA 审慎例外条款的理解，可以参考 WTO 框架下对同类条款的理解，其中主要体现在 GATS《金融服务附件》第 2（a）条。该条专为金融服务贸易设立，形成金融服务承诺或义务的例外，其具体内容为"尽管有本协定的任何其他规定，但是不得阻止一成员为审慎原因而采取措施，包括为保护投资人、存款人、保单持有人或金融服务提供者对其负有信托责任的人而采取的措施，或为保证金融体系完整和稳定而采取的措施。如此类措施不符合本协定的规定，则不得用作逃避该成员在本协定项下的承诺或义务的手段"。与 GATS 中的一般例外条款相比，审慎例外条款的文本表述较为抽象，因而容易增加法律适用上的不确定性，并存在被滥用的风险。[1] 由于缔约方可以借助审慎例外条款限制其他实体条款的适用，这一规定也成为协定中颇具争议性的条款之一。

值得注意的是，DEPA 在审慎例外条款中也增设了防止滥用的规定。例如，第 4 款明确指出，实施相关措施时"不得以……构成任意或不合理歧视的方式实施，或构成……变相限制的方式实施"。这一条款的补充是为了防止缔约方滥用审慎例外条款，特别是以审慎之名行贸易保护之实的行为。[2] 对于以审慎例外作为抗辩理由的情形，应当谨慎认定，不仅需要强调相关措施的目的正当性，还要对缔约方的自主认定作出必要的约束和合理性限制。[3]

中国人民银行发布的《2022 年第四季度中国货币政策执行报告》中明确指出，我国将"坚持以市场供求为基础、参考一篮子货币进行调节、有

---

[1] 葛辉、彭岳：《审慎例外条款实证分析——以中国自贸协定为例》，载《国际商务研究》2019 年第 3 期，第 69—78 页。

[2] 石静霞、杨幸幸：《TPP 金融服务规则评析》，载《社会科学家》2017 年第 11 期，第 113—120 页。

[3] 龚柏华：《中美双边投资协定谈判中的金融服务条款》，载《法学》2013 年第 10 期，第 74—81 页。

管理的浮动汇率制度，坚持市场在汇率形成中起决定性作用，增强人民币汇率弹性，优化预期管理，保持人民币汇率在合理均衡水平上的基本稳定"。[①] 在 DEPA 协定中，其例外条款为成员国在追求货币及相关信贷政策或汇率政策时采取的非歧视性措施提供了豁免，使得协定中的其他条款限制在特定情况下不适用。这一规定体现了 DEPA 对成员国货币和汇率政策的尊重与灵活处理，有助于我国在国际金融环境中实施稳健的货币政策，为经济高质量发展提供稳定的战略支撑。

关联规定

《区域全面经济伙伴关系协定》（RCEP）第 8 章附件一第 4 条、《全面与进步跨太平洋伙伴关系协定》（CPTPP）第 11.11 条

第 15.5 条：税收措施例外

1. 就本条而言

指定机关指：

（a）对于智利，财政部副部长；

（b）对于新西兰，税务局局长或局长的授权代表；

（c）对于新加坡，财政部首席税务官；

或书面通知其他缔约方的这些指定机关的任何后继机关；

税收公约指为避免双重征税的公约或其他国际税收协定或安排；以及

税收和税收措施包括消费税，但不包括：

（a）第 1.3 条（一般定义）中所定义的"关税"；或

（b）该定义中（b）项和（c）项中所列措施。

2. 本协定中任何条款不得适用于税收措施。

---

① 参见《稳健的货币政策精准有力》，载中华人民共和国中央人民政府官网，https://www.gov.cn/zhengce/2023-02/28/content_5743566.htm，访问日期 2023 年 7 月 28 日。

3. 本协定中任何条款不得损害任何缔约方在任何税收公约项下的权利和义务。如本协定与任何此种税收公约之间存在不一致，则在不一致的范围内应以该公约为准。

4. 对于在两个或多个缔约方之间的税收公约而言，如产生关于本协定与该税收公约之间是否存在不一致的问题，则该问题应向所涉缔约方的指定机关提出。这些缔约方的指定机关应有自提出该问题之日起 6 个月的时间就是否存在任何不一致之处及其程度作出确定。如这些指定机关同意，则该期限可延长至自提出该问题之日起的 12 个月。在 6 个月期限期满前或指定机关可能同意的任何其他期限期满前，不得根据第 14 章（争端解决）就产生该问题的措施发起任何程序。为审议与一税收措施相关的争端而设立的仲裁庭应将缔约方指定机关根据本款作出的决定作为具有约束力的决定予以接受。

释义

DEPA 第 15.5 条是关于税收措施例外的内容，体现了对各成员此前达成的避免双重征税公约或其他国际税收协定或安排，以及各成员税收措施（包括消费税）的尊重。税收条款的设置初衷在于保留缔约方的税收管理权力，其主要功能是维护税收主权，即尽可能地降低缔约方税收主权的被诉风险，为其保留在这一领域必要的施政空间。[1]

本条第 1 款主要对所称的"指定机关""税收公约""税收"和"税收措施"进行了定义。指定机关主要是各个缔约方的财税主管部门代表。指定机关对于条款所涉及法律问题的解决发挥着重要的作用。结合 CPTPP 第 29.4 条第 8 款的规定，条文规定的指定机关在认定税收措施是否构成征收方面拥有优先权。[2]

本条第 3 款提到"不得损害任何缔约方在任何税收公约项下的权利和

---

[1]　李庆灵：《国际投资条约中的税收条款与发展中国家的对策》，载《税务与经济》2012 年第 4 期，第 98—103 页。

[2]　崔晓静、陈镜先：《CPTPP 税收措施规则解析及中国应对》，载《河南师范大学学报（哲学社会科学版）》2020 年第 2 期，第 61—67 页。

义务"，体现了对缔约方在税收管理措施方面的充分尊重与保障。若 DEPA 协定与缔约方所签署的任何税收公约之间存在不一致，则应以该税收公约为准。本款与 DEPA 第 1.2 条相呼应，即加入 DEPA 并不损害该成员在其他条约下所享有的权利和义务。

本条第 4 款进一步规定了 DEPA 协定与税收公约不一致问题的处理。若本协定与该税收公约是否存在不一致产生疑问，该疑问应提交给缔约方的指定机关处理。指定机关应在问题提出后的 6 个月内，对是否存在不一致及其程度作出决定。如指定机关同意，该期限可延长至 12 个月。在 6 个月期满前，或经指定机关同意的其他期限期满前，不得根据 DEPA 第 14 章争端解决就相关措施发起任何程序。仲裁庭应接受指定机关的决定作为具有约束力的裁决。

关联规定

《区域全面经济伙伴关系协定》（RCEP）第 17.14 条、《全面与进步跨太平洋伙伴关系协定》（CPTPP）第 29.4 条

第 15.6 条：国际收支保障措施

1. 如一缔约方在发生或威胁发生严重收支平衡和对外财政困难，则其可以：

（a）对于货物贸易，依照 GATT 1994 和 WTO《关于 1994 年关税与贸易总协定国际收支条款的谅解》，采取限制进口措施；

（b）对于服务，依照 GATS，对其已作出承诺的服务贸易采取或维持限制措施，包括对与此类承诺相关交易的支付或转移；以及

（c）对于投资，对与投资相关的资金转移采取或维持限制措施，包括资本账户和金融账户的资金转移。

2. 根据 1（b）款或 1（c）款取采取或维持的限制措施应：

（a）与《国际货币基金组织协定》相一致；

（b）避免对其他缔约方的商业、经济和金融利益造成不必要损害；

（c）不超过应对第 1 款中所述情况所必要的限度；

（d）属临时性质，并随第 1 款中所规定情况改善而逐步取消；以及

（e）在国民待遇基础上适用，且其他缔约方的待遇不低于任何非缔约方。

3. 在确定此类限制措施的影响程度时，一缔约方可优先考虑对其经济发展更为重要的经济部门。但是，此类措施不得为保护一特定部门而采取或维持。

4. 一缔约方根据第 1 款采取或维持的任何限制，或其中的任何变化，应在采取此类措施之日起 30 天内通知其他缔约方。

5. 根据第 1 款采取或维持任何限制的缔约方应在通知之日起 90 天内开始与其他缔约方磋商，以审查其采取或维持的措施。

释义

DEPA 第 15.6 条是关于国际收支保障措施的规定，总体上吸纳了 WTO 多边规则中对于国际收支保障措施的规定。当面临或可能面临严重收支平衡和对外财政困难时，缔约方有权在货物贸易、服务贸易以及投资领域采取或维持限制措施。

在 WTO 相关协定条文中，GATT 1994 第 12 条明确了"对保障国际收支平衡而实施的限制"，根据该条规定，"在国际收支发生严重困难和对外财政困难或受到威胁的情况下，缔约方可在其已实施具体承担义务的服务贸易中实行或维持限制措施，包括与这类承担义务有关的支付与转移"。第 18 条则涉及"政府对经济发展的援助"，其中规定，WTO 成员在满足特定条件的情况下，可采取限制进口的措施，以保障其出口财政地位和收支平衡。

虽然 DEPA 赋予了缔约方依照 GATT 和 GATS 采取国际收支保障措施的权利，但在 WTO 框架下引用这些条款时仍须满足一定条件，从而降低这类措施被滥用的风险。DEPA 也在条文中明确指出，国际收支保障措施具有临时性质，并应随着缔约方国际收支情况的改善而逐步取消，同时，

也规定了这类措施须遵守非歧视原则，并在国民待遇的基础上适用。这些条件一定程度上满足了防止国际收支保障措施被滥用的要求。

关联规定

《区域全面经济伙伴关系协定》（RCEP）第 17.15 条、《全面与进步跨太平洋伙伴关系协定》（CPTPP）第 29.3 条

模块 16：最后条款

第 16.1 条：交存方

1. 特此指定新西兰为本协定交存方。

2. 交存方应向本协定所有签署方和加入方提供本协定经核证的副本和本协定的任何修正。

3. 交存方应将下列各项通知本协定所有签署方和加入方：

（a）依照第 16.2 条和第 16.4 条对本协定的每一次核准、接受、批准或加入；

（b）依照第 16.2 条和第 16.4 条本协定分别生效的日期；以及

（c）依照第 16.5 条收到的任何退出通知。

释义

根据联合国官网关于专业术语的解释①，"条约保存方（交存方）"被界定为条约的保管人，其职责是履行《1969 年维也纳条约法公约》第 77 条所规定的各项职能，主要包括保管条约正本、备就条约副本和其他语言本，审查条约的签署和有关条约的文书，及时向条约当事方通知有关条约的各项行动及变动等。

保存方可以是一个或多个的缔约方、国际组织或该组织的行政首长，如联合国秘书长。这一角色的选择通常取决于协定的性质、参与方的共同意愿以及国际组织的特定职责。DEPA 指定了新西兰这一缔约方为协定的保存方，这一选择体现了缔约方对新西兰在维护协定稳定和推动协定实施方面的信任。作为保存方，新西兰将负责确保 DEPA 的原始文本得到妥善

---

① 参见《专业术语》，载联合国官网，https://www.un.org/zh/documents/treaty/glossary#16，访问日期 2023 年 6 月 26 日。

保存，在需要时向其他缔约方提供正式的文本副本，并及时通知有关协定的批准、加入、生效和退出等情况，以便所有缔约方均能及时、准确地掌握协定的最新动态。

第 16.2 条：生效

1. 本协定应在至少 2 个本协定签署方已书面通知交存方已完成各自适用法律程序之日后 90 天生效。

2. 对于未根据第 1 款对其生效的任何本协定签署方，本协定应在该签署方已书面通知交存方其已完成适用法律程序之日后 90 天生效。

释义

"条约生效"是指条约对缔约方产生合法约束力的时刻。条约生效的时刻可以是条约中明确规定的某个日期，也可以是批准书、核准书、接受书或加入书交由保存方保存后的某个日期。已经生效的条约可以按其规定的方式，对在该条约生效后愿意受其约束的任一国家或国际组织发生效力。[①]在条约生效前，签署方通常需要完成各自的国内法律程序，包括立法机构的审议、批准以及可能的公众咨询等环节。这些环节确保了条约内容与国内法律法规的兼容性，为协定的顺利执行提供了法律保障。

DEPA 特别规定，其在至少 2 个签署方完成各自国内法律程序并书面通知保存方之日后的 90 天正式生效；对于非初始签署方，DEPA 协定将在该方书面通知保存方其已完成条约适用的法律程序之日后的 90 天生效。这一 90 天等待期为各方提供了充足的时间来准备协定的实施。2021 年 1 月，DEPA 在新加坡和新西兰生效。2021 年 11 月 23 日，智利外交部发布公报宣布，2021 年 8 月 DEPA 通过智利议会批准程序后，当天在该国正式生效。[②]

---

① 参见《专业术语》，载联合国官网，https://www.un.org/zh/documents/treaty/glossary#16，访问日期 2023 年 6 月 26 日。

② 参见《〈数字经济伙伴关系协定〉在智利正式生效》，载中华人民共和国中央人民政府官网，https://www.gov.cn/xinwen/2021-11/24/content_5653226.htm。

第 16.3 条：修正

1. 缔约方可书面同意修正本协定。

2. 经所有缔约方同意，并依照每一缔约方适用法律程序批准后，一修正应在最后一个缔约方书面通知交存方已依照其适用法律程序批准修正之日后 60 天生效，或在缔约方可能同意的其他日期生效。

3. 一修正应构成本协定组成部分。

释义

在条约法范畴内，"修正"是指缔约方对条约有关条款进行的正式修改，即对现有文本进行修订和补充，以确保其适应新环境和新需求。任何修正都构成协定组成部分，与协定正文具有同等法律效力。进行这种修正必须遵循最初拟订该条约时所采用的程序，多边条约一般会对修正事项进行具体规定。①

国际条约的修正一般需要经过缔约各方同意，确保修正内容得到广泛认可和支持，从而维护条约的稳定性和权威性。但在一些多边条约的规定中，条约修正不一定需要所有缔约方一致同意，通常只需获得三分之二的缔约方同意即可以进行。② 例如，《联合国宪章》第 108 条规定，宪章的修正需"经大会会员国三分之二之表决并由联合国会员国之三分之二，包括安全理事会全体常任理事国各依其宪法程序批准后，对于联合国所有会员国发生效力"。

从 DEPA 条款来看，其修正程序较为严格，需要经过全体缔约方的一致书面同意，并且需要各缔约方按照其内部的国际条约批准程序进行批准。条约的批准通常是国家（元首或其他有权机关）对所签署的条约进行的正式确认。③ 对于修正的生效时间，DEPA 也作出了明确规定，缔约方具有选择性，既可以在所有缔约方书面通知交存方其已完成修正的法律程序之

---

① 参见《专业术语》，载联合国官网，https://www.un.org/zh/documents/treaty/glossary#16，访问日期 2023 年 6 月 26 日。

② 周鲠生：《国际法》，商务印书馆 2018 年版，第 710 页。

③ 周鲠生：《国际法》，商务印书馆 2018 年版，第 655 页。

日后的 60 天生效，也可以在缔约方同意的其他日期生效。这一灵活安排有助于避免因为个别缔约方的国内法律程序滞后而影响协议修正的生效进程。

第 16.4 条：加入

1. 本协定开放供按缔约方之间议定的条件加入，并依照每一缔约方适用法律程序予以批准。

2. 如联合委员会依照第 12.2（a）条（联合委员会的职能）通过一项批准加入条件并邀请一申请加入方成为缔约方的决定，则联合委员会应规定一期限，该期限经缔约方同意可延长，在此期限内，申请加入方可向交存方交存加入书以表明其接受加入条件。

3. 在下列日期之一，在遵守联合委员会决定中批准的加入条件前提下，一申请加入方应成为本协定缔约方：

（a）申请加入方向交存方交存加入书以表明其接受加入条件之日后 60 天；或

（b）所有缔约方已通知交存方其已完成各自批准加入条件的法律程序之日，以较晚者为准。

释义

"加入"是指尚未签署条约的一方通过交存申请书的方式，正式表示其愿意成为该条约缔约方的行为。条约的加入通常是在条约签署后，订立条约之初未在条约上签字的一方表示同意接受条约约束的一种正式的国际法律行为。加入主要适用于开放性的多边条约，加入的程序一般是由申请加入方以书面形式通知条约的保存方，并由保存方转告其他缔约方。①

参考 CPTPP 的加入程序要求，成为 CPTPP 成员需要经过以下主要步骤：首先，请求加入的经济体需提交加入意向通知并请求启动加入程序；其次，CPTPP 委员会设立专门的加入工作组，将以协商一致的方式决定是否批准加入申请；最后，申请方需完成其国内相关改革和法律修改的行动

---

① 周杰普：《国际法学》，上海财经大学出版社 2009 年版，第 225 页。

措施，以满足协定要求。① 申请加入 DEPA 的经济体总体上同样需经过以上三大步骤。DEPA 联合委员会将设立加入工作组，审议收到的加入申请，并以协商一致方式作出决定。

目前，中国正处于申请加入 DEPA 的关键阶段。2021 年 11 月 1 日，中国正式申请加入 DEPA，商务部部长王文涛致信新西兰贸易与出口增长部长奥康纳，代表中方向 DEPA 保存方新西兰正式提出申请。2022 年 8 月 18 日，根据 DEPA 联合委员会的决定，中国加入 DEPA 工作组正式成立，全面启动中国加入 DEPA 谈判。截至 2024 年 3 月，中国与 DEPA 成员已举行 4 次首席谈判代表会议。

第 16.5 条：退出

任何缔约方均可退出本协定。此退出应在交存方收到书面退出通知之日后 6 个月生效。如一缔约方退出，则本协定应对其余缔约方继续有效。

释义

本条明确了缔约方的退出机制。如果一缔约方决定退出，需向 DEPA 交存方新西兰提交书面退出的通知。自交存方收到该书面退出通知之日起满 6 个月后，该缔约方的退出申请即可生效。这意味着，该缔约方有 6 个月的窗口期重新考虑其退出决定，或与其他缔约方进行协商，以寻求解决问题的途径。协定其他缔约方不受退出一方影响，仍继续受本协定各项规定的约束。

第 16.6 条：信息披露

本协定中任何规定均不得解释为要求一缔约方提供或允许获得一经披露即会违反其法律或会妨碍执法或违背公共利益或会损害特定公私企业合法商业利益的机密信息。

---

① 彭德雷、阎海峰：《中国申请加入 CPTPP 的三个关键问题》，载第一财经，https://www.yicai.com/news/101315639.html，访问日期 2023 年 9 月 20 日。

释义

本条所规定的信息披露，并非强制要求缔约方积极披露、主动公开特定信息，而是对条约中有关信息披露义务的规定进行兜底性补充说明。具言之，如果某项信息披露后会违反缔约方的法律法规、妨碍执法、损害公共利益或企业合法商业利益，则这项信息不受信息披露义务的约束。因此，不应将本协定中的规定解释为要求相关缔约方必须披露此类信息。

第 16.7 条：机密性

除非本协定另有规定，否则一缔约方依照本协定向另一方提供并指定为保密的信息，另一缔约方应在遵守其法律法规前提下，保持该信息的机密性。此种信息只能用于规定目的，未经提供信息的缔约方特别许可，不得以其他方式披露，除非披露信息是为遵守一缔约方法律要求，或为司法程序目的。在为遵守一缔约方法律要求或为司法程序目的而披露信息之前，披露缔约方应与提供信息的缔约方进行协商。

释义

本条旨在进一步规范信息披露行为。当一缔约方依照协定向另一缔约方提供并要求保密的信息，另一缔约方应严格按照规定目的使用该信息。除非得到提供方的特别许可，或者出于履行法律法规要求或司法程序的需要，接收方应严格维护信息的机密性。即使符合上述披露信息的条件，接收方也应在与提供相关信息的缔约方进行协商后再行披露。

第 16.8 条：附件和脚注

本协定的附件和脚注应构成本协定组成部分。

释义

本条规定附件和脚注同样构成协定的组成部分，肯定了附件和脚注所包含的内容具有和协定正文同等的法律效力，从而提醒缔约方要同样注意除正文之外的附件和脚注中的说明。

第 16.9 条：电子签名

　　本协定可由缔约方以电子方式签署。为进一步明确，缔约方理解本协定的电子签署应与在国际法条约上手写湿墨签名具有同等重要性和法律效力。

释义

　　本条肯定了电子签名与国际法条约上手写湿墨签名具有同等的法律效力，这满足了信息化背景下提高效率的要求，也是电子签名制度不断规范化和被认可的体现。

相关阅读

1. 对标国际高标准规则，深入推进数字领域制度型开放——以上海为视角^①

当前，数字经济已然成为全球经济发展的主要动力和各国竞争的重要场域。与全球重要数字经济规则有效对接是实现我国数字领域制度型开放的关键路径，更是上海加快实施自贸区提升战略的外部推力。上海需根据自身实际找准定位、抓住先机，在数字领域加快构建与国际高标准经贸规则相衔接的制度体系和监管模式。当前，最为迫切的是在数字国际规则上加快与《数字经济伙伴关系协定》（DEPA）的全方位对接，探索数字领域制度型开放的体系构建，加速推进上海数字贸易示范区试点建设工作。

一、DEPA 高标准规则的主要内容及加入的战略意义

DEPA 作为全球首份独立的数字经济协定，为中国尤其是上海的数字领域制度型开放提供了参照。DEPA 旨在提供一个关于数字经济的政府间合作框架，致力于推进数字便利化和数字信任体系建设，共包括十六个主题模块：初始条款和一般定义、商业和贸易便利化、数字产品待遇和相关问题、数据问题、更广泛的信任环境、商业和消费者信任、数字身份、新兴趋势和技术、创新和数字经济、中小企业合作、数字包容性、联合委员会和联络点、透明度、争端解决、例外以及最后条款。这些内容与中国正在推进的数字经济和数字治理密切相关。

申请加入 DEPA 是中国参与全球数字经济治理的重要战略安排，是加快实施自贸区提升战略的关键路径，同时也是提升我国涉外数字经济政策标准水平，促进我国数字经济发展融入动态区域贸易网络的良好契机。当

---

① 此报告为本书团队参与上海市浦东新区发展和改革委员会课题的前期成果。

前，中国处于加入 DEPA 的实质性阶段。下一步谈判工作组将审查中国的加入请求，并就加入承诺等进行讨论和相关谈判工作，国内区域数字经济领域制度型开放的先行举措与成效，势必成为后续中国成功加入 DEPA 的重点评估要素之一。和全国其他省份相比，上海已经基本具备了融入 DEPA 条款的基础条件，要为全国在数字领域高标准规则对接方面，先行先试。

二、对接 DEPA 高标准规则，推进数字制度型开放的重点举措

（一）推进数字贸易示范区，引领全球数字贸易发展

尽管上海已提出打造上海数字贸易国际枢纽港临港示范区，**但是关于数字贸易示范区的地理概念、内容框架、具体方案等边界内涵还需要清晰明确**。未来仍需继续加强数字基础设施建设，明确数字贸易示范区建设具体行动方案。吸引和培育数字贸易龙头企业，鼓励数字贸易领域的新业态、新模式，加快形成数字贸易发展新高地。积极参与国际合作，打造数字贸易国际枢纽地，以数字贸易示范区为抓手融入全球数字贸易治理体系。积极主动与 DEPA 成员方共同制定跨境数字贸易的产业标准、数据跨境流动、知识产权保护等相关规则制度，为亚太数字贸易市场提供良好的制度保障。

（二）组建数字经济和数字贸易工作组，推进可信任数字营商环境建设

建设可信任的数字营商环境，既是 DEPA 规则的宗旨倡导，也是世界银行最新推出的"营商就绪"（B-Ready）评估指标体系的要求。应通过深化改革、扩大开放，促进制度创新和体制机制改革，进一步提高上海在全球数字经济治理中的影响力。一方面，探索组建数字经济和数字贸易专项工作组，覆盖发改、经信、科技、商务、金融、法院等相关部门及数字企业，为构建可信任的数字营商环境提供机制保障，形成政府、平台、企业、行业组织和社会公众有效协同的数字经济治理体系，凝聚治理合力，维护公平有效的市场环境。另一方面，可以考虑以公共服务项目的形式，委托第三方专业机构，加紧培养一批具备法律、国际贸易以及数字经济协定项下争端解决专门知识或经验的储备人才，形成推动数字经济发展的后备人才库，这也是 DEPA 的内容要求。

（三）搭建数字投资者对话平台，提升数字经济发展活跃度

积极搭建数字投资者对话平台，尤其要考虑中小投资者和外国投资者两类市场主体需求。加强中小企业在数字经济领域的合作对话，这本身也是 DEPA 规则的倡导要求。一方面，利用交流平台，为中小企业提供沟通交流的机会，进而促进合作和创新，强化中小企业的数字化能力和创新能力，增强其参与度。另一方面，搭建中小企业合作平台，将中小企业和大型企业、跨国公司和金融机构等有机结合起来，共同推进数字贸易示范区的发展和壮大。同时，积极关注数字经济背景下外国投资者的实际诉求。例如，围绕数字投资者关注的跨境数据流动，在保障国家安全前提下，要充分考虑到在华外国投资者和外国服务提供者的数据出境问题，解决外商投资者在华投资后顾之忧。通过搭建全球数字投资者对话平台或举办常设论坛，为全球数字企业提供沟通交流的机会，促进合作和创新，提高企业的数字化能力和创新能力。

（四）推动服务业进一步开放，促进数字经济和数字贸易发展

服务部门开放是推进数字领域制度型开放的关键。数字经济和数字贸易发展需要以相关服务部门准入开放为基础，这是后续自贸区提升战略的关键路径之一。一是强化数据跨境流动基础设施，如加强人工智能、大数据、区块链等先进技术的基础布局，为服务业安全有序开放提供技术保障。二是聚焦商旅、信息技术、专业服务和文化等重点领域，发展数字旅游、数字金融、数字文化等数字化服务平台，推动服务贸易与数字经济深度融合。三是优化跨境服务贸易与投资的负面清单管理模式，探索金融、法律、建筑等服务领域扩大开放，减少市场准入、业务范围与资质要求方面的限制。四是设立服务贸易综合监管机构，防范服务贸易市场准入风险，强化监管协调与数据信息交流，与伙伴国开展监管合作，提高服务许可和资质审批效率。五是完善服务贸易统计分析工作，构建专家咨询队伍，准确评估服务贸易数据和开放承诺的影响，助力科学决策。

（五）借力"五个中心"的建设，打造全球金融数据高地

借力上海国际金融中心建设，积极打造全球金融数据高地，增强全球金融数据资源配置能力。对金融数据进行聚合分析不仅有利于提升资金配置效率，为实体经济发展提供金融活血，还有利于及时掌握行业状况，完善监管体系，推动行业健康发展。一是完善配套数字基础设施。加紧建设金融数据交换处理中心等，支撑智能服务应用。提前布局领先一代的数字技术创新，以领先全球的数字技术吸引全球金融数据汇聚。二是完善金融数据监管体系，促进金融数据的便利流动。主动适应高标准数据监管要求，结合上海创新实践，引入监管沙盒、事后监管、最小化监管等便利举措，加紧厘清金融领域的数据确权、数据交易、数据分级等关键问题，制定相应标准，最大限度保障金融数据便利流动。

（六）强化数字产品知识产权保护，优化创新创业环境

数字产品知识产权保护是数字贸易示范区发展过程中必须面对和解决的重要问题。为此，数字贸易示范区应通过政策法规、监管执法、知识产权服务、知识产权保护机制和强化企业知识产权意识等手段，全面推进数字产品知识产权保护，为数字经济发展提供稳定的保障。一是制定相关政策法规。提高数字产品知识产权保护法律保障，建立高水平的知识产权保护制度。二是加强监管执法、司法力度。对接 CPTPP、DEPA 等高标准知识产权保护规则，严厉打击侵犯数字产品知识产权的行为，实施更大力度的知识产权侵权惩罚性赔偿制度。三是提供针对数字产权的专项、全流程知识产权服务。包括数字产品知识产权登记、侵权诉讼、专项诉调对接在内的多样化知识产权服务，帮助企业及时发现和维护自身的知识产权。四是创新重点领域数字产品知识产权保护机制。在以电商为代表的重点领域搭建专门的知识产权风险评估、交易、维权等机制，为重点领域数字产品知识产权保护提供全方位的保障。

总之，上海在推进数字领域制度型开放上，可借助中国积极申请加入 DEPA 的良好契机，构建可信任的数字营商环境，搭建数字投资者对话平台，探讨服务业进一步开放，充分发挥金融等特定行业的数字优势，加强数字知识产权保护，积极推进数字贸易示范区建设。通过深入推进数字领域制度型开放，为中国早日加入 DEPA 创造有利条件，推动上海乃至全国高水平对外开放和数字经济高质量发展，提升上海自贸区发展能级。

2. 关于自贸试验区数据出境负面清单编制的建议①

当前，我国需要更加主动对接高标准国际经贸规则，稳步扩大制度型开放，以推动加入《全面与进步跨太平洋伙伴关系协定》（CPTPP）和《数字经济伙伴关系协定》（DEPA）为契机，加快建设贸易强国，发展数字贸易。2024年3月，国家网信办发布《促进和规范数据跨境流动规定》首次专门对自贸试验区数据出境作出明确规定。无疑，探索构建跨境数据管理新模式，已成为下一阶段我国自贸试验区提升战略的重要任务之一。编制自贸试验区数据出境负面清单，需要自贸试验区紧密结合各自制度优势、产业优势、技术优势、人才优势，在数字领域对标高标准国际规则，以回应国家试点需求，稳步推进自贸试验区制度型开放。

一、当前我国数据出境的法律规制

当前，我国数据出境主要通过两个层面的法律予以规制：一是通过《网络安全法》《数据安全法》《个人信息保护法》等基本法予以明确，二是通过国家网信办等发布的《数据出境安全评估办法》《个人信息出境标准合同办法》《个人信息保护认证实施规则》等部门规章予以明确。例如，《网络安全法》第37条首次以法律形式规定个人信息和重要数据出境需要进行安全评估；《个人信息保护法》第38条规定个人信息处理者向境外提供个人信息的，须通过安全评估，或进行保护认证，或订立标准合同。

此次《促进和规范数据跨境流动规定》适度调整了数据跨境规则的适

---

① 此建议为本书团队参与上海市浦东新区发展和改革委员会课题的前期成果。

用，该规定的第 6 条首创了数据出境负面清单制度，规定自贸试验区可自行制定数据出境负面清单并报批准和备案，这对构建跨境数据管理新模式具有重要的意义。上海承担着对接国际高标准规则与制度型开放的使命，因此如何科学合理编制数据出境负面清单，迫在眉睫。

二、自贸试验区数据出境负面清单编制的基本方向

第一，数据出境负面清单编制应统筹安全与发展，强化风险防范与创新引领。一是在负面清单中设立"兜底条款"，保留必要的特别管理措施，强化风险管理。"兜底条款"涵盖国家安全例外、公共利益例外、公共道德例外、金融审慎例外等例外情形。实践操作中，各行业主管部门应加强数据跨境流动的统计监测和预警，做好各自领域内的数据流动风险防控工作，评估数据出境负面清单实施效果。二是积极利用好负面清单制度，创新推动数字经济发展。自贸试验区应结合地方优势和产业优势，制定实施本自贸试验区的数据出境负面清单，提高贸易投资便利化水平，推进自贸试验区战略提升。以上海自贸试验区为例，应重点围绕数字贸易、新兴金融、生物医药、集成电路、人工智能等高端技术产业领域，探索建立以负面清单为核心的数据流动管理体系和安全评估机制。上海应以此次负面清单试点为契机，加大开放压力测试，集聚数据要素资源，争取成为长三角乃至华东地区数据中心或数字产业发展中心。

第二，数据出境负面清单编制应着眼对接高标准国际规则。我国申请加入的 CPTPP 和 DEPA 均对数据跨境流动提出制度要求，包括数据传输免关税、限制数据本地化、保护源代码和保护个人信息等高标准规则。例如，CPTPP 在第 14 章电子商务章节第 14.11 条中要求缔约方在跨境数据传输方面承担义务，缔约方限制数据出境的措施应以实现合理公共政策目标，且不构成变相贸易限制为前提。DEPA 对数据治理、电子发票、电子支付、人工智能和金融科技等诸多数字经济领域前沿议题进行了规定，提升了数字贸易便利化规则的深度和广度。自贸试验区数据出境负面清单的编制应体现 CPTPP 和 DEPA 中高标准数据跨境流动要求和数字贸易便利化规则。

第三，**数据出境负面清单制定应强化知识产权保护的注意义务**。首先，数据出境负面清单制定应当考虑数据敏感度。对于属于企业商业秘密、企业授权许可出境的数据，在出境时应采取加密保护等严格措施。其次，设置知识产权和商业秘密保护红线。企业在数据出境的监管程序中应当加强知识产权和商业秘密保护注意义务，做好数据出境前的知识产权合规评估工作。对于涉及国家安全、存有争议的商业秘密和数据知识产权需要进行评估。最后，商业秘密和知识产权保护应贯穿数据出境全流程，包括及时评估数据的知识产权合规情况，加强对数据类商业秘密和知识产权的监督和管理。在数据出境之前，对数据进行加密和安全保护，防止数据未经授权被泄露、滥用或窃取；在数据出境时，应确保不泄露客户的商业秘密，如客户信息、交易信息、市场信息等；在数据出境后，需要采取适当的保护措施，例如加密、访问控制、备份等措施，并对数据出境的过程进行监督和管理，以确保商业秘密或数据的安全性和保密性。

三、自贸试验区数据出境负面清单编制的体例借鉴

第一，数据出境负面清单编制可参照外商投资和跨境服务贸易领域的负面清单模式。跨境数据流动往往以产业和商业活动为依托，因此清单体例和内容可参考国内既有的三类负面清单的最新版，即《外商投资准入特别管理措施（负面清单）》《海南自由贸易港跨境服务贸易特别管理措施（负面清单）》和《市场准入负面清单》，体例包括清单说明和具体清单条目列举。一是在清单说明中阐明负面清单的主管部门、适用主体和适用地域范围、主要内容、豁免条款、授权条款和兜底条款等。二是数据出境负面清单条目的列举可按行业领域进行分类，涵盖先前出台文件已列明的负面清单内容（具体参见附录）。跨境数据流动负面清单中的目录涵盖既有负面清单中列明的禁止投资、禁止提供跨境服务和禁止准入的业务领域中包含的重要和敏感数据，如在"农、林、牧、渔业"行业部门下，稀有和特有的珍贵优良品种数据；农作物、种畜禽、水产苗种转基因品种数据也应在负面清单中（见表8）。

表 8　数据出境负面清单编制的内容借鉴

《外商投资准入特别管理措施（负面清单）（2021 年版）》中的禁止投资规定		应纳入数据出境负面清单的数据类型
农、林、牧、渔业	第 2 项：禁止投资中国稀有和特有的珍贵优良品种的研发、养殖、种植以及相关繁殖材料的生产（包括种植业、畜牧业、水产业的优良基因）。	中国稀有和特有的珍贵优良品种数据
	第 3 项：禁止投资农作物、种畜禽、水产苗种转基因品种选育及其转基因种子（苗）生产。	农作物、种畜禽、水产苗种转基因品种数据
	第 4 项：禁止投资中国管辖海域及内陆水域水产品捕捞。	中国管辖海域及内陆水域水产品数据
采矿业	第 5 项：禁止投资稀土、放射性矿产、钨勘查、开采及选矿。	稀土、放射性矿产、钨勘查、开采及选矿数据
制造业	第 7 项：禁止投资中药饮片的蒸、炒、炙、煅等炮制技术的应用及中成药保密处方产品的生产。	中药饮片的蒸、炒、炙、煅等炮制技术数据和中成药保密处方产品生产数据
……	……	……

　　第二，数据出境负面清单编制应注意结合现有行业主管部门"重要数据"范畴。目前，我国《网络安全法》第 37 条对重要数据出境提出了安全评估要求，《网络数据安全管理条例（征求意见稿）》《信息安全技术重要数据识别指南（征求意见稿）》《信息安全技术重要数据处理安全要求（征求意见稿）》等文件为重要数据的分类、识别与安全管理提供了初步指引。同时，我国已在交通、金融等部分行业领域率先实现了数据分级分类管理，区分了重要数据与低风险数据。以金融重要数据为例，数据出境负面清单编制过程中可以参考金融数据分级分类管理机制。在中国人民银行、中国银行保险监督管理委员会等编制的《金融数据安全分级指南》中，金融数据根据金融业机构数据安全性遭受破坏后的影响对象和所造成的影响程度划分级别，其中第 4 级、第 5 级高级别数据便可直接纳入数据出境负面清单。此外，还应从数据类型和数据量级两个角度考虑制定数据出境负面清单。部分类型数据在境内风险低，出境后风险可能提升，部分低风险数据

聚合后也可能转化为敏感的大量数据。例如，在《金融数据安全分级指南》中强调，部分低等级数据聚合后，如可显示特定机构特定时间的特定事件，则该信息具有高安全等级。

　　总之，自贸试验区数据出境负面清单的编制，对于进一步完善我国数据跨境流动的管理模式，推进自贸试验区战略提升具有重要意义。一方面，国家应该充分发挥自贸试验区对接国际高标准规则，推进制度型开放的创新优势，先行先试。另一方面，各自贸试验区也应充分利用负面清单这一试点，努力成为区域性数据中心，引领推动数字经济发展，更好参与数字产业国际竞争。

3. 数字化时代高标准国际规则与制度型开放 [①]

　　数字时代已经来临，互联网已经成为数字贸易和数字经济发展的重要平台。数字技术的赋能创造了新业态、新模式、新服务。特别是在贸易方面，随着跨境电商平台的发展，网络销售平台改变了传统的交易模式，创造了新的交易模式。同时，数字技术的发展推动了全球可数字化交付服务贸易的快速发展，我国已经成为世界第五大可数字化交付服务出口大国。在自贸试验区中，以上海为例，其正在扩大服务贸易和数字贸易开放发展。全球和中国数字贸易的快速发展需要一个全球性的数字贸易规则，数字经济的迅猛发展也呼唤新规则。WTO 旨在全球建立数字贸易规则的电子商务"联合声明倡议"谈判（开放的诸边谈判）正在进行，到目前为止谈判成果依然有限，WTO 成员期待尽快取得实质性进展。虽然全球范围内这种规则尚未建立，但是在区域贸易协定中已经建立了区域数字贸易的规则，主要包括《全面与进步跨太平洋伙伴关系协定》（CPTPP）的第 14 章"电子商务"、中国参加的《区域全面经济伙伴关系协定》（RCEP）中第 12 章"电子商务"，以及中国准备加入的《数字经济伙伴关系协定》（DEPA），均提到了电子方式跨境传输信息，也即需要着重讨论的数据流动。这些数字贸易规则设立的初衷就是应对全球数字贸易的快速发展。规则中最核心的就是数据自由流动和数据本地化问题，这两个问题是一个硬币的两个方面：如果允许数据自由流动，那么数据就可以无需本地化；如果强制要求数据本地化，那么数据流动必然也受到一定限制。

---

① 此文是根据 2023 年 3 月洪晓东在"自贸试验区成立十周年暨中国式现代化与制度型开放系列研讨会一"上的发言进行的书面整理，仅代表个人观点。

一、CPTPP、RCEP 和 DEPA 中的数据流动规则理解和解析

关于数据流动规则的核心内容，CPTPP 中第 14 章的第 11 条第 2 款规定，"当通过电子方式跨境传输信息是为涵盖的人执行其业务时，缔约方应允许跨境传输信息，包括个人信息"。也就是说，如果这种数据流动是执行业务所必需的，那么应该允许这种跨境信息传输。RCEP 也是同样的表述，但是所用的动词不一样，CPTPP 使用的是"允许"，RCEP 使用的是"不阻止"。DEPA 模块 4 关于"数据"的第 4.3 条"通过电子方式跨境传输信息"，也明确了每一成员应该允许跨境传输信息（each party shall allow the cross-border transfer of information）。

以上三个协定具有代表性，RCEP 是中国已正式加入的，CPTPP 和 DEPA 是中国正要积极加入的，它们均与数字化时代特征、数字技术的发展、数字贸易紧密相关，要想发展数字贸易或数字经济，数据的自由流动是必须的。仍需强调的是，虽然明确数据要自由流动，但 CPTPP 电子商务章节第 14.11 条对数据跨境流动规则提出了明确要求，"缔约方认识到每一缔约方对于通过电子方式跨境传输信息可能有各自的监管要求"；而且本条第 3 款也指出"不得阻止缔约方为实现合法公共政策目标，而采取或维持与第 2 款不一致的措施"。

以上三个协定是新数字时代数字贸易高水平国际规则的代表，同时也说明了数据跨境流动是在新数字时代数字贸易的大背景下产生的问题。

二、CPTPP、RCEP 和 DEPA 中与信任相关的条款

CPTPP、RCEP 和 DEPA 中均包含了与信任相关的条款。所谓信任性在 WTO 中被定义为"旨在营造安全可信的电子商务市场环境，主要包括个人数据保护、在线消费保护、信息和网络安全"，这与 CPTPP 第 14.11 条第 3 款中"合法公共政策目标"（Legitimate Public Policy Objective）相对应。缔约方可以合法的公共政策目标为由不允许数据流动，但这些合法的政策目标是为了保护个人数据、保护消费者和保护信息和网络的安全。CPTPP 第 14 章电子商务第 14.7、14.8、14.14、14.16 条分别涉及了保护线上消费者、保护个人信息、保护网络安全事项。同样，RCEP 第 12 章

第 3 节 "为电子商务创造有利环境"，涵盖了第 7 条 "线上消费者保护"、第 8 条 "线上个人信息保护"、第 9 条 "非应邀商业电子信息"（如所谓的 "垃圾邮件"）等条款。DEPA 模块 5 "更广泛的信任环境"、模块 6 "商业和消费者信任"，也涉及了网络安全合作、网上安全保障、在线消费者保护。因此，这些协定一方面要求数据自由流动，另一方面又允许以合理的政策目标限制数据流动，实际上是一对矛盾关系。

三、信息（数据）自由流动规则中的场景

在解析完数据流动条款和信任条款之后，要想理解 "数据流动" 和 "出于合理公共政策目标的监管" 之间的关系还应围绕以下核心词。第一，"执行其业务时"（For the Conduct of Business），数据自由流动的场景首先是在执行其业务时发生的，数据流动本身不是无中生有的，而是当提供一项服务或者货物（Goods）的交易（Transaction），存在某个 "业务"（Business）在执行时要求数据 "传输"（Transfer）。第二，"协议涵盖的人"（A Covered Person），协议涵盖的人指的是外国的投资者或服务提供者。对信息数据自由流动规则场景应作如下含义分析：首先，当外国的投资者或者外国的服务提供者从事一项业务时，如果该国加入了 CPTPP、DEPA 等协定，就等于有了允许（Allow）或者不得阻止跨境传输信息的保证或承诺，该承诺产生义务。其次，如果没有从事（Conduct）业务，就要解决数据流动是否存在、数据传输和自由流动的义务是否存在的问题。最后，中国数据的出境、国内（中国）服务提供者不受此条义务的管辖，也就是说一个政府限制自己的数据出境不属于贸易协定管辖的范畴，政府限制在大陆的外国投资者从事业务时的跨境数据流动，才属于协定管辖的范畴。

近期，美国议员关心 TikTok 的数据是否能够被中国政府看到、是否被传输到中国，我国政府也非常关心我国数据的 "出去" 问题。数据的 "进来" 和 "出去" 是双向的，因此应当分析协定管辖的义务是限制 "进来" 还是限制 "出去"。

对数据流动的管理不能成为限制贸易的手段。政府有监管数据流动的权利，特别是为实现公共政策目标而采取或维持与跨境数据自由流动不一

致的措施，但这些措施需要以两个条件作为核心：一是不以构成任意不合理歧视或对贸易构成变相限制的方式适用，二是不对信息传输施加超出实现目标所需限度的限制。因此这两个条件是未来研究的关键问题。

以 TikTok 为例，美国对 TikTok 的限制是合理的公共政策目标还是一种变相的贸易限制？美国作为全球数字贸易规则的主要推手，也是数据自由流动的主要推手，美国对 TikTok 的处理方式受到全球瞩目。但美国现在对 TikTok 的限制表面上关注的是国家安全或民众隐私，但实质上已成为变相的贸易限制（Disguised Trade Restriction）。

四、解决数据流动的三个关键视角

解决数据流动问题需要从三个关键视角出发。第一，允许数据自由流动并不意味着一项服务和业务被自动允许。没有业务自然就没有数据流动。在绝大多数情况下，市场准入（Market Access）是数据流动的政策前提。同时，允许国外服务提供者从事一项业务，而不允许此项业务下的数据流动会实质性减损准入的商业价值和承诺的意义。第二，允许数据流动并不等于没有监管和管理。监管的目的不是为了限制，如果实施不当，会不必要地限制贸易，增加交易者负担，因此最佳状态应当是达到监管目标的同时把对交易的限制最小化。例如，爱尔兰对 Meta（原名 Facebook）以在 Instagram 上处理儿童数据违反欧盟数据隐私法为理由罚款约四亿美元。虽然美欧之间数据是可以自由流动的，但是不排除监管机构为了公共政策目标、保护儿童隐私而对 Meta 进行罚款。第三，理解数据出境和入境的关系。企业既关心数据的出境，也关心数据的入境。中国的数据能否出境涉及中国的法规政策和相关国际义务，境外数据如美国、欧盟数据能否移送到中国加工处理涉及美国和欧盟的政策和国际义务。欧盟实行的是白名单制度，目前中国不在该白名单内，因此欧盟数据想进入中国也存在限制。

五、数字时代的制度型开放政策

数据流动问题处理不当会影响未来数字贸易和数字经济的发展，数字化时代高标准规则需要与制度型开放相结合。

2023 年 2 月 27 日，中共中央、国务院印发的《数字中国建设整体布局规划》中提出，到 2035 年，中国的数字化发展水平要进入到世界前列，数字中国建设取得重大成就，"做强做优做大数字经济，打造具有国际竞争力的数字产业集群"。作为服务业和数字经济高度发达的城市，上海要落实这个规划应当打造具有国际竞争力的数字产业，起到示范和带头作用。如果没有数据流动（Digital Transfer），就会阻碍数字转型，也会阻断"数字贸易"（Digital Trade），从而影响未来数字贸易的发展。

制度型开放首先要解决服务贸易的市场准入问题。没有业务，没有市场准入，就没有数据流动。中国的超级巨型企业有"BAT"（百度、阿里巴巴、腾讯的简称），美国则有 Google、Apple、Amazon、Meta。中国在"入世"时并未对这些增值电信或者互联网服务企业进入中国作出承诺，所以到目前为止，除了 Amazon 作为网上零售平台在中国从事业务之外，其他互联网巨头企业都没有进入中国。它们在中国不具有服务提供者（Service Provider）身份，因此不存在中国的消费者或客户数据向美国转移的问题。但另外，TikTok 在美国拥有了业务而且发展很快，现已拥有超过一亿用户，成为互联网创新的一个典型案例之一，美国却要求其剥离、转让股权或关闭。如果不存在这类业务，也就没有了数据流动。TikTok 依然希望在美国保持商业存在（Commercial Presence）提供服务，但是还需要解答美国政府和美国议员的疑问，包括它的数据是否安全，是否能够流动到中国。

我国《市场准入负面清单（2020 年版）》中禁止的服务行业类型，包括电信、互联网新闻、互联网出版、网络视听、互联网文化、互联网公众发布信息、广播电视节目制作、电影制作、新闻机构、报纸杂志等绝大部分的文化、体育和娱乐服务。服务贸易具有重要地位，服务贸易对于上海、中国甚至世界都是经济发展的主要动力，在 WTO 的数字贸易谈判中，不仅包括数据自由流动，还包括和数字贸易相关的服务业的开放问题，市场开放依然是将来制度型开放考虑的首要问题。

其次要解决的问题是信任问题，包括三个层面的信任：第一个是消费者的信任。无论是网上打车、网上消费购物还是网上银行，消费者要对这个网站有信任才会成为他的消费者；第二个是企业的信任；第三个是各国政府之间的信任。三个信任对于数据流动来说缺一不可，TikTok 在美国受到关闭的威胁就是缺乏对中国的信任，以及对中国企业的信任。信任问题如果不解决，将来就会在全球的数据自由流动方面产生重大的问题。

七国集团（G7）在 2021 年提出了一个非常重要的概念——"可信的数据自由流动"（Data Free Flow With Trust，由日本前首相安倍晋三在 2019 年达沃斯会议上首次提出），这个概念下的"信任"是指七国集团之间的信任，基于这种信任可以产生数据的流动。但实际上这也隐含了一个问题——集团之外的国家是不是可信任的？在信任的情况下，数据可以自由地跨境流动，包括隐私、数据保护、知识产权保护和安全。同时，个人数据必须受到可执行的高标准保护，要认识到数据管理和数据保护方面加强合作的重要性，合作探索监管方法的共同点，促进七国集团成员之间的互操作性。除此之外，七国集团就政府可信地获取私营部门持有的个人数据的共同原则达成共识，在必要的情况下，可以要求互联网公司提供一些必要的信息数据，其中也提到了支持经合组织制定原则的工作，认识到合法访问对保护公民信息安全和保障国家安全的重要性。

再次要解决的问题是监管问题。美国在联邦层面暂时还没有相关立法，监管也集中于事后问责，还有一部分缺乏监管，所以美国需要举行听证会并制定相关法律。从程度上来区分，数据监管分为无监管、事后问责、保障措施监管流通、特别授权流通。最严格的特别授权流通是否会限制数据自由流动，同样是需要思考的问题。中国采取的方法是根据《数据出境安全评估办法》，重要数据流通要先经过评估，实际上就是一种授权。

数字技术带来了数字化和数字转型，这迫切需要数据的跨境流动。数据无法流动就会阻碍数字转型、阻断数字贸易，从而影响数字经济的发展，而建立信任性是数据自由流动的关键问题。基于信任的数字贸易对中国来说是非常重要的，中国已经出台了《个人信息保护法》《网络安全法》《数据安全法》《数据出境安全评估办法》，这些法规都有各自的合法政策目标，并不是为了限制数据流动和数字贸易，而是为了保护个人隐私和国家安全。在此背景下，国家互联网信息办公室公布了《网信部门行政执法程序规定》，完善了网信部门行政执法程序。这体现了中国在不断地完善相关立法和执法，目的就是激发数字经济活力，推进数字生态建设，营造清朗网络空间，防范网络安全风险，为高质量发展提供有力服务、支撑和保障，为构建网络空间命运共同体提供一个坚实的基础。因此，数据跨境管理要易于业界实施和操作、着眼于将来和国际规则对接（这类国际规则就是中国未来要加入的CPTPP和DEPA），打造一个有利于数字企业走出去的国内和国际环境。

最后要解决的问题是"数据为民办事，数据为企服务"。数字监管应该公开透明，不给企业带来不必要的负担。高水平的国际规则要求规则不能变成一个变相的贸易限制，《数字中国建设整体布局规划》中也提出要优化数字化发展环境，及时按程序调整不适应数字化发展的法律制度。市场监管部门要强化服务、开放、共治和底线思维，提供更优质的服务、更贴心的帮助，实现"数据为民办事，数据为企服务"，释放"数据红利"。目前部分企业可能还不适应数据管理办法，这需要通过讲解、磨合，特别是跨境数据流动的便利化等方式加以引导，这对企业来说非常重要。

数据安全和数据流动的关系就像交通安全一样——行车安全和行车便利并行不悖。不仅要有行车安全的标语，更重要的是有具体、详细且公开透明的交通规则，比如酒驾和醉驾的标准、红绿灯、禁行线、单行线、限速标志。虽然交通规则越来越严，但每天出行越来越方便、越来越安全，数据出境监管同样如此。未来的数据流动是需要监管的，经过磨合后，数据流动也同样能够做到既便捷又安全。

企业也要做好合规工作，包括两个层面的合规：第一个层面是国内的企业包括外资企业的数据出境要符合我国三个根本的法律和数据出境管理条例。企业自身要做好合规，做到数据合规流程的可视化、透明化，更好地满足网信办的监管要求。在处理数据合规流程时，应做好与业务侧的平衡及沟通，有效降低业务侧的合规成本，更好地推进整体合规业务工作。企业应支持通过建立包括法律、技术的综合性团队，培养具备合规能力的管理人员，这对数据合法合规流动非常重要。第二个层面就是国际规则的合规，国内的相关立法也要与国际规则相一致。

　　数据跨境不仅是规则和监管的问题，同时也需要先进的技术解决方案。随着人工智能的发展，如何对数据进行分级分类？如何识别重要数据？如何追踪数据的传输路径？这都需要信息技术来支撑。企业要以 IPv6、隐私增强、区块链等技术为基础，为数据安全流动带来更多的创新空间，提升企业数据安全的合规能力，支撑跨境数据流动的管理。

4. 上海自贸区与数字时代的
国际规则演变 [①]

讨论上海自贸区与数字时代的国际规则演变需要研究三个问题：第一，研究如何建设上海自贸区；第二，数字时代的国际规则如何演变；第三，上海自贸区的任务是什么。

首先，关于上海自贸区和我国高水平对外开放的制度如何建立。通过研究中国对外开放的历史进程，可以发现 2013 年是一个节点。我国的对外开放经历了三波浪潮：第一波是 1978 年后国家实施对外开放，改革开放最核心的是贸易权和投资权的准入。1978 年以前，普通企业或者民众没有对外贸易权和对外投资权，只有少数机构和国有企业可以进行对外贸易和投资。从 1979 年开始，随着第一部外资法律的出台，国家逐步放开了外贸的经营权，也逐步打开了外国企业来华投资的大门。第二波是 20 世纪 90 年代初，我国迎来了第二波高速开放时期。国家实力、对外开放的广度与深度，以及对外贸易和吸引外资的额度大幅增加，中国成为全球吸引外资第二的目的地。第三波是 21 世纪初中国入世之后，中国迎来了真正的大发展。

但是入世十几年之后，以前的开放红利慢慢地消失，人口红利也在慢慢减少。2023 年开始，人口已经出现负增长，在这种背景之下，我国提出要再造一个新的开放时代。所以从 2012 年开始，国家重新谈判一批新的高水平经贸协定，开始构建面向全球的高标准的自贸区网络，以及与外国商谈高标准的投资协定。这就是我国的新一波改革开放浪潮。高标准自由贸易协定和投资协定的相关内容写入党的十八届三中全会《中共中央关于

① 此文是根据 2023 年 4 月王优酉在"自贸试验区成立十周年暨中国式现代化与制度型开放系列研讨会二"上的发言进行的书面整理，仅代表个人观点。

全面深化改革若干重大问题的决定》中，现在的经贸规则首先体现在中国加入的全球经贸规则网络——WTO 中，中国作为 WTO 的成员，也需要遵守 WTO 规则。此外，中国还签订了相应的自由贸易协定以及投资协定。目前，我国共签订几十个自由贸易协定以及一百三十多个投资协定，与 WTO 规则一同构成了中国主要的经贸投资规则。

随着与美国谈判的深入，我们发现与美国谈判最核心和最焦灼的一个问题就是对外资是否能够实行准入前国民待遇加负面清单。负面清单是从 2012 年跟美国的谈判中产生的，那时中美正在进行双边投资协定谈判，美国要求中国考虑接受准入前国民待遇加负面清单，最后党中央和国务院决定让上海承担试验准入前国民待遇加负面清单的任务，于是就有了上海自贸区。之后上海自贸区出台了第一个自贸区负面清单，这个负面清单成为中国新一批改革开放规则的重要抓手。在上海试验之后，我国推进了与美国和欧盟的双边投资协定谈判，以及与澳大利亚、日本、韩国、新西兰以及东盟国家的 RCEP 等大型自贸协定的谈判，这些谈判都是以准入前国民待遇加负面清单为基础的模式推进的。

负面清单全称为《外商投资准入特别管理措施（负面清单）》。通过上海自贸区的负面清单试验，我国理清风险，上海自贸区的负面清单向全国推广。上海当时主要试验了投资领域的负面清单，没有试验服务领域负面清单，但是在全球的经贸活动当中，投资和服务这两大负面清单都是比较先进的国家正在做的。第一种没有试验的是跨境服务的负面清单，第二种就是数字规则。因为在上海自贸区成立时，全球还没有任何一个跨境数字规则。

其次，关于数字时代的国际规则演变。数字规则是如何产生的呢？全球的数字规则首先需要有大量的数据，然后这些数据跨境流动，进而产生一个规则需求，最后再产生规则供给。那么数据什么时候开始大规模地跨境流动呢？跨境流动有特别重要的两件事：第一件事是欧盟对于个人隐私的保护，个人数据在网上形成了大量的个人隐私数据，欧盟坚决要保护这批数据。第二件事是美国的斯诺登"棱镜门"事件，全球各国发现美国正通过网络进行监视。这些事件导致大家对于全球数据的流动有了新的认识和关切。同时，还有一些事情正在不断发酵，各国的跨境流动和合作开始趋向于跨境的信息流动合作，比如美国和其他国家有关于跨境反洗钱的刑事执法合作，美国需要其他国家的银行配合在全球查询账户信息和交易信息，这就是跨境的刑事执法合作。在这个合作领域，主要有在匈牙利布达佩斯签订的《布达佩斯公约》，这个公约主要是由公安系统来负责的。但是这种跨境执法合作逐渐突破了刑事领域，扩展到了民事和行政领域，比如现在争论较多的跨境会计审计底稿问题。信息的一种载体是数据，有意义的数据可以把它叫作信息，所以信息流动的背后仍然是数据的跨境流动。因此各国之间就在讨论是否应该对数据跨境流动进行监管，各个国家都认为需要对数据的跨境流动设立一套规则，这就是数字国际规则的起源。

数字国际规则起源的背景是 2014—2015 年美国和欧盟就数据跨境、隐私保护达成的一系列协议。例如，欧盟的隐私数据到达美国后，美国能否提供同等的保护。但这并不是复杂的全球数据规则，真正全球数据规则是 2015 年美国与中国关于全球跨境数据规则进行的谈判。在谈判过程中，美国提出了几个核心问题，例如数据要不要跨境流动、哪些数据不能跨境流动。但是最后中美双方并未达成协议，美国就把相关条款加入了 TPP。TPP 文本的 80% 的内容与中美谈判的内容是一致的。在奥巴马就任美国总统时，美国想建立一个环太平洋的自由贸易区，这个自贸区会涵盖全世界50% 以上的人口和经济体量，但在 TPP 建成后，特朗普就任美国总统时的美国政府选择了退出，随后 TPP 取消删改了一些比较困难的措施规则，成为 CPTPP，也称为简化版的 TPP。CPTPP 标志着美国提出的全球投资、全球数据流动的规则已经基本成型。在此之后，中国与其他国家进行自由贸易协定的谈判时，即便是那些非 CPTPP 的成员国也倾向于接受 CPTPP 的数据跨境流动规则，这意味着 CPTPP 逐渐演变成了一个全球主流的标杆性数据规则。

CPTPP 最重要、最核心的内容共三大部分：第一部分是电子商务，无论是网络跨境，还是线下平台跨境进行贸易交流，都要涉及电子传输免关税、透明度等规则。第二部分是保护个人隐私，各个国家都有义务在跨境流动时保障个人隐私。但 CPTPP 中规定各个国家要确保数据能够跨境自由流动和非本地化，也就是说不能要求数据必须储存在自己国家的服务器上，也可以储存在其他国家和地区。例如，对于腾讯来说，马来西亚用户在微信的数据可以储存在马来西亚的服务器上，也可以储存在新加坡的服务器上，还可以储存在中国的服务器上。在 CPTPP 协定中，缔约方政府要保证数据是可以跨境自由流动的，不得要求这些数据必须存储在本地，但是个人隐私和公共利益除外，这也是 CPTPP 的核心内容。第三部分是国家安全保护，国家安全问题并没有直接规定在数据流动章节，而是另外设立国家安全例外条款，条款规定如果为了确保国家安全，可以阻止数据的跨境自由流动，也可以要求数据本地化储存。

　　全球的数据流动离不开这三部分规则。近些年，美国、欧盟和中国都对这三部分有了相应的法律。其中，欧盟为了保护数据隐私，出台了《通用数据保护条例》（General Data Protection Regulation，以下简称"GDPR"），GDPR 的核心是数据出境时要确保有足够的隐私保护，因此欧盟与美国发生了很多争议。美国为了保护国家安全，也出台了"云法案"（CLOUD Act），防止其他国家政府随意从美国调取数据，但同时美国政府可以因为安全问题从其他国家调取数据。中国也出台了《个人信息保护法》《数据安全法》《网络安全法》，以及一系列的部门规章。这就是国家安全与个人隐私在国际秩序、国际规则演变当中地位变化的体现。

　　美国主导的国际规则存在一个问题——没有强调数字产业的发展问题。美国不仅在数字产业没有相关规则，美国在各个领域都没有相关的产业规则，这是由于在过去的 100 年中，美国在这些产业中都是最强势的，无论是制造业还是服务业，没有规则是一种自由竞争状态，美国在这种状态下得益最大，所以美国在全球规则中没有加入互联网产业的规则。在谈判的过程中，美国认为数据可以随时进入美国已经足够，美国可以因此进一步扩大产业规模。但是到目前为止，从市值和科技含量看，中国的互联网产业已经仅次于美国。欧盟在奋起直追的同时，更多的是强调社会的公平性、合理性与个人隐私安全。欧盟最近的《数字服务法案》《数字市场法案》的立法目的都是约束大型平台企业。国际规则中对于数字产业的发展并没有涉及太多，只有关于跨境电商和电子商务的一些规定。但从中国的政策角度来说，中国设立了国家数据局，从某种意义上说还是将数字产业作为了发展重点。

最后，关于上海自贸区的任务。上海在 20 世纪 90 年代承担了浦东开发的任务，在 2013 年后，上海又承担了发展上海自贸区的任务。上海如果想在规则上先行一步，必须试验数字新规则。第一，目前中国加入 RCEP 是不够的，它并不能完全适应当前全球规则发展的现状，而 CPTPP 的规则目前有些并不完全适合中国。因此上海如果要试验，需要先走一条无人走过的路。第二，上海可以先行先试，在最开始开放的四个自贸区中，上海总体做得比较成功。上海市把规则尝试的重点放在了浦东新区，那么浦东新区是否需要参考海南呢？如果站在浦东新区的角度，则应该把浦东新区作为一个最领先的数字试验田，国际上有的规则我们要试，国际上没有的规则我们仍然要试，要尝试的东西不仅是数字的自由化，还包括在自由化的前提下，如何去防范数字风险。

附　录

1. DIGITAL ECONOMY PARTNERSHIP AGREEMENT

The Parties to this Agreement, resolving to:

ACKNOWLEDGE the importance of the digital economy and that ongoing economic success depends on their combined ability to harness technological advances to improve existing businesses, create new products and markets and enhance daily life;

RECOGNISE the global value of the Internet and its open architecture as an enabler of the digital economy and catalyst for global innovation;

RECOGNISE the role of standards, in particular open standards, in facilitating interoperability between digital systems and enhancing value-added products and services;

RECALL the Sustainable Development Goals in the United Nations 2030 Agenda for Sustainable Development, particularly Goal 8 and Goal 9;

ACKNOWLEDGE the importance of the digital economy in promoting inclusive economic growth;

RECOGNISE the need to harness the benefits of advanced technologies for all;

ACKNOWLEDGE the need to identify the growing range of barriers that relate to trade in the digital economy and the need to update global rules in response;

ACKNOWLEDGE that the digital economy is evolving and therefore this Agreement and its rules and cooperation must also continue to evolve;

CONSIDER that effective domestic coordination of digital economy policies can further contribute to achieve sustainable economic growth;

RECOGNISE their interdependence on matters relating to the digital economy and, as leading online economies, their shared interest in protecting critical infrastructure and ensuring a safe and reliable Internet that supports innovation and economic and social development;

AFFIRM a commitment to partnership cooperation on matters relating to the digital economy;

RECOGNISE their inherent right to regulate and resolve to preserve the flexibility of the Parties to set legislative and regulatory priorities, safeguard public welfare, and protect legitimate public policy objectives; and

REAFFIRM the importance of promoting corporate social responsibility, cultural identity and diversity, environmental protection and conservation, gender equality, indigenous rights, labour rights, inclusive trade, sustainable development and traditional knowledge, as well as the importance of preserving their right to regulate in the public interest,

HAVE AGREED as follows:

MODULE 1   Initial Provisions and General Definitions

Article 1.1: Scope

1. This Agreement shall apply to measures adopted or maintained by a Party that affect trade in the digital economy.

2. This Agreement shall not apply:

(a) to a service supplied in the exercise of governmental authority;

(b) except for Article 2.7 (Electronic Payments), to financial services;

(c) except for Article 8.3 (Government Procurement), to government procurement; or

(d) except for Article 9.5 (Open Government Data), to information held or processed by or on behalf of a Party, or measures related to that information, including measures related to its collection.

Article 1.2: Relation to Other Agreements

1. Recognising the Parties' intention for this Agreement to coexist with their existing international agreements, each Party affirms:

(a) in relation to existing international agreements to which all Parties are party, including the WTO Agreement, its existing rights and obligations with respect to the other Parties; and

(b) in relation to existing international agreements to which that Party and at least one other Party are party, its existing rights and obligations with respect to that other Party or Parties, as the case may be.

2. If a Party considers that a provision of this Agreement is inconsistent with a provision of another agreement to which it and at least one other Party are party, on request, the relevant Parties to the other agreement shall consult with a view to reaching a mutually satisfactory solution. This paragraph is without prejudice to a Party's rights and obligations under Module 14 (Dispute Settlement).[①]

Article 1.3: General Definitions

For the purposes of this Agreement, unless otherwise provided in this Agreement:

Agreement means the Digital Economy Partnership Agreement;

---

① For the purposes of the application of this Agreement, the Parties agree that the fact that an agreement provides more favourable treatment of goods, services, investments or persons than that provided for under this Agreement does not mean that there is an inconsistency within the meaning of paragraph 2.

APEC means Asia-Pacific Economic Cooperation;

customs duty includes any duty or charge of any kind imposed on or in connection with the importation of a good, and any surtax or surcharge imposed in connection with such importation, but does not include any:

(a) charge equivalent to an internal tax imposed consistently with Article III:2 of GATT 1994;

(b) fee or other charge in connection with the importation commensurate with the cost of services rendered; or

(c) antidumping or countervailing duty;

days means calendar days;

enterprise means any entity constituted or organised under applicable law, whether or not for profit, and whether privately or governmentally owned or controlled, including any corporation, trust, partnership, sole proprietorship, joint venture, association or similar organisation;

existing means in effect on the date of entry into force of this Agreement;

financial services is as defined in subparagraph 5(a) of the Annex on Financial Services in GATS;

GATS means the *General Agreement on Trade in Services,* set out in Annex 1B to the WTO Agreement;

GATT 1994 means the *General Agreement on Tariffs and Trade 1994*, set out in Annex 1A to the WTO Agreement;

goods means any merchandise, product, article or material;

Joint Committee means the joint committee established under Module 12 (Joint Committee and Contact Points);

measure includes any law, regulation, procedure, requirement or practice;

Party means any State or separate customs territory for which this Agreement is in force;

person means a natural person or an enterprise;

person of a Party means a national or an enterprise of a Party;

personal information means any information, including data, about an identified or identifiable natural person;

SME means a small and medium-sized enterprise, including a micro-sized enterprise;

WTO means the World Trade Organization; and

WTO Agreement means the *Marrakesh Agreement Establishing the World Trade Organization*, done at Marrakesh on April 15, 1994.

MODULE 2　Business and Trade Facilitation

Article 2.1: Definitions

For the purposes of this Module:

electronic invoicing or e-invoicing means the automated creation, exchange and processing of request for payments between suppliers and buyers using a structured digital format;

electronic payments means the payer's transfer of a monetary claim on a person that is acceptable to the payee and made through electronic means;

electronic record means a record generated, communicated, received or stored by electronic means in an information system or for transmission from one information system to another;

open standard means a standard that is made available to the general public, developed or approved and maintained via a collaborative and consensus driven process, in order to facilitate interoperability and data exchange among different products or services and is intended for widespread adoption;

single window means a facility that allows persons involved in a trade transaction to electronically lodge data and documents with a single entry point to fulfil all import, export and transit regulatory requirements;

trade administration documents means forms issued or controlled by a Party that must be completed by or for an importer or exporter in connection with the import or export of goods; and

UNCITRAL means the United Nations Commission on International Trade Law.

Article 2.2: Paperless Trading

1. Each Party shall make publicly available, including through a process prescribed by that Party, electronic versions of all existing publicly available trade administration documents.①

2. Each Party shall provide electronic versions of trade administration documents referred to in paragraph 1 in English or any of the other official languages of the WTO, and shall endeavour to provide such electronic versions in a machine-readable format.

3. Each Party shall accept electronic versions of trade administration documents as the legal equivalent of paper documents, except where:

(a) there is a domestic or international legal requirement to the contrary; or

(b) doing so would reduce the effectiveness of trade administration.

4. Noting the obligations in the *WTO Trade Facilitation Agreement*, each Party shall establish or maintain a single window that enables persons to submit documentation or data requirements for importation, exportation, or transit of goods through a single entry point to the participating authorities or agencies.

---

① For greater certainty, electronic versions of trade administration documents include trade administration documents provided in a machine-readable format.

5. The Parties shall endeavour to establish or maintain a seamless, trusted, high availability① and secure interconnection of their respective single windows to facilitate the exchange of data relating to trade administration documents, which may include:

(a) sanitary and phytosanitary certificates;

(b) import and export data; or

(c) any other documents, as jointly determined by the Parties, and in doing so, the Parties shall provide public access to a list of such documents and make this list of documents available online.

6. The Parties recognise the importance of facilitating, where relevant in each jurisdiction, the exchange of electronic records used in commercial trading activities between the Parties' businesses.

7. The Parties shall endeavour to develop systems to support the exchange of:

(a) data relating to trade administration documents referred to in paragraph between the competent authorities of each Party;② and

(b) electronic records used in commercial trading activities between the Parties' businesses, where relevant in each jurisdiction.

8. The Parties recognise that the data exchange systems referred to in paragraph 7 should be compatible and interoperable with each other. To this end, the Parties recognise the role of internationally recognised and, if available, open standards in the development and governance of the data exchange systems.

---

① For greater certainty, "high availability" refers to the ability of a single window to continuously operate. It does not prescribe a specific standard of availability.

② The Parties recognise that the data exchange systems referred to in this paragraph may refer to interconnection of the single windows referred to in paragraph 5.

9. The Parties shall cooperate and collaborate on new initiatives which promote and advance the use and adoption of the data exchange systems referred to in paragraph 7, including but not limited to, through:

(a) sharing of information, experiences and best practices in the area of development and governance of the data exchange systems; and

(b) collaboration on pilot projects in the development and governance of data exchange systems.

10. The Parties shall cooperate bilaterally and in international fora to enhance acceptance of electronic versions of trade administration documents and electronic records used in commercial trading activities between businesses.

11. In developing other initiatives which provide for the use of paperless trading, each Party shall endeavour to take into account the methods agreed by relevant international organisations.

Article 2.3: Domestic Electronic Transactions Framework

1. Each Party shall maintain a legal framework governing electronic transactions consistent with the principles of:

(a) the UNCITRAL Model Law on Electronic Commerce (1996); or

(b) the United Nations Convention *on the Use of Electronic Communications in International Contracts*, done at New York, November 23, 2005.

2. Each Party shall endeavour to adopt the UNCITRAL Model Law on Electronic Transferable Records (2017).

3. Each Party shall endeavour to:

(a) avoid imposing any unnecessary regulatory burden on electronic transactions; and

(b) facilitate input by interested persons in the development of its legal framework for electronic transactions.

Article 2.4: Logistics

1. The Parties recognise the importance of efficient cross border logistics which help lower the cost and improve the speed and reliability of supply chains.

2. The Parties shall endeavour to share best practices and general information regarding the logistics sector, including but not limited to the following:

(a) last mile deliveries, including on-demand and dynamic routing solutions;

(b) the use of electric, remote controlled and autonomous vehicles;

(c) facilitating the availability of cross-border options for the delivery of goods, such as federated lockers; and

(d) new delivery and business models for logistics.

Article 2.5: Electronic Invoicing

1. The Parties recognise the importance of e-invoicing which increases the efficiency, accuracy and reliability of commercial transactions. The Parties also recognise the benefits of ensuring that the systems used for e-invoicing within their respective jurisdictions are interoperable with the systems used for e-invoicing in the other Parties' jurisdictions.

2. Each Party shall ensure that the implementation of measures related to e-invoicing in its jurisdiction is designed to support cross-border interoperability. For that purpose, each Party shall base its measures related to e-invoicing on international standards, guidelines or recommendations, where they exist.

3. The Parties recognise the economic importance of promoting the

global adoption of interoperable e-invoicing systems. To this end, the Parties shall share best practices and collaborate on promoting the adoption of interoperable systems for e-invoicing.

4. The Parties agree to cooperate and collaborate on initiatives which promote, encourage, support or facilitate the adoption of e-invoicing by businesses. To this end, the Parties shall endeavour to:

(a) promote the existence of underlying infrastructure to support e-invoicing; and

(b) generate awareness of and build capacity for e-invoicing.

Article 2.6: Express Shipments

1. The Parties recognise that electronic commerce plays an important role in increasing trade. To this end, to facilitate trade of express shipments in electronic commerce, the Parties shall ensure that their respective customs procedures are applied in a manner that is predictable, consistent and transparent.

2. Each Party shall adopt or maintain expedited customs procedures for express shipments while maintaining appropriate customs control and selection. These procedures shall:

(a) provide for information necessary to release an express shipment to be submitted and processed before the shipment arrives;

(b) allow a single submission of information covering all goods contained in an express shipment, such as a manifest, through electronic means if possible;[①]

(c) to the extent possible, provide for the release of certain goods with a minimum of documentation;

(d) under normal circumstances, provide for express shipments to

---

① For greater certainty, additional documents may be required as a condition for release.

be released within six hours after submission of the necessary customs documents, provided the shipment has arrived; and

(e) apply to shipments of any weight or value recognising that a Party may require formal entry procedures as a condition for release, including declaration and supporting documentation and payment of customs duties, based on the good's weight or value.

3. If a Party does not provide the treatment in paragraphs 2(a) through 2(e) to all shipments, that Party shall provide a separate[①] and expedited customs procedure that provides that treatment for express shipments.

4. Each Party shall provide for a de minimis shipment value or dutiable amount for which customs duties will not be collected, aside from restricted or controlled goods, such as goods subject to import licensing or similar requirements.[②] Each Party shall review the amount periodically taking into account factors that it may consider relevant, such as rates of inflation, effect on trade facilitation, impact on risk management, administrative cost of collecting duties compared to the amount of duties, cost of cross-border trade transactions, impact on SMEs or other factors related to the collection of customs duties.

Article 2.7: Electronic Payments[③]

1. Noting the rapid growth of electronic payments, in particular, those provided by new payment service providers, Parties agree to support the development of efficient, safe and secure cross border electronic payments by fostering the adoption and use of internationally accepted standards,

---

① For greater certainty, "separate" does not mean a specific facility or lane.

② Notwithstanding this Article, a Party may assess customs duties, or may require formal entry documents, for restricted or controlled goods such as goods subject to import licensing or similar requirements.

③ For greater certainty, nothing in this Article shall be construed to impose an obligation on a Party to modify its domestic rules on payments, including, inter alia, the need to obtain licences or permits or the approval of access applications.

promoting interoperability and the interlinking of payment infrastructures, and encouraging useful innovation and competition in the payments ecosystem.

2. To this end, and in accordance with their respective laws and regulations, the Parties recognise the following principles:

(a) The Parties shall endeavour to make their respective regulations on electronic payments, including those pertaining to regulatory approval, licensing requirements, procedures and technical standards, publicly available in a timely manner.

(b) The Parties shall endeavour to take into account, for relevant payment systems, internationally accepted payment standards to enable greater interoperability between payment systems.

(c) The Parties shall endeavour to promote the use of Application Programming Interface (API) and to encourage financial institutions and payment service providers to make available APIs of their financial products, services and transactions to third party players where possible to facilitate greater interoperability and innovation in the electronic-payments ecosystem.

(d) The Parties shall endeavour to enable cross-border authentication and electronic know-your-customer of individuals and businesses using digital identities.

(e) The Parties recognise the importance of upholding safety, efficiency, trust and security in electronic payment systems through regulation. The implementation of regulation should, where appropriate, be proportionate to and commensurate with the risks posed by the provision of electronic payment systems.

(f) The Parties agree that policies should promote innovation and competition in a level playing field and recognise the importance of enabling the introduction of new financial and electronic payment products and services by incumbents and new entrants in a timely manner such as through adopting regulatory and industry sandboxes.

MODULE 3 Treatment of Digital Products and Related Issues

Article 3.1: Definitions

For the purposes of this Module:

digital product means a computer programme, text, video, image, sound recording or other product that is digitally encoded, produced for commercial sale or distribution, and that can be transmitted electronically;①② and

electronic transmission or **transmitted electronically** means a transmission made using any electromagnetic means, including by photonic means.

Article 3.2: Customs Duties

1. No Party shall impose customs duties on electronic transmissions, including content transmitted electronically, between a person of one Party and a person of another Party.

2. For greater certainty, paragraph 1 shall not preclude a Party from imposing internal taxes, fees or other charges on content transmitted electronically, provided that such taxes, fees or charges are imposed in a manner consistent with this Agreement.

Article 3.3: Non-Discriminatory Treatment of Digital Products

The Parties affirm their level of commitments relating to non-discriminatory

---

① For greater certainty, digital product does not include a digitised representation of a financial instrument, including money.

② The definition of digital product should not be understood to reflect a Party's view on whether trade in digital products through electronic transmission should be categorised as trade in services or trade in goods.

treatment of digital products, in particular, but not exclusively:

"*1. No Party shall accord less favourable treatment to digital products created, produced, published, contracted for, commissioned or first made available on commercial terms in the territory of another Party, or to digital products of which the author, performer, producer, developer or owner is a person of another Party, than it accords to other like digital products.*[1]

F/n 1: For greater certainty, to the extent that a digital product of a non-Party is a "like digital product", it will qualify as an "other like digital product" for the purposes of this paragraph.

2. Paragraph 1 shall not apply to the extent of any inconsistency with a Party's rights and obligations concerning intellectual property contained in another international agreement a Party is party to.

3. The Parties understand that this Article does not apply to subsidies or grants provided by a Party, including government-supported loans, guarantees and insurance.

4. This Article shall not apply to broadcasting."

Article 3.4: Information and Communication Technology Products that Use Cryptography

The Parties affirm their level of commitments relating to Information and Communication Technology products that use cryptography, in particular, but not exclusively:

"*1. This section shall apply to information and communication technology (ICT) products that use cryptography.*[1]

F/n 1: For greater certainty, for the purposes of this section, a "product" is a good and does not include a financial instrument.

2. For the purposes of this section:

cryptography means the principles, means or methods for the transformation of data in order to hide its information content, prevent its undetected modification or prevent its unauthorised use; and is limited to the transformation of information using one or more secret parameters, for example, crypto variables, or associated key management;

encryption means the conversion of data (plaintext) into a form that cannot be easily understood without subsequent re-conversion (ciphertext) through the use of a cryptographic algorithm;

cryptographic algorithm or *cipher* means a mathematical procedure or formula for combining a key with plaintext to create a ciphertext; and

key means a parameter used in conjunction with a cryptographic algorithm that determines its operation in such a way that an entity with knowledge of the key can reproduce or reverse the operation, while an entity without knowledge of the key cannot.

3. With respect to a product that uses cryptography and is designed for commercial applications, no Party shall impose or maintain a technical regulation or conformity assessment procedure that requires a manufacturer or supplier of the product, as a condition of the manufacture, sale, distribution, import or use of the product, to:

(a) transfer or provide access to a particular technology, production process or other information, for example, a private key or other secret parameter, algorithm specification or other design detail, that is proprietary to the manufacturer or supplier and relates to the cryptography in the product, to the Party or a person in the Party's territory;

(b) partner with a person in its territory; or

(c) use or integrate a particular cryptographic algorithm or cipher, other than where the manufacture, sale, distribution, import *or use of the product is by or for the government of the Party.*

4. Paragraph 3 shall not apply to:

(a) Requirements that a Party adopts or maintains relating to access to networks that are owned or controlled by the government of that Party, including those of central banks; or

(b) measures taken by a Party pursuant to supervisory, investigatory or examination authority relating to financial institutions or markets.

5. For greater certainty, this Section shall not be construed to prevent a Party's law enforcement authorities from requiring service suppliers using encryption they control to provide, pursuant to that Party's legal procedures, unencrypted communications."

MODULE 4　Data Issues

Article 4.1: Definitions

For the purposes of this Module:

computing facilities means computer servers and storage devices for processing or storing information for commercial use.

Article 4.2: Personal Information Protection

1. The Parties recognise the economic and social benefits of protecting the personal information of participants in the digital economy and the importance of such protection in enhancing confidence in the digital economy and development of trade.

2. To this end, each Party shall adopt or maintain a legal framework that provides for the protection of the personal information of the users of electronic commerce and digital trade. In the development of its legal framework for the protection of personal information, each Party shall take into account principles and guidelines of relevant international

bodies.①

3. The Parties recognise that the principles underpinning a robust legal framework for the protection of personal information should include:

(a) collection limitation;

(b) data quality;

(c) purpose specification;

(d) use limitation;

(e) security safeguards;

(f) transparency;

(g) individual participation; and

(h) accountability.

4. Each Party shall adopt non-discriminatory practices in protecting users of electronic commerce from personal information protection violations occurring within its jurisdiction.

5. Each Party shall publish information on the personal information protections it provides to users of electronic commerce, including how:

(a) individuals can pursue remedies; and

(b) businesses can comply with any legal requirements.

6. Recognising that the Parties may take different legal approaches to protecting personal information, each Party shall pursue the development of mechanisms to promote compatibility and interoperability between their different regimes for protecting personal information. These mechanisms may include:

---

① For greater certainty, a Party may comply with the obligation in this paragraph by adopting or maintaining measures such as a comprehensive privacy, personal information or personal data protection laws, sector-specific laws covering data protection or privacy, or laws that provide for the enforcement of voluntary undertakings by enterprises relating to data protection or privacy.

(a) the recognition of regulatory outcomes, whether accorded autonomously or by mutua arrangement;

(b) broader international frameworks;

(c) where practicable, appropriate recognition of comparable protection afforded by their respective legal frameworks' national trustmark or certification frameworks; or

(d) other avenues of transfer of personal information between the Parties.

7. The Parties shall exchange information on how the mechanisms in paragraph 6 are applied in their respective jurisdictions and explore ways to extend these or other suitable arrangements to promote compatibility and interoperability between them.

8. The Parties shall encourage adoption of data protection trustmarks by businesses that would help verify conformance to personal data protection standards and best practices.

9. The Parties shall exchange information on and share experiences on the use of data protection trustmarks.

10. The Parties shall endeavour to mutually recognise the other Parties' data protection trustmarks as a valid mechanism to facilitate cross-border information transfers while protecting personal information.

Article 4.3: Cross-Border Transfer of Information by Electronic Means

The Parties affirm their level of commitments relating to cross-border transfer of information by electronic means, in particular, but not exclusively:

"1. The Parties recognise that each Party may have its own regulatory requirements concerning the transfer of information by electronic means.

2. Each Party shall allow the cross-border transfer of information by electronic means, including personal information, when this activity is for the conduct of the business of a covered person.

3. Nothing in this Article shall prevent a Party from adopting or maintaining measures inconsistent with paragraph 2 to achieve a legitimate public policy objective, provided that the measure:

(a) is not applied in a manner which would constitute a means of arbitrary or unjustifiable discrimination or a disguised restriction on trade; and

(b) does not impose restrictions on transfers of information greater than are required to achieve the objective."

Article 4.4: Location of Computing Facilities

The Parties affirm their level of commitments relating to location of computing facilities, in particular, but not exclusively:

"1. The Parties recognise that each Party may have its own regulatory requirements regarding the use of computing facilities, including requirements that seek to ensure the security and confidentiality of communications.

2. No Party shall require a covered person to use or locate computing facilities in that Party's territory as a condition for conducting business in that territory.

3. Nothing in this Article shall prevent a Party from adopting or maintaining measures inconsistent with paragraph 2 to achieve a legitimate public policy objective, provided that the measure:

(a) is not applied in a manner which would constitute a means of arbitrary or unjustifiable discrimination or a disguised restriction on trade; and

(b) does not impose restrictions on the use or location of computing facilities greater than are required to achieve the objective."

MODULE 5   Wider Trust Environment

Article 5.1: Cybersecurity Cooperation

1. The Parties have a shared vision to promote secure digital trade to achieve global prosperity and recognise that cybersecurity underpins the digital economy.

2. The Parties further recognise the importance of:

(a) building the capabilities of their national entities responsible for computer security incident response;

(b) using existing collaboration mechanisms to cooperate to identify and mitigate malicious intrusions or dissemination of malicious code that affect the electronic networks of the Parties; and

(c) workforce development in the area of cybersecurity, including through possible initiatives relating to mutual recognition of qualifications, diversity and equality.

Article 5.2: Online Safety and Security

1. The Parties recognise that a safe and secure online environment supports the digital economy.

2. The Parties recognise the importance of taking a multi-stakeholder approach to addressing online safety and security issues.

3. The Parties shall endeavour to cooperate to advance collaborative solutions to global issues affecting online safety and security.

MODULE 6   Business and Consumer Trust

Article 6.1: Definitions

For the purposes of this Module:

unsolicited commercial electronic message means an electronic message which is sent for commercial or marketing purposes to an electronic address, without the consent of the recipient or despite the explicit rejection of the recipient, through an Internet access service supplier or, to the extent provided for under the laws and regulations of each Party, other telecommunications service.

Article 6.2: Unsolicited Commercial Electronic Messages

1. Each Party shall adopt or maintain measures regarding unsolicited commercial electronic messages that:

(a) require suppliers of unsolicited commercial electronic messages to facilitate the ability of recipients to prevent ongoing reception of those messages;

(b) require the consent, as specified according to the laws and regulations of each Party, of recipients to receive commercial electronic messages; or

(c) otherwise provide for the minimisation of unsolicited commercial electronic messages.

2. Each Party shall provide recourse against suppliers of unsolicited commercial electronic messages that do not comply with the measures adopted or maintained pursuant to paragraph 1.

3. The Parties shall cooperate in appropriate cases of mutual concern regarding the regulation of unsolicited commercial electronic messages.

Article 6.3: Online Consumer Protection

1. The Parties recognise the importance of transparent and effective measures to protect consumers from fraudulent, misleading or deceptive conduct when they engage in electronic commerce.

2. The Parties recognise the importance of cooperation between their respective national consumer protection agencies or other relevant bodies on activities related to cross-border electronic commerce in order to enhance consumer welfare.

3. Each Party shall adopt or maintain laws or regulations to proscribe fraudulent, misleading or deceptive conduct that causes harm, or is likely to cause harm, to consumers engaged in online commercial activities. Such laws or regulations may include general contract or negligence law and may be civil or criminal in nature. "Fraudulent, misleading or deceptive conduct" includes:

(a) making misrepresentations or false claims as to material qualities, price, suitability for purpose, quantity or origin of goods or services;

(b) advertising goods or services for supply without intention to supply;

(c) failing to deliver products or provide services to consumers after the consumers have been charged; or

(d) charging or debiting consumers' financial, telephone or other accounts without authorisation.

4. Each Party shall adopt or maintain laws or regulations that:

(a) require, at the time of delivery, goods and services provided to be of acceptable and satisfactory quality, consistent with the supplier's claims regarding the quality of the goods and services; and

(b) provide consumers with appropriate redress when they are not.

5. Each Party shall make publicly available and easily accessible its consumer protection laws and regulations.

6. The Parties recognise the importance of improving awareness of, and access to, policies and procedures related to consumer protection, including

consumer redress mechanisms, including for consumers from one Party transacting with suppliers from another Party.

7. The Parties shall promote, as appropriate and subject to the respective laws and regulations of each Party, cooperation on matters of mutual interest related to misleading and deceptive conduct, including in the enforcement of their consumer protection laws, with respect to online commercial activities.

8. The Parties endeavour to explore the benefits of mechanisms, including alternative dispute resolution, to facilitate the resolution of claims relating to electronic commerce transactions.

Article 6.4: Principles on Access to and Use of the Internet

Subject to applicable policies, laws and regulations, the Parties recognise the benefits of their consumers having the ability to:

(a) access and use services and applications of a consumer's choice available on the Internet, subject to reasonable network management;[①]

(b) connect the end-user devices of a consumer's choice to the Internet provided that such devices do not harm the network; and

(c) access information on the network management practices of a consumer's Internet access service provider.

MODULE 7   Digital Identities

Article 7.1: Digital Identities

1. Recognising that the cooperation of the Parties on digital identities, individual or corporate, will increase regional and global connectivity, and recognising that each Party may have different implementations of, and legal approaches to, digital identities, each Party shall endeavour to promote the

---

① The Parties recognise that an Internet access service supplier that offers its subscribers certain content on an exclusive basis would not be acting contrary to this principle.

interoperability between their respective regimes for digital identities. This may include:

(a) the establishment or maintenance of appropriate frameworks to foster technical interoperability or common standards between each Party's implementation of digital identities;

(b) comparable protection of digital identities afforded by each Party's respective legal frameworks, or the recognition of their legal and regulatory effects, whether accorded autonomously or by mutual agreement;

(c) the establishment or maintenance of broader international frameworks; and

(d) the exchange of knowledge and expertise on best practices relating to digital identity policies and regulations, technical implementation and security standards, and user adoption.

2. For greater certainty, nothing in this Article shall prevent a Party from adopting or maintaining measures inconsistent with paragraph 1 to achieve a legitimate public policy objective.

MODULE 8 Emerging Trends and Technologies

Article 8.1: Financial Technology Cooperation

The Parties shall promote cooperation between the financial technology (FinTech) industry in the Parties. The Parties recognise that effective cooperation regarding FinTech will require involvement of businesses. To this end, the Parties shall:

(a) promote cooperation between firms in the FinTech sector;

(b) promote development of FinTech solutions for business or financial sectors; and

(c) encourage collaboration of entrepreneurship or start-up talent between the Parties in FinTech, consistent with the laws and regulations of the respective Parties.

Article 8.2: Artificial Intelligence

1. The Parties recognise that the use and adoption of Artificial Intelligence (AI) technologies have grown increasingly widespread in the digital economy.

2. The Parties recognise the economic and social importance of developing ethical and governance frameworks for the trusted, safe and responsible use of AI technologies. In view of the cross-border nature of the digital economy, the Parties further acknowledge the benefits of developing mutual understanding and ultimately ensuring that such frameworks are internationally aligned, in order to facilitate, as far as possible, the adoption and use of AI technologies across the Parties' respective jurisdictions.

3. To this end, the Parties shall endeavour to promote the adoption of ethical and governance frameworks that support the trusted, safe and responsible use of AI technologies (AI Governance Frameworks).

4. In adopting AI Governance Frameworks, the Parties shall endeavour to take into consideration internationally recognised principles or guidelines, including explainability, transparency, fairness and human-centred values.

Article 8.3: Government Procurement

1. The Parties recognise that the digital economy will have an impact on government procurement and affirm the importance of open, fair and transparent government procurement markets.

2. To this end, the Parties shall undertake cooperation activities in relation to understanding how greater digitisation of procurement processes, and of goods and services impacts on existing and future international

government procurement commitments.

Article 8.4: Cooperation on Competition Policy

1. Recognising that the Parties can benefit by sharing their experiences in enforcing competition law and in developing and implementing competition policies to address the challenges that arise from the digital economy, the Parties shall consider undertaking mutually agreed technical cooperation activities, including:

(a) exchanging information and experiences on development of competition policies in the digital markets;

(b) sharing best practices on promotion of competition in digital markets; and

(c) providing advice or training, including through the exchange of officials, to assist a Party to build necessary capacities to strengthen competition policy development and competition law enforcement in the digital markets.

2. The Parties shall cooperate, as appropriate, on issues of competition law enforcement in digital markets, including through notification, consultation and the exchange of information.

3. The Parties shall cooperate in a manner compatible with their respective laws, regulations and important interests, and within their reasonably available resources.

MODULE 9　Innovation and the Digital Economy

Article 9.1: Definitions

For the purposes of this Module:

open data means digital data that is made available with the technical and legal characteristics necessary for it to be freely used, reused, and redistributed. This definition relates only to information held or processed by or on behalf of a Party.

Article 9.2: Objectives

The Parties affirm the importance of technological innovation, creativity, and the transfer and dissemination of technology, being for the mutual advantage of producers and users of knowledge, as a means to achieve social and economic welfare.

Article 9.3: Public Domain

1. The Parties recognise the importance of a rich and accessible public domain.

2. The Parties also acknowledge the importance of informational materials, such as publicly accessible databases of registered intellectual property rights that assist in the identification of subject matter that has fallen into the public domain.

Article 9.4: Data Innovation

1. The Parties recognise that cross-border data flows and data sharing enable data-driven innovation. The Parties further recognise that innovation may be enhanced within the context of regulatory data sandboxes where data, including personal information,[①] is shared amongst businesses in accordance with the Parties' respective laws and regulations.

2. The Parties also recognise that data sharing mechanisms, such as trusted data sharing frameworks and open licensing agreements, facilitate data sharing and promote its use in the digital environment to:

(a) promote innovation and creativity;

---

① For greater certainty, this is without prejudice to Article 4.2 (Personal Information Protection).

(b) facilitate the diffusion of information, knowledge, technology, culture and the arts; and

(c) foster competition and open and efficient markets.

3. The Parties shall endeavour to collaborate on data-sharing projects and mechanisms, and proof of concepts for new uses of data, including data sandboxes, to promote data-driven innovation.

Article 9.5: Open Government Data

1. The Parties recognise that facilitating public access to and use of government information may foster economic and social development, competitiveness and innovation.

2. To the extent that a Party makes government information, including data, available to the public, it shall endeavour to ensure that the information is made available as open data.

3. The Parties shall endeavour to cooperate to identify ways in which Parties can expand access to and use of open data, with a view to enhancing and generating business opportunities.

4. Cooperation under this Article may include activities such as:

(a) jointly identifying sectors where open data sets, particularly those with global value, can be used to facilitate technology transfer, talent formation and innovation, among other things;

(b) encouraging the development of new products and services based on open data sets; and

(c) fostering the use and develop open data licensing models in the form of standardised public licences available online, which will allow open data to be freely accessed, used, modified and shared by anyone for any purpose permitted by the Parties' respective laws and regulations, and which rely on open data formats.

MODULE 10　Business and Trade Facilitation

Article 10.1: General Principles

1. The Parties recognise the fundamental role of SMEs in maintaining dynamism and enhancing competitiveness in the digital economy.

2. The Parties recognise the integral role of the private sector in the SMEs cooperation to be implemented under this Module.

3. The Parties shall foster close cooperation on the digital economy between SMEs of the Parties and cooperate in promoting jobs and growth for SMEs.

Article 10.2: Cooperation to Enhance Trade and Investment Opportunities for SMEs in the Digital Economy

With a view to more robust cooperation between the Parties to enhance trade and investment opportunities for SMEs in the digital economy, the Parties shall:

(a) continue cooperation with the other Parties to exchange information and best practices in leveraging on digital tools and technology to improve SMEs access to capital and credit, SMEs participation in government procurement opportunities and other areas that could help SMEs adapt to the digital economy; and

(b) encourage participation by the Parties' SMEs in platforms that could help SMEs link with international suppliers, buyers and other potential business partners.

Article 10.3: Information Sharing

1. Each Party shall establish or maintain its own free, publicly accessible website containing information regarding this Agreement, including:

(a) the text of this Agreement;

(b) a summary of this Agreement; and

(c) information designed for SMEs that contains:

(i) a description of the provisions in this Agreement that the Party considers to be relevant to SMEs; and

(ii) any additional information that would be useful for SMEs interested in benefitting from the opportunities provided by this Agreement.

2. Each Party shall include on its website, established or maintained in accordance with paragraph 1, links or information accessible through automated electronic transfer to:

(a) the equivalent websites of the other Parties; and

(b) the websites of its own government agencies and other appropriate entities that provide information that the Party considers useful to any person interested in the implementation of this Agreement.

3. The information described in paragraph 2(b) may include information related to the following areas:

(a) customs regulations, procedures or enquiry points;

(b) regulations concerning data flows and data privacy;

(c) innovation and data regulatory sandboxes;

(d) regulations or procedures concerning intellectual property rights;

(e) technical regulations, standards, or conformity assessment procedures related to digital trade;

(f) sanitary or phytosanitary measures relating to importation or exportation;

(g) trade promotion programmes;

(h) government procurement opportunities; and

(i) financing programmes for SMEs.

4. Each Party shall regularly review the information and links on the website referred to in paragraph 2 and paragraph 3 to ensure that the information and links are up-to-date and accurate.

5. To the extent possible, each Party shall make the information published in accordance with this Article available in English.

Article 10.4: Digital SME Dialogue

1. The Parties shall convene a Digital SME Dialogue (the Dialogue). The Dialogue may include private sector, non-government organisations, academic experts and other stakeholders from each Party. The Parties may collaborate with other interested persons in convening the Dialogue.

2. The Dialogue shall promote the benefits of this Agreement for the Parties' SMEs. The Dialogue shall also promote relevant collaboration efforts and initiatives between the Parties arising from this Agreement.

3. To encourage inclusive participation by the Parties' stakeholders and increase outreach impact, the Parties may consider organising the Dialogue on the sidelines, or as part of existing platforms and meetings that the Parties are participants or members of, including APEC or WTO meetings.

4. The Parties may consider using relevant technical or scientific input, or other information arising from the Dialogue towards implementation efforts and further modernisation of this Agreement for the benefit of the Parties' SMEs.

MODULE 11   Digital Inclusion

Article 11.1: Digital Inclusion

1. The Parties acknowledge the importance of digital inclusion to

ensure that all people and businesses have what they need to participate in, contribute to, and benefit from the digital economy.

2. The Parties recognise the importance of expanding and facilitating digital economy opportunities by removing barriers. This may include enhancing cultural and people-to-people links, including between Indigenous Peoples, and improving access for women, rural populations and low socio-economic groups.

3. To this end, the Parties shall cooperate on matters relating to digital inclusion, including participation of women, rural populations, low socio-economic groups and Indigenous Peoples in the digital economy. Cooperation may include:

(a) sharing of experiences and best practices, including exchange of experts, with respect to digital inclusion;

(b) promoting inclusive and sustainable economic growth, to help ensure that the benefits of the digital economy are more widely shared;

(c) addressing barriers in accessing digital economy opportunities;

(d) developing programmes to promote participation of all groups in the digital economy;

(e) sharing methods and procedures for the collection of disaggregated data, the use of indicators, and the analysis of statistics related to participation in the digital economy; and

(f) other areas as jointly agreed by the Parties.

4. Cooperation activities relating to digital inclusion may be carried out through the coordination, as appropriate, of the Parties' respective agencies, enterprises, labour unions, civil society, academic institutions and non-governmental organisations, among others.

MODULE 12   Joint Committee And Contact Points

Article 12.1: Establishment of the Joint Committee

The Parties hereby establish a Joint Committee consisting of government representatives of each Party. Each Party shall be responsible for the composition of its delegation.

Article 12.2: Functions of the Joint Committee

The Joint Committee shall:

(a) consider any matter relating to the implementation or operation of this Agreement, including the establishment of subsidiary bodies and the terms of accession;

(b) consider any proposal to amend or modify this Agreement;

(c) consider ways to further enhance digital economy partnership between the Parties;

(d) develop arrangements for implementing this Agreement;[1]

(e) establish the Rules of Procedure referred to in Module 14 (Dispute Settlement), and, where appropriate, amend those rules; and

(f) take any other action as the Parties may agree.

Article 12.3: Decision-Making

The Joint Committee shall take decisions on matters within their functions by consensus, except as otherwise provided in this Agreement, or

---

[1]   In the case of Chile, whenever such arrangements are adopted to comply with this Agreement, they shall be considered, whenever applicable, as agreements for the implementation of a treaty in accordance with Chilean law.

as otherwise decided by the Parties.① Except as otherwise provided in this Agreement, the Joint Committee or any subsidiary body shall be deemed to have taken a decision by consensus if no Party present at any meeting when a decision is taken objects to the proposed decision.

Article 12.4: Rules of Procedure of the Joint Committee

1. The Joint Committee shall meet within one year of the date of entry into force of this Agreement and thereafter as the Parties may decide, including as necessary to fulfil its functions under Article 12.2 (Functions of the Joint Committee). Meetings of the Joint Committee shall be chaired successively by each Party.

2. The Party chairing a session of the Joint Committee shall provide any necessary administrative support for such session, and shall notify the other Parties of any decision of the Joint Committee.

3. Except as otherwise provided in this Agreement, the Joint Committee and any subsidiary body established under this Agreement shall carry out its work through whatever means are appropriate, which may include electronic mail or videoconferencing.

4. The Joint Committee and any subsidiary body established under this Agreement may establish rules of procedure for the conduct of its work.

Article 12.5: Cooperation and Implementation of this Agreement

1. The Parties shall cooperate in order to facilitate the implementation of this Agreement and to maximise the benefits arising from it. Cooperation activities shall take into consideration each Party's needs, and may include:

---

① For greater certainty, any such decision on alternative decision-making by the Parties shall itself be taken by consensus.

(a) information exchanges, dialogues or meetings between policy officials in regulatory agencies, agencies responsible for regulatory management or regulators of the Parties;

(b) formal cooperation, such as mutual recognition, equivalence or harmonisation; and

(c) other activities that the Parties may agree to.

2. The Parties may set out the detailed arrangements of cooperation activities in separate memoranda.

3. At each meeting of the Joint Committee, each Party shall report on its plans for, and progress towards, implementing this Agreement.

4. For greater certainty, in respect of all cooperation under this Agreement, the Parties commit themselves to providing, within the limits of their own capacities and through their own channels, the appropriate resources, including financial resources.

Article 12.6: Contact Points

1. Each Party shall designate an overall contact point to facilitate communications between the Parties on any matter covered by this Agreement, as well as other contact points as required by this Agreement.

2. Except as otherwise provided in this Agreement, each Party shall notify the other Parties in writing of its designated contact points no later than 60 days after the date of entry into force of this Agreement for that Party. A Party shall notify its designated contact points to another Party for which this Agreement enters into force at a later date, no later than 30 days after the date of entry into force of this Agreement for that other Party.

3. Each Party shall notify the other Parties of any changes to its designated contact points.

MODULE 13　Transparency

Article 13.1: Definitions

For the purposes of this Module:

administrative ruling of general application means an administrative ruling or interpretation that applies to all persons and fact situations and that is relevant to the implementation of this Agreement but does not include:

   (a) a determination or ruling made in administrative or quasi-judicial proceedings that applies to a particular person, good, or service of another Party in a specific case; or

   (b) a ruling that adjudicates with respect to a particular act or practice.

Article 13.2: Publication

1. Each Party shall ensure that its laws, regulations, procedures, and administrative rulings of general application with respect to any matter covered by this Agreement are promptly published or otherwise made available① in such a manner as to enable interested persons and Parties to become acquainted with them.

2. When possible, each Party shall:

   (a) publish in advance any measure referred to in paragraph 1 that it proposes to adopt; and

   (b) provide, where appropriate, interested persons and the other Parties with a reasonable opportunity to comment on such proposed measures.

---

①　Including through the internet or in print form.

Article 13.3: Administrative Proceedings

With a view to administering in a consistent, impartial, and reasonable manner all measures affecting matters covered by this Agreement, each Party shall ensure in its administrative proceedings applying measures referred to in Article 13.2.1 to particular persons, goods, or services of the other Parties in specific cases that:

(a) wherever possible, persons of another Party that are directly affected by a proceeding are provided reasonable notice, in accordance with its domestic procedures, when a proceeding is initiated, including a description of the nature of the proceeding, a statement of the legal authority under which the proceeding is initiated, and a general description of any issues in question;

(b) such persons are afforded a reasonable opportunity to present facts and arguments in support of their positions prior to any final administrative action, when time, the nature of the proceeding, and the public interest permit; and

(c) its procedures are in accordance with its laws and regulations.

Article 13.4: Review and Appeal

1. Each Party shall, where warranted, establish or maintain judicial, quasi-judicial, or administrative tribunals, or procedures for the purpose of the prompt review and correction of final administrative actions regarding matters covered by this Agreement, other than those taken for prudential reasons. Such tribunals shall be impartial and independent of the office or authority entrusted with administrative enforcement and shall not have any substantial interest in the outcome of the matter.

2. Each Party shall ensure that, in any such tribunals or procedures, the Parties to the proceedings are provided with the right to:

(a) a reasonable opportunity to support or defend their respective positions; and

(b) a decision based on the evidence and submissions of record or, where required by its laws and regulations, the record compiled by the relevant authority.

3. Each Party shall ensure, subject to appeal or further review as provided for in its laws and regulations, that the decisions referred to in paragraph 2(b) shall be implemented by, and shall govern the practice of, the offices or authorities with respect to the administrative action at issue.

Article 13.5: Notification and Provision of Information

1. Where a Party considers that any proposed or actual measure might materially affect the operation of this Agreement or otherwise substantially affect another Party's interests under this Agreement, it shall notify that other Party, to the extent possible, of the proposed or actual measure.

2. On request of another Party, a Party shall provide information and respond to questions pertaining to any actual or proposed measure, whether or not that other Party has been previously notified of that measure.

3. Any notification, request, or information under this Article shall be conveyed to the other Parties through their contact points.

4. Any notification or information provided under this Article shall be without prejudice as to whether the measure is consistent with this Agreement.

MODULE 14　Dispute Settlement

Article 14.1: Definitions

For the purposes of this Module and its Annexes,

complaining Party means a Party that requests the appointment of an arbitral tribunal under Article 14C.2.1 (Appointment of Arbitral Tribunals);

consulting Party means a Party that requests consultations under Article 14C.1.1 (Consultations) or the Party to which the request for consultations is made;

disputing Party means a complaining Party or a responding Party;

responding Party means a Party that has been complained against under Article 14C.2 (Appointment of Arbitral Tribunals);

Rules of Procedure means the rules of procedure for the settlement of disputes through arbitration established in accordance with Article 12.2 (Functions of the Joint Committee); and

third Party means a Party, other than a disputing Party, that delivers a written notice in accordance with Article 14C.7 (Third Party Participation).

Article 14.2: Objective

1. The Parties shall at all times endeavour to agree on the interpretation and application of this Agreement, and shall make every attempt through cooperation and consultations to arrive at a mutually satisfactory resolution of any matter that might affect its operation.

2. The objective of this Module is to provide an effective, efficient and transparent process for consultations and settlement of disputes among the Parties concerning their rights and obligations under this Agreement.

Article 14.3: Scope

Except as provided in Annex 14-A, this Module and its Annexes shall apply:

(a) with respect to the avoidance or settlement of disputes between the Parties regarding the interpretation or application of this Agreement; or

(b) when a Party considers that an actual or proposed measure of another Party is or would be inconsistent with an obligation of this Agreement, or that another Party has otherwise failed to carry out an obligation under this Agreement.

Article 14.4: Good Offices and Conciliation

1. Parties may at any time agree to voluntarily undertake any alternative methods of dispute resolution, such as good offices or conciliation.

2. Proceedings that involve good offices or conciliation shall be confidential and without prejudice to the rights of the Parties in any other proceedings.

3. Parties participating in proceedings under this Article may suspend or terminate those proceedings at any time.

4. If the disputing Parties agree, good offices or conciliation may continue while the dispute proceeds for resolution before an arbitral tribunal established under Article 14C.2 (Appointment of Arbitral Tribunals).

Article 14.5: Mediation

The procedures for the settlement of disputes through mediation are contained in Annex 14-B.

Article 14.6: Arbitration

1. The procedures for the settlement of disputes through arbitration are contained in Annex 14-C.

2. The Rules of Procedure shall be established by the Joint Committee in accordance with Article 12.2 (Functions of the Joint Committee).

Article 14.7: Choice of Forum

1. If a dispute regarding any matter arises under this Agreement and

under another international trade agreement to which the disputing Parties are party, including the WTO Agreement, the complaining Party may select the forum in which to settle the dispute.

2. Once a complaining Party has requested the establishment of, or referred a matter to, a panel or other tribunal under an agreement referred to in paragraph 1, the forum selected shall be used to the exclusion of other fora.

Annex 14-A —Scope of Module 14 (Dispute Settlement)

Article 14A.1: Scope of Module 14 (Dispute Settlement)

Module 14 (Dispute Settlement), including Annex 14-B (Mediation Mechanism) and Annex 14-C (Arbitration Mechanism), shall not apply to:

(a) Article 3.3 (Non-Discriminatory Treatment of Digital Products);

(b) Article 3.4 (Information and Communication Technology Products that Use Cryptography);

(c) Article 4.3 (Cross-Border Transfer of Information by Electronic Means); and

(d) Article 4.4 (Location of Computing Facilities).

Annex 14-B—Mediation Mechanism

Article 14B.1: Request for Information

1. At any time before the initiation of a mediation procedure, any Party may request any other Party in writing to provide information with respect to any matter described in Article 14.3 (Scope).

2. The Party to which such request is made shall, within 20 days of the date of its receipt of the request, provide a written response containing its comments on the requested information.

3. When the Party to which such request is made considers that it will not be able to respond within 20 days of the date of its receipt of the request, it shall promptly notify the requesting Party, stating the reasons for the delay and providing an estimate of the shortest period within which it will be able to provide its response.

4. Each Party is encouraged to avail itself of this provision before the initiation of a mediation procedure.

Article 14B.2: Initiation of the Mediation Procedure

1. A Party may at any time request to enter into a mediation procedure with any other Party with respect to any matter described in Article 14.3 (Scope).

2. The Party making the request for mediation shall do so in writing and shall set out the reasons for the request, including identification of the measure or other matter at issue and an indication of the legal basis for the complaint. The requesting Party shall circulate the request concurrently to the other Parties through the overall contact points designated under Article 12.6 (Contact Points).

3. The Party to which a request for mediation is made shall give sympathetic consideration to the request and, unless the Parties to the mediation agree otherwise, reply in writing to the request no later than 14 days after the date of its receipt of the request.[①] That Party shall circulate its reply concurrently to the other Parties through the overall contact points and enter into mediation in good faith.

4. Upon receipt of a request for mediation, the Party to which the request is made may decline to participate in the mediation.

---

① For greater certainty, if the Party to which a request for mediation is made does not reply within the time period specified in this paragraph, it shall be deemed to have received the request seven days after the date on which the Party making the request for mediation transmitted that request.

5. A mediation procedure shall not be initiated to review a proposed measure.

Article 14B.3: Selection of the Mediator

1. The Parties to the mediation shall endeavour to agree on a mediator within 10 days of the initiation of the mediation procedure.

2. In the event that the Parties to the mediation are unable to agree on the mediator within the time period laid down in paragraph 1, either Party may request that the appointment be made by the Director-General of the WTO within a further 15 days.

3. If the Director-General of the WTO notifies the Parties to the mediation that he or she is unavailable, or does not appoint a mediator within 15 days after the date of the request referred to in paragraph 2, either Party may request the Secretary-General of the Permanent Court of Arbitration to make the appointment promptly.

4. Unless the Parties to the mediation agree otherwise, a mediator shall not be a national of, or be employed by, either Party.

5. A mediator shall comply with the Rules of Conduct for the Understanding on Rules and Procedures Governing the Settlement of Disputes (as contained in document WT/DSB/RC/1 and any subsequent amendments), mutatis mutandis.

Article 14B.4: Rules of the Mediation Procedure

1. Within 10 days of the appointment of the mediator, the Party which invoked the mediation procedure shall deliver to the mediator and the other Party a detailed written description of its concerns, in particular the operation of the measure at issue and the legal basis for the complaint.

2. Within 20 days of the delivery of this description, the other Party may provide written comments. Either Party may include any information that it

deems relevant in its description or comments.

3. The mediator shall assist the Parties to the mediation in an impartial and transparent manner in bringing clarity to the measure or any other matter described in Article 14.3 (Scope) and in reaching a mutually agreed solution. In particular, the mediator may organise meetings between the Parties to the mediation, consult them jointly or individually, seek the assistance of, or consult with, relevant experts and stakeholders and provide any additional support requested by the Parties to the mediation. The mediator shall consult with the Parties to the mediation before seeking the assistance of, or consulting with, relevant experts and stakeholders.

4. The mediator may offer advice and propose a solution for the consideration of the Parties to the mediation. The Parties to the mediation may accept or reject the proposed solution, or agree on a different solution. The mediator shall not advise or comment on the consistency of the measure at issue with this Agreement.

5. The mediation procedure shall take place in the capital of the Party to which the request for mediation referred to in Article 14B.2 was addressed, or by mutual agreement in any other location or by any other means.

6. The Parties to the mediation shall endeavour to reach a mutually agreed solution within 60 days of the appointment of the mediator. Pending a final agreement, the Parties to the mediation may consider possible interim solutions, particularly if the measure relates to perishable goods, or seasonal goods or services that rapidly lose their trade value.

7. Upon request of either Party to the mediation, the mediator shall issue to the Parties a draft written factual report, providing:

(a) a brief summary of the measure at issue in the mediation procedure;

(b) the procedures followed; and

(c) any mutually agreed solution reached as the outcome of the mediation procedure, including possible interim solutions.

8. The mediator shall allow the Parties to the mediation 15 days to comment on the draft factual report. After considering the comments received, the mediator shall, within 15 days, deliver a final written factual report to the Parties to the mediation. The factual report shall not include any interpretation of this Agreement.

9. The mediation procedure may be suspended at any time by notice in writing of either Party to the mediation.

10. The mediation procedure shall be terminated:

(a) by the adoption of a mutually agreed solution by the Parties to the mediation, on the date of the adoption thereof;

(b) by mutual agreement of the Parties to the mediation at any stage of the procedure, on the date of that agreement;

(c) by a written declaration of the mediator, after consultation with the Parties to the mediation, that further efforts at mediation would be to no avail, on the date of that declaration;

(d) by a written declaration of a Party to the mediation after exploring mutually agreed solutions under the mediation procedure and after having considered any advice and proposed solutions by the mediator, on the date of that declaration; or

(e) by notice in writing by either Party to the mediation, on the date of that notice.

Article 14B.5: Implementation of a Mutually Agreed Solution

1. Where the Parties to the mediation have agreed to a solution, each Party shall take the measures necessary to implement the mutually agreed solution within the agreed timeframe.

2. The implementing Party shall inform the other Party to the mediation in writing of any steps or measures taken to implement the mutually agreed solution.

Article 14B.6: Time Limits

Any time limit referred to in this Annex may be modified by mutual agreement between the Parties to the mediation.

Article 14B.7: Confidentiality

Unless the Parties to the mediation agree otherwise, all steps of the mediation procedure, including any advice or proposed solution, are confidential. Any Party to the mediation may disclose to the public the fact that mediation is taking place.

Article 14B.8: Costs

1. Each Party to the mediation shall bear its own expenses derived from the participation in the mediation procedure.

2. The Parties to the mediation shall share jointly and equally the expenses derived from organisational matters, including the remuneration and expenses of the mediator. The remuneration of the mediator shall be in accordance with that foreseen for a chairperson of an arbitral tribunal in accordance with the Rules of Procedure.

Annex 14-C—Arbitration Mechanism

Article 14C.1: Consultations

1. Any Party may request consultations with any other Party with respect to any matter described in Article 14.3 (Scope). The Party making the request for consultations shall do so in writing, and shall set out the reasons for the

request, including identification of the actual or proposed measure① or other matter at issue and an indication of the legal basis for the complaint. The requesting Party shall circulate the request concurrently to the other Parties through the overall contact points designated under Article 12.6 (Contact Points).

2. The Party to which a request for consultations is made shall, unless the consulting Parties agree otherwise, reply in writing to the request no later than seven days after the date of its receipt of the request.② That Party shall circulate its reply concurrently to the other Parties through the overall contact points and enter into consultations in good faith.

3. A Party other than a consulting Party that considers that it has a substantial interest in the matter may participate in the consultations by notifying the other Parties in writing no later than seven days after the date of circulation of the request for consultations. The Party shall include in its notice an explanation of its substantial interest in the matter.

4. Unless the consulting Parties agree otherwise, they shall enter into consultations no later than:

(a) 15 days after the date of receipt of the request for matters concerning perishable goods; or

(b) 30 days after the date of receipt of the request for all other matters.

5. Consultations may be held in person or by any technological means available to the consulting Parties. If the consultations are held in person, they shall be held in the capital of the Party to which the request for

---

① The Parties shall, in the case of a proposed measure, make every effort to make the request for consultation under this provision within 60 days of the date of publication of the proposed measure, without prejudice to the right to make such request at any time.

② For greater certainty, if the Party to which a request for consultations is made does not reply within the time period specified in this paragraph, it shall be deemed to have received the request seven days after the date on which the Party making the request for consultations transmitted that request.

consultations was made, unless the consulting Parties agree otherwise.

6. The consulting Parties shall make every attempt to reach a mutually satisfactory resolution of the matter through consultations under this Article. To this end:

(a) each consulting Party shall provide sufficient information to enable a full examination of how the actual or proposed measure might affect the operation or application of this Agreement; and

(b) a Party that participates in the consultations shall treat any information exchanged in the course of the consultations that is designated as confidential on the same basis as the Party providing the information.

7. In consultations under this Article, a consulting Party may request that another consulting Party make available personnel of its government agencies or other regulatory bodies who have expertise in the matter at issue.

8. Consultations shall be confidential and without prejudice to the rights of any Party in any other proceedings.

Article 14C.2: Appointment of Arbitral Tribunals

1. A Party that requested consultations under Article 14C.1 may request, by means of a written notice addressed to the responding Party, the appointment of an arbitral tribunal if the consulting Parties fail to resolve the matter within:

(a) a period of 60 days after the date of receipt of the request for consultations under Article 14C.1;

(b) a period of 30 days after the date of receipt of the request for consultations under Article 14C.1 in a matter regarding perishable goods; or

(c) any other period as the consulting Parties may agree.

2. The complaining Party shall circulate the request concurrently to all Parties through the overall contact points designated under Article 12.6 (Contact Points).

3. The complaining Party shall include in the request to appoint an arbitral tribunal an identification of the measure or other matter at issue and a brief summary of the legal basis of the complaint sufficient to present the problem clearly.

4. Unless otherwise agreed by the disputing Parties, the arbitral tribunal shall be established and perform its functions in a manner consistent with this Annex.

5. Unless the disputing Parties agree otherwise, the arbitral tribunal shall be composed in a manner consistent with this Annex and the Rules of Procedure.

6. If an arbitral tribunal has been established regarding a matter and another Party requests the establishment of an arbitral tribunal regarding the same matter, a single arbitral tribunal should be established to examine those complaints whenever feasible.

7. An arbitral tribunal shall not be established to review a proposed measure.

Article 14C.3: Terms of Reference

Unless the disputing Parties agree otherwise, no later than 20 days after the date of delivery of the request for the establishment of an arbitral tribunal, the terms of reference shall be to:

(a) examine, in the light of the relevant provisions of this Agreement, the matter referred to in the request for the establishment of an arbitral tribunal under Article 14C.2; and

(b) make findings and determinations, and any jointly requested recommendations, together with its reasons therefor, as provided for in Article 14C.10.

Article 14C.4: Composition of Arbitral Tribunals

1. An arbitral tribunal shall be composed of three members.

2. Unless the disputing Parties agree otherwise, they shall apply the following procedures to compose an arbitral tribunal:

(a) Within a period of 20 days after the date of delivery of the request for the establishment of an arbitral tribunal under Article 14C.2, the complaining Party or Parties, on the one hand, and the responding Party, on the other, shall each appoint an arbitrator and notify each other of those appointments.

(b) If the complaining Party or Parties fail to appoint an arbitrator within the period specified in subparagraph (a), the dispute settlement proceedings shall lapse at the end of that period.

(c) For appointment of the third arbitrator, who shall serve as chair, the disputing Parties shall endeavour to agree on the appointment of a chair.

(d) If the responding Party fails to appoint an arbitrator or if the chair of the arbitral tribunal has not been appointed within 30 days of the date of delivery of the request referred to in subparagraph (a), at the request of any Party to the dispute the necessary designations shall be made by the Director-General of the WTO within 30 days of the request being made to the Director-General.

(e) If the Director-General of the WTO notifies the disputing Parties that he or she is unavailable, or does not appoint the remaining arbitrators within 30 days after the date of the request referred to in subparagraph (d), either Party may request the Secretary-General of the Permanent Court of

Arbitration to make the remaining appointment promptly.

3. Unless the disputing Parties agree otherwise, the chair shall not be a national of, or be employed by, any of the disputing Parties or a third Party.

4. Each disputing Party shall endeavour to select arbitrators who have expertise or experience relevant to the subject matter of the dispute.

5. If an arbitrator selected under paragraph 2 is unavailable, the complaining Party, the responding Party, or the disputing Parties, as the case may be, shall, no later than 20 days after learning that the arbitrator is unavailable, select another arbitrator in accordance with the same method of selection that was used to select the arbitrator who is unavailable, unless the disputing Parties agree otherwise. The replacement arbitrator shall have all the powers and duties of the original arbitrator. The work of the arbitral tribunal shall be suspended pending the appointment of the replacement arbitrator, and all time frames set out in this Annex and in the Rules of Procedure shall be extended by the amount of time that the work was suspended.

6. If a disputing Party considers that an arbitrator is in violation of the *Rules of Conduct for the Understanding on Rules and Procedures Governing the Settlement of Disputes* referred to in Article 14C.5.1(d), the disputing Parties shall consult and, if they agree, the arbitrator shall be removed and a new arbitrator shall be selected in accordance with this Article.

Article 14C.5: Qualifications of Arbitrators

1. All arbitrators shall:

(a) have expertise or experience in law, international trade, digital economy, other matters covered by this Agreement or the resolution of disputes arising under international trade agreements;

(b) be chosen strictly on the basis of objectivity, reliability and sound judgment;

(c) be independent of, and not affiliated with or take instructions from, any Party; and

(d) comply with the *Rules of Conduct for the Understanding on Rules and Procedures Governing the Settlement of Disputes* (as contained in document *WT/DSB/RC/1* and any subsequent amendments), mutatis mutandis.

2. An individual shall not serve as an arbitrator for a dispute in which that person has participated under Article 14.4 (Good Offices and Conciliation).

Article 14C.6: Function of Arbitral Tribunals

1. An arbitral tribunal's function is to make an objective assessment of the matter before it, which includes an examination of the facts and the applicability of and conformity with this Agreement, and to make the findings, determinations and recommendations as are called for in its terms of reference and necessary for the resolution of the dispute.

2. Unless the disputing Parties agree otherwise, the arbitral tribunal shall perform its functions and conduct its proceedings in a manner consistent with this Annex and the Rules of Procedure.

3. The arbitral tribunal shall consider this Agreement in accordance with the rules of interpretation under international law as reflected in Article 31 and Article 32 of the *Vienna Convention on the Law of Treaties (1969)*. With respect to any provision of the WTO Agreement that has been incorporated into this Agreement, the arbitral tribunal shall also consider relevant interpretations in reports of panels and the WTO Appellate Body adopted by the WTO Dispute Settlement Body. The findings, determinations and recommendations of the arbitral tribunal shall not add to or diminish the rights and obligations of the Parties under this Agreement.

4. An arbitral tribunal shall take its decisions by consensus, except that,

if the arbitral tribunal is unable to reach consensus, it may take its decisions by majority vote.

Article 14C.7: Third Party Participation

A Party that is not a disputing Party and that considers it has an interest in the matter before the arbitral tribunal shall, on delivery of a written notice to the disputing Parties, be entitled to attend all hearings, make written submissions, present views orally to the arbitral tribunal, and receive written submissions of the disputing Parties. The Party shall provide written notice no later than 10 days after the date of circulation of the request for the appointment of the arbitral tribunal under Article 14C.2.

Article 14C.8: Role of Experts

At the request of a disputing Party, or on its own initiative, an arbitral tribunal may seek information and technical advice from any person or body that it deems appropriate, provided that the disputing Parties agree and subject to any terms and conditions agreed by the disputing Parties. The disputing Parties shall have an opportunity to comment on any information or advice obtained under this Article.

Article 14C.9: Suspension or Termination of Proceedings

1. The arbitral tribunal may suspend its work at any time at the request of the complaining Party or, if there is more than one complaining Party, at the joint request of the complaining Parties, for a period not to exceed 12 consecutive months. The arbitral tribunal shall suspend its work at any time if the disputing Parties request it to do so. In the event of a suspension, the time frames set out in this Annex and in the Rules of Procedure shall be extended by the amount of time that the work was suspended. If the work of the arbitral tribunal is suspended for more than 12 consecutive months, the arbitral

tribunal proceedings shall lapse unless the disputing Parties agree otherwise.

2. The arbitral tribunal shall terminate its proceedings if the disputing Parties request it to do so.

Article 14C.10: Initial Report

1. The arbitral tribunal shall draft its report without the presence of any Party.

2. The arbitral tribunal shall base its report on the relevant provisions of this Agreement, the submissions and arguments of the disputing Parties and any third Parties. At the joint request of the disputing Parties, the arbitral tribunal may make recommendations for the resolution of the dispute.

3. The arbitral tribunal shall present an initial report to the disputing Parties no later than 150 days after the date of the appointment of the last arbitrator. In cases of urgency, including those related to perishable goods, the arbitral tribunal shall endeavour to present an initial report to the disputing Parties no later than 120 days after the date of the appointment of the last arbitrator.

4. The initial report shall contain:

(a) findings of fact;

(b) the determination of the arbitral tribunal as to whether:

(i) the measure at issue is inconsistent with obligations in this Agreement; or

(ii) a Party has otherwise failed to carry out its obligations in this Agreement;

(c) any other determination requested in the terms of reference;

(d) recommendations, if the disputing Parties have jointly requested them, for the resolution of the dispute; and

(e) the reasons for the findings and determinations.

5. In exceptional cases, if the arbitral tribunal considers that it cannot

release its initial report within the time period specified in paragraph 3, it shall inform the disputing Parties in writing of the reasons for the delay together with an estimate of when it will issue its report. A delay shall not exceed an additional period of 30 days unless the disputing Parties agree otherwise.

6. Arbitrators may present separate opinions on matters not unanimously agreed.

7. A disputing Party may submit written comments to the arbitral tribunal on its initial report no later than 15 days after the presentation of the initial report or within another period as the disputing Parties may agree.

8. After considering any written comments by the disputing Parties on the initial report, the arbitral tribunal may modify its report and make any further examination it considers appropriate.

Article 14C.11: Final Report

1. The arbitral tribunal shall present a final report to the disputing Parties, including any separate opinions on matters not unanimously agreed, no later than 30 days after presentation of the initial report, unless the disputing Parties agree otherwise. After taking steps to protect confidential information, and no later than 15 days after the presentation of the final report, the disputing Parties shall release the final report to the public.

2. No arbitral tribunal shall, either in its initial report or its final report, disclose which arbitrators are associated with majority or minority opinions.

Article 14C.12: Implementation of Final Report

1. The Parties recognise the importance of prompt compliance with determinations made by arbitral tribunals under Article 14C.11 in achieving the aim of the dispute settlement procedures in this Annex, which is to secure a positive solution to disputes.

2. If in its final report the arbitral tribunal determines that:

(a) the measure at issue is inconsistent with a Party's obligations in this Agreement; or

(b) a Party has otherwise failed to carry out its obligations in this Agreement, the responding Party shall, whenever possible, eliminate the non-conformity.

3. Unless the disputing Parties agree otherwise, the responding Party shall have a reasonable period of time in which to eliminate the non-conformity if it is not practicable to do so immediately.

4. The disputing Parties shall endeavour to agree on the reasonable period of time. If the disputing Parties fail to agree on the reasonable period of time within a period of 45 days after the presentation of the final report under Article 14C.11, any disputing Party may, no later than 60 days after the presentation of the final report under Article 14C.11, refer the matter to the chair to determine the reasonable period of time through arbitration.

5. The chair shall take into consideration as a guideline that the reasonable period of time should not exceed 15 months from the presentation of the final report under Article 14C.11. However, that time may be shorter or longer, depending upon the particular circumstances.

6. The chair shall determine the reasonable period of time no later than 90 days after the date of referral to the chair under paragraph 4.

7. The disputing Parties may agree to vary the procedures set out in paragraphs 4 through 6 for the determination of the reasonable period of time.

Article 14C.13: Non-Implementation—Compensation and Suspension of Benefits

1. The responding Party shall, if requested by the complaining Party or Parties, enter into negotiations with the complaining Party or Parties no later than 15 days after receipt of that request, with a view to developing mutually

acceptable compensation, if:

(a) the responding Party has notified the complaining Party or Parties that it does not intend to eliminate the non-conformity; or

(b) following the expiry of the reasonable period of time established in accordance with Article 14C.12, there is disagreement between the disputing Parties as to whether the responding Party has eliminated the non-conformity.

2. A complaining Party may suspend benefits in accordance with paragraph 3 if that complaining Party and the responding Party have:

(a) been unable to agree on compensation within a period of 30 days after the period for developing compensation has begun; or

(b) agreed on compensation but the relevant complaining Party considers that the responding Party has failed to observe the terms of the agreement.

3. A complaining Party may, at any time after the conditions set out in paragraph 2 are met in relation to that complaining Party, provide written notice to the responding Party that it intends to suspend benefits of equivalent effect. The notice shall specify the level of benefits that the Party proposes to suspend.① The complaining Party may begin suspending benefits 30 days after the later of the date on which it provides notice under this paragraph or the date that the arbitral tribunal issues its determination under paragraph 5, as the case may be.

4. In considering what benefits to suspend under paragraph 3, the

---

① For greater certainty, the phrase "the level of benefits that the Party proposes to suspend" refers to the level of concessions under this Agreement, the suspension of which a complaining Party considers will have an effect equivalent to that of the non-conformity, determined to exist by the arbitral tribunal in its final report issued under Article 14C.11.

complaining Party shall apply the following principles and procedures:

(a) it should first seek to suspend benefits in the same subject matter as that in which the arbitral tribunal has determined non-conformity to exist;

(b) if it considers that it is not practicable or effective to suspend benefits in the same subject matter, and that the circumstances are serious enough, it may suspend benefits in a different subject matter. In the written notice referred to in paragraph 3, the complaining Party shall indicate the reasons on which its decision to suspend benefits in a different subject matter is based; and

(c) in applying the principles setout in subparagraph (a) and subparagraph (b), it shall take into account:

(i) the trade in the subject matter in which the arbitral tribunal has found the non-conformity, and the importance of that trade to the complaining Party; and

(ii) the broader economic consequences of the suspension of benefits.

5. If the responding Party considers that:

(a) he level of benefits proposed to be suspended is manifestly excessive or the complaining Party has failed to follow the principles and procedures set out in paragraph 4; or

(b) it has eliminated the non-conformity that the arbitral tribunal has determined to exist,

it may, within 30 days of the date of delivery of the written notice provided by the complaining Party under paragraph 3, request that the arbitral tribunal be reconvened to consider the matter. The responding Party shall deliver its request in writing to the complaining Party. The arbitral tribunal shall reconvene as soon as possible after the date of delivery of the request and shall present its determination to the disputing Parties no later than 90 days after it reconvenes to review a request under subparagraph (a) or subparagraph (b), or 120 days after it reconvenes for a request under both subparagraph (a) and subparagraph (b). If the arbitral tribunal determines that the level of benefits the complaining Party proposes to suspend is manifestly excessive, it shall determine the level of benefits it considers to be of equivalent effect.

6. Unless the arbitral tribunal has determined that the responding Party has eliminated the non-conformity, the complaining Party may suspend benefits up to the level the tribunal has determined under paragraph 5 or, if the tribunal has not determined the level, the level the complaining Party has proposed to suspend under paragraph 3. If the arbitral tribunal determines that the complaining Party has not followed the principles and procedures set out in paragraph 4, the tribunal shall set out in its determination the extent to which the complaining Party may suspend benefits in which subject matter in order to ensure full compliance with the principles and procedures set out in paragraph 4. The complaining Party may suspend benefits only in a manner consistent with the arbitral tribunal's determination.

7. Compensation and suspension of benefits shall be temporary measures. None of these measures are preferred to full implementation through elimination of the non-conformity. Compensation and suspension of benefits shall only be applied until the responding Party has eliminated the non-conformity, or until a mutually satisfactory solution is reached.

Article 14C.14: Compliance Review

1. Without prejudice to the procedures in Article 14C.13, if a responding Party considers that it has eliminated the non-conformity found by the arbitral tribunal, it may refer the matter to the arbitral tribunal by providing a written

notice to the complaining Party or Parties. The arbitral tribunal shall issue its report on the matter no later than 90 days after the responding Party provides written notice.

2. If the arbitral tribunal determines that the responding Party has eliminated the non-conformity the complaining Party or Parties shall promptly reinstate any benefits suspended under Article 14C.13.

MODULE 15   Exceptions

Article 15.1: General Exceptions

1. For the purposes of this Agreement, Article XX of GATT 1994 and its interpretive notes are incorporated into and made part of this Agreement, mutatis mutandis.

2. The Parties understand that the measures referred to in Article XX(b) of GATT 1994 include environmental measures necessary to protect human, animal or plant life or health, and that Article XX(g) of GATT 1994 applies to measures relating to the conservation of living and non-living exhaustible natural resources.

3. For the purposes of this Agreement, Article XIV of GATS (including its footnotes) is incorporated into and made part of this Agreement, mutatis mutandis. The Parties understand that the measures referred to in Article XIV(b) of GATS include environmental measures necessary to protect human, animal or plant life or health.

4. For the purposes of this Agreement, subject to the requirement that such measures are not applied in a manner which would constitute a means of arbitrary or unjustifiable discrimination between the Parties where like conditions prevail, or a disguised restriction on trade, nothing in this Agreement shall be construed to prevent the adoption or enforcement by a Party of measures necessary to protect national treasures or specific sites of

historical or archaeological value, or to support creative arts① of national value.

Article 15.2: Security Exceptions

Nothing in this Agreement shall be construed to:

(a) require a Party to furnish or allow access to any information the disclosure of which it determines to be contrary to its essential security interests; or

(b) preclude a Party from applying measures that it considers necessary for the fulfilment of its obligations with respect to the maintenance or restoration of international peace or security, or the protection of its own essential security interests.

Article 15.3: Treaty of Waitangi

1. Provided that such measures are not used as a means of arbitrary or unjustified discrimination against persons of the other Parties or as a disguised restriction on trade in goods, trade in services and investment, nothing in this Agreement shall preclude the adoption by New Zealand of measures it deems necessary to accord more favourable treatment to Maori in respect of matters covered by this Agreement, including in fulfilment of its obligations under the Treaty of Waitangi.

2. The Parties agree that the interpretation of the Treaty of Waitangi, including as to the nature of the rights and obligations arising under it,

---

① "Creative arts" include: the performing arts—including theatre, dance and music—visual arts and craft, literature, film and video, language arts, creative online content, indigenous traditional practice and contemporary cultural expression, and digital interactive media and hybrid art work, including those that use new technologies to transcend discrete art form divisions. The term encompasses those activities involved in the presentation, execution and interpretation of the arts; and the study and technical development of these art forms and activities.

shall not be subject to the dispute settlement provisions of this Agreement. Module 14 (Dispute Settlement) shall otherwise apply to this Article. An arbitral tribunal established under Module 14 (Dispute Settlement) may be requested to determine only whether any measure referred to in paragraph 1 is inconsistent with a Party's rights under this Agreement.

Article 15.4: Prudential Exception and Monetary and Exchange Rate Policy Exception[①]

1. Notwithstanding any other provisions of this Agreement, a Party shall not be prevented from adopting or maintaining measures for prudential reasons,[②] including for the protection of investors, depositors, policy holders, or persons to whom a fiduciary duty is owed by a financial institution or financial service supplier, or to ensure the integrity and stability of the financial system. If these measures do not conform with the provisions of this Agreement, they shall not be used as a means of avoiding the Party's commitments or obligations under those provisions.

2. Nothing in this Agreement shall apply to non-discriminatory measures of general application taken by any public entity in pursuit of monetary and related credit policies or exchange rate policies.

[①] For greater certainty, regarding transfers that are linked or related to disciplines covered by this Agreement, Chile reserves the right of the Central Bank of Chile (Banco Central de Chile) to maintain or adopt measures in conformity with Law 18.840, Constitutional Organic Law of the Central Bank of Chile (Ley 18.840, Ley Orgánica Constitucional del Banco Central de Chile), and Decreto con Fuerza de Ley N° 3 de 1997, Ley General de Bancos (General Banking Act) and Ley 18.045, Ley de Mercado de Valores (Securities Market Law), in order to ensure currency stability and the normal operation of domestic and foreign payments. Such measures include, inter alia, the establishment of restrictions or limitations on current payments and transfers (capital movements) to or from Chile, as well as transactions related to them, such as requiring that deposits, investments or credits from or to a foreign country, be subject to a reserve requirement (encaje).

[②] The Parties understand that the term "prudential reasons" includes the maintenance of the safety, soundness, integrity, or financial responsibility of individual financial institutions or cross-border financial service suppliers as well as the safety, and financial and operational integrity of payment and clearing systems.

3. Notwithstanding Article 2.7 (Electronic Payments), a Party may prevent or limit transfers by a financial institution or cross-border financial service supplier to, or for the benefit of, an affiliate of or person related to such institution or supplier, through the equitable, non-discriminatory and good faith application of measures relating to maintenance of the safety, soundness, integrity, or financial responsibility of financial institutions or cross-border financial service suppliers. This paragraph does not prejudice any other provision of this Agreement that permits a Party to restrict transfers.

4. For greater certainty, nothing in this Agreement shall be construed to prevent a Party from adopting or enforcing measures necessary to secure compliance with laws or regulations that are not inconsistent with this Agreement, including those relating to the prevention of deceptive and fraudulent practices or to deal with the effects of a default on financial services contracts, subject to the requirement that such measures are not applied in a manner which would constitute a means of arbitrary or unjustifiable discrimination between Parties or between Parties and non-Parties where like conditions prevail, or a disguised restriction on investment in financial institutions or cross-border trade in financial services as covered by this Agreement.

Article 15.5: Taxation Exception

1. For the purposes of this Article:

designated authorities means:

(a) for Chile, the Undersecretary of the Ministry of Finance;

(b) for New Zealand, the Commissioner of Inland Revenue or an authorised representative of the Commissioner; and

(c) for Singapore, the Chief Tax Policy Officer, Ministry of Finance, or any successor of these designated authorities as notified to the other

Parties;

tax convention means a convention for the avoidance of double taxation or other international taxation agreement or arrangement; and

taxes and **taxation measures** include excise duties, but do not include:

(a) a "customs duty" as defined in Article 1.3 (General Definitions); or

(b) the measures listed in subparagraph (b) and subparagraph (c) of that definition.

2. Nothing in this Agreement shall apply to taxes or taxation measures.

3. Nothing in this Agreement shall affect the rights and obligations of any Party under any tax convention. In the event of any inconsistency between this Agreement and any such tax convention, that convention shall prevail to the extent of the inconsistency.

4. In the case of a tax convention between two or more Parties, if an issue arises as to whether any inconsistency exists between this Agreement and the tax convention, the issue shall be referred to the designated authorities of the Parties in question. The designated authorities of those Parties shall have six months from the date of referral of the issue to make a determination as to the existence and extent of any inconsistency. If those designated authorities agree, the period may be extended up to 12 months from the date of referral of the issue. No procedures concerning the measure giving rise to the issue may be initiated under Module 14 (Dispute Settlement) until the expiry of the six-month period, or any other period as may have been agreed by the designated authorities. An arbitral tribunal established to consider a dispute related to a taxation measure shall accept as binding a determination of the designated authorities of the Parties made under this paragraph.

Article 15.6: Measures to Safeguard Balance of Payments

1. Where a Party is in serious balance of payments and external financial difficulties or under threat thereof, it may:

(a) in the case of trade in goods, in accordance with GATT 1994 and the WTO Understanding on the Balance-of-Payments Provisions of the General Agreement on Tariffs and Trade 1994, adopt restrictive import measures;

(b) in the case of services, in accordance with GATS, adopt or maintain restrictions on trade in services on which it has undertaken commitments, including on payments or transfers for transactions related to such commitments; and

(c) in the case of investments, adopt or maintain restrictions with regard to the transfer of funds related to investment, including those on capital account and the financial account.

2. Restrictions adopted or maintained under paragraph 1(b) or paragraph 1(c) shall:

(a) be consistent with the Articles of Agreement of the International Monetary Fund;

(b) avoid unnecessary damage to the commercial, economic and financial interests of the other Parties;

(c) not exceed those necessary to deal with the circumstances described in paragraph 1;

(d) be temporary and be phased out progressively as the situation specified in paragraph 1 improves; and

(e) be applied on a national treatment basis and such that the other Parties are treated no less favourably than any non-Party.

3. In determining the incidence of such restrictions, a Party may give

priority to economic sectors which are more essential to its economic development. However, such restrictions shall not be adopted or maintained for the purpose of protecting a particular sector.

4. Any restrictions adopted or maintained by a Party under paragraph 1, or any changes therein, shall be notified to the other Parties within 30 days from the date such measures are taken.

5. The Party adopting or maintaining any restrictions under paragraph 1 shall commence consultations with the other Parties within 90 days from the date of notification in order to review the measures adopted or maintained by it.

MODULE 16　Final Provisions

Article 16.1: Depositary

1. New Zealand is hereby designated as the Depositary of this Agreement.

2. The Depositary shall transmit certified copies of this Agreement and any amendments to this Agreement to all signatories to this Agreement and acceding Parties.

3. The Depositary shall notify all signatories to this Agreement and acceding Parties of:

(a) each ratification, acceptance, approval or accession to this Agreement in accordance with Article 16.2 and Article 16.4;

(b) the respective dates on which the Agreement enters into force in accordance with Article 16.2 and Article 16.4; and

(c) any notification of withdrawal received in accordance with Article 16.5.

Article 16.2: Entry into Force

1. This Agreement shall enter into force 90 days after the date on which

at least two signatories to this Agreement have notified the Depositary in writing of the completion of their applicable legal procedures.

2. For any signatory to this Agreement for which this Agreement has not entered into force under paragraph 1, this Agreement shall enter into force 90 days after the date on which that signatory to this Agreement has notified the Depositary in writing of the completion of its applicable legal procedures.

Article 16.3: Amendments

1. The Parties may agree, in writing, to amend this Agreement.

2. When so agreed by all Parties, and approved in accordance with the applicable legal procedures of each Party, an amendment shall enter into force 60 days after the date on which the last Party has notified the Depositary in writing of the approval of the amendment in accordance with its applicable legal procedures, or on such other date as the Parties may agree.

3. An amendment shall constitute an integral part of this Agreement.

Article 16.4: Accession

1. This Agreement is open to accession on terms to be agreed among the Parties, and approved in accordance with the applicable legal procedures of each Party.

2. If the Joint Committee, in accordance with Article 12.2(a) (Functions of the Joint Committee), adopts a decision approving the terms for an accession and inviting an accession candidate to become a Party, the Joint Committee shall specify a period, which may be subject to extension by agreement of the Parties, during which the accession candidate may deposit an instrument of accession with the Depositary indicating that it accepts the terms for the accession.

3. An accession candidate shall become a Party to this Agreement, subject to the terms for the accession approved in the Joint Committee's

decision, either:

(a) 60 days after the date on which the accession candidate deposits an instrument of accession with the Depositary indicating that it accepts the terms for the accession; or

(b) on the date on which all the Parties have notified the Depositary that they have completed their respective applicable legal procedures for the approval of the terms for the accession,

whichever is later.

Article 16.5: Withdrawal

Any Party may withdraw from this Agreement. Such withdrawal shall take effect six months after the date on which written notice of withdrawal is received by the Depositary. If a Party withdraws, this Agreement shall remain in force for the remaining Parties.

Article 16.6: Disclosure of Information

Nothing in this Agreement shall be construed to require a Party to furnish or allow access to information, the disclosure of which would be contrary to its law or would impede law enforcement, or otherwise be contrary to the public interest, or which would prejudice the legitimate commercial interests of particular enterprises, public or private.

Article 16.7: Confidentiality

Unless otherwise provided in this Agreement, where a Party provides information to the other Party in accordance with this Agreement and designates the information as confidential, the other Party shall, subject to its laws and regulations, maintain the confidentiality of the information. Such information shall be used only for the purposes specified, and shall not be otherwise disclosed without the specific permission of the Party providing the information, except where the disclosure of information is for the purposes of complying with the legal requirements of a Party, or for the purpose of judicial proceedings. Prior to disclosing information for the purposes of complying with the legal requirements of a Party, or for the purposes of judicial proceedings, the disclosing Party shall consult with the Party who provided the information.

Article 16.8: Annexes and Footnotes

The Annexes and footnotes to this Agreement shall constitute an integral part of this Agreement.

Article 16.9: Electronic Signature

This Agreement may be signed electronically by the Parties. For greater certainty, the Parties understand that the electronic signing of this Agreement shall carry the same weight and legal effect as affixing hand-signed wet-ink signatures on treaties under international law.

2. 数据出境安全评估办法

国家互联网信息办公室令

第 11 号

《数据出境安全评估办法》已经 2022 年 5 月 19 日国家互联网信息办公室 2022 年第 10 次室务会议审议通过，现予公布，自 2022 年 9 月 1 日起施行。

国家互联网信息办公室主任　庄荣文

2022 年 7 月 7 日

数据出境安全评估办法

第一条　为了规范数据出境活动，保护个人信息权益，维护国家安全和社会公共利益，促进数据跨境安全、自由流动，根据《中华人民共和国网络安全法》、《中华人民共和国数据安全法》、《中华人民共和国个人信息保护法》等法律法规，制定本办法。

第二条　数据处理者向境外提供在中华人民共和国境内运营中收集和产生的重要数据和个人信息的安全评估，适用本办法。法律、行政法规另有规定的，依照其规定。

第三条　数据出境安全评估坚持事前评估和持续监督相结合、风险自评估与安全评估相结合，防范数据出境安全风险，保障数据依法有序自由流动。

第四条　数据处理者向境外提供数据，有下列情形之一的，应当通过所在地省级网信部门向国家网信部门申报数据出境安全评估：

（一）数据处理者向境外提供重要数据；

（二）关键信息基础设施运营者和处理 100 万人以上个人信息的数据处理者向境外提供个人信息；

（三）自上年 1 月 1 日起累计向境外提供 10 万人个人信息或者 1 万人敏感个人信息的数据处理者向境外提供个人信息；

（四）国家网信部门规定的其他需要申报数据出境安全评估的情形。

第五条　数据处理者在申报数据出境安全评估前，应当开展数据出境风险自评估，重点评估以下事项：

（一）数据出境和境外接收方处理数据的目的、范围、方式等的合法性、正当性、必要性；

（二）出境数据的规模、范围、种类、敏感程度，数据出境可能对国家安全、公共利益、个人或者组织合法权益带来的风险；

（三）境外接收方承诺承担的责任义务，以及履行责任义务的管理和技术措施、能力等能否保障出境数据的安全；

（四）数据出境中和出境后遭到篡改、破坏、泄露、丢失、转移或者被非法获取、非法利用等的风险，个人信息权益维护的渠道是否通畅等；

（五）与境外接收方拟订立的数据出境相关合同或者其他具有法律效力的文件等（以下统称法律文件）是否充分约定了数据安全保护责任义务；

（六）其他可能影响数据出境安全的事项。

第六条　申报数据出境安全评估，应当提交以下材料：

（一）申报书；

（二）数据出境风险自评估报告；

（三）数据处理者与境外接收方拟订立的法律文件；

（四）安全评估工作需要的其他材料。

第七条　省级网信部门应当自收到申报材料之日起 5 个工作日内完成完备性查验。申报材料齐全的，将申报材料报送国家网信部门；申报材料不齐全的，应当退回数据处理者并一次性告知需要补充的材料。

国家网信部门应当自收到申报材料之日起 7 个工作日内，确定是否受理并书面通知数据处理者。

第八条 数据出境安全评估重点评估数据出境活动可能对国家安全、公共利益、个人或者组织合法权益带来的风险，主要包括以下事项：

（一）数据出境的目的、范围、方式等的合法性、正当性、必要性；

（二）境外接收方所在国家或者地区的数据安全保护政策法规和网络安全环境对出境数据安全的影响；境外接收方的数据保护水平是否达到中华人民共和国法律、行政法规的规定和强制性国家标准的要求；

（三）出境数据的规模、范围、种类、敏感程度，出境中和出境后遭到篡改、破坏、泄露、丢失、转移或者被非法获取、非法利用等的风险；

（四）数据安全和个人信息权益是否能够得到充分有效保障；

（五）数据处理者与境外接收方拟订立的法律文件中是否充分约定了数据安全保护责任义务；

（六）遵守中国法律、行政法规、部门规章情况；

（七）国家网信部门认为需要评估的其他事项。

第九条 数据处理者应当在与境外接收方订立的法律文件中明确约定数据安全保护责任义务，至少包括以下内容：

（一）数据出境的目的、方式和数据范围，境外接收方处理数据的用途、方式等；

（二）数据在境外保存地点、期限，以及达到保存期限、完成约定目的或者法律文件终止后出境数据的处理措施；

（三）对于境外接收方将出境数据再转移给其他组织、个人的约束性要求；

（四）境外接收方在实际控制权或者经营范围发生实质性变化，或者所在国家、地区数据安全保护政策法规和网络安全环境发生变化以及发生其他不可抗力情形导致难以保障数据安全时，应当采取的安全措施；

（五）违反法律文件约定的数据安全保护义务的补救措施、违约责任和争议解决方式；

（六）出境数据遭到篡改、破坏、泄露、丢失、转移或者被非法获取、非法利用等风险时，妥善开展应急处置的要求和保障个人维护其个人信息权益的途径和方式。

第十条　国家网信部门受理申报后，根据申报情况组织国务院有关部门、省级网信部门、专门机构等进行安全评估。

第十一条　安全评估过程中，发现数据处理者提交的申报材料不符合要求的，国家网信部门可以要求其补充或者更正。数据处理者无正当理由不补充或者更正的，国家网信部门可以终止安全评估。

数据处理者对所提交材料的真实性负责，故意提交虚假材料的，按照评估不通过处理，并依法追究相应法律责任。

第十二条　国家网信部门应当自向数据处理者发出书面受理通知书之日起 45 个工作日内完成数据出境安全评估；情况复杂或者需要补充、更正材料的，可以适当延长并告知数据处理者预计延长的时间。

评估结果应当书面通知数据处理者。

第十三条　数据处理者对评估结果有异议的，可以在收到评估结果 15 个工作日内向国家网信部门申请复评，复评结果为最终结论。

第十四条　通过数据出境安全评估的结果有效期为 2 年，自评估结果出具之日起计算。在有效期内出现以下情形之一的，数据处理者应当重新申报评估：

（一）向境外提供数据的目的、方式、范围、种类和境外接收方处理数据的用途、方式发生变化影响出境数据安全的，或者延长个人信息和重要数据境外保存期限的；

（二）境外接收方所在国家或者地区数据安全保护政策法规和网络安全环境发生变化以及发生其他不可抗力情形、数据处理者或者境外接收方实际控制权发生变化、数据处理者与境外接收方法律文件变更等影响出境数据安全的；

（三）出现影响出境数据安全的其他情形。

有效期届满，需要继续开展数据出境活动的，数据处理者应当在有效期届满 60 个工作日前重新申报评估。

第十五条　参与安全评估工作的相关机构和人员对在履行职责中知悉的国家秘密、个人隐私、个人信息、商业秘密、保密商务信息等数据应当依法予以保密，不得泄露或者非法向他人提供、非法使用。

第十六条 任何组织和个人发现数据处理者违反本办法向境外提供数据的，可以向省级以上网信部门举报。

第十七条 国家网信部门发现已经通过评估的数据出境活动在实际处理过程中不再符合数据出境安全管理要求的，应当书面通知数据处理者终止数据出境活动。数据处理者需要继续开展数据出境活动的，应当按照要求整改，整改完成后重新申报评估。

第十八条 违反本办法规定的，依据《中华人民共和国网络安全法》、《中华人民共和国数据安全法》、《中华人民共和国个人信息保护法》等法律法规处理；构成犯罪的，依法追究刑事责任。

第十九条 本办法所称重要数据，是指一旦遭到篡改、破坏、泄露或者非法获取、非法利用等，可能危害国家安全、经济运行、社会稳定、公共健康和安全等的数据。

第二十条 本办法自 2022 年 9 月 1 日起施行。本办法施行前已经开展的数据出境活动，不符合本办法规定的，应当自本办法施行之日起 6 个月内完成整改。

3. 个人信息出境标准合同办法

国家互联网信息办公室令

第 13 号

《个人信息出境标准合同办法》已经 2023 年 2 月 3 日国家互联网信息办公室 2023 年第 2 次室务会议审议通过，现予公布，自 2023 年 6 月 1 日起施行。

国家互联网信息办公室主任　庄荣文

2023 年 2 月 22 日

个人信息出境标准合同办法

第一条 为了保护个人信息权益，规范个人信息出境活动，根据《中华人民共和国个人信息保护法》等法律法规，制定本办法。

第二条 个人信息处理者通过与境外接收方订立个人信息出境标准合同（以下简称标准合同）的方式向中华人民共和国境外提供个人信息，适用本办法。

第三条 通过订立标准合同的方式开展个人信息出境活动，应当坚持自主缔约与备案管理相结合、保护权益与防范风险相结合，保障个人信息跨境安全、自由流动。

第四条 个人信息处理者通过订立标准合同的方式向境外提供个人信息的，应当同时符合下列情形：

（一）非关键信息基础设施运营者；

（二）处理个人信息不满 100 万人的；

（三）自上年 1 月 1 日起累计向境外提供个人信息不满 10 万人的；

（四）自上年 1 月 1 日起累计向境外提供敏感个人信息不满 1 万人的。

法律、行政法规或者国家网信部门另有规定的，从其规定。

个人信息处理者不得采取数量拆分等手段，将依法应当通过出境安全评估的个人信息通过订立标准合同的方式向境外提供。

第五条 个人信息处理者向境外提供个人信息前，应当开展个人信息保护影响评估，重点评估以下内容：

（一）个人信息处理者和境外接收方处理个人信息的目的、范围、方式等的合法性、正当性、必要性；

（二）出境个人信息的规模、范围、种类、敏感程度，个人信息出境可能对个人信息权益带来的风险；

（三）境外接收方承诺承担的义务，以及履行义务的管理和技术措施、能力等能否保障出境个人信息的安全；

（四）个人信息出境后遭到篡改、破坏、泄露、丢失、非法利用等的风险，个人信息权益维护的渠道是否通畅等；

（五）境外接收方所在国家或者地区的个人信息保护政策和法规对标准合同履行的影响；

（六）其他可能影响个人信息出境安全的事项。

第六条 标准合同应当严格按照本办法附件订立。国家网信部门可以根据实际情况对附件进行调整。

个人信息处理者可以与境外接收方约定其他条款，但不得与标准合同相冲突。

标准合同生效后方可开展个人信息出境活动。

第七条 个人信息处理者应当在标准合同生效之日起 10 个工作日内向所在地省级网信部门备案。备案应当提交以下材料：

（一）标准合同；

（二）个人信息保护影响评估报告。

个人信息处理者应当对所备案材料的真实性负责。

第八条 在标准合同有效期内出现下列情形之一的，个人信息处理者应当重新开展个人信息保护影响评估，补充或者重新订立标准合同，并履行相应备案手续：

（一）向境外提供个人信息的目的、范围、种类、敏感程度、方式、保存地点或者境外接收方处理个人信息的用途、方式发生变化，或者延长个人信息境外保存期限的；

（二）境外接收方所在国家或者地区的个人信息保护政策和法规发生变化等可能影响个人信息权益的；

（三）可能影响个人信息权益的其他情形。

第九条　网信部门及其工作人员对在履行职责中知悉的个人隐私、个人信息、商业秘密、保密商务信息等应当依法予以保密，不得泄露或者非法向他人提供、非法使用。

第十条　任何组织和个人发现个人信息处理者违反本办法向境外提供个人信息的，可以向省级以上网信部门举报。

第十一条　省级以上网信部门发现个人信息出境活动存在较大风险或者发生个人信息安全事件的，可以依法对个人信息处理者进行约谈。个人信息处理者应当按照要求整改，消除隐患。

第十二条　违反本办法规定的，依据《中华人民共和国个人信息保护法》等法律法规处理；构成犯罪的，依法追究刑事责任。

第十三条　本办法自 2023 年 6 月 1 日起施行。本办法施行前已经开展的个人信息出境活动，不符合本办法规定的，应当自本办法施行之日起 6 个月内完成整改。

4．国务院印发关于在有条件的自由贸易试验区和自由贸易港试点对接国际高标准推进制度型开放若干措施的通知

国发〔2023〕9号

各省、自治区、直辖市人民政府，国务院各部委、各直属机构：

现将《关于在有条件的自由贸易试验区和自由贸易港试点对接国际高标准推进制度型开放的若干措施》印发给你们，请认真贯彻执行。

国务院
2023 年 6 月 1 日

推进高水平对外开放，实施自由贸易试验区提升战略，加快建设海南自由贸易港，稳步扩大规则、规制、管理、标准等制度型开放，是贯彻落实习近平新时代中国特色社会主义思想的重大举措，是党的二十大部署的重要任务。为更好服务加快构建新发展格局，着力推动高质量发展，在有条件的自由贸易试验区和自由贸易港聚焦若干重点领域试点对接国际高标准经贸规则，统筹开放和安全，构建与高水平制度型开放相衔接的制度体系和监管模式，现提出如下措施。

一、推动货物贸易创新发展

1.支持试点地区开展重点行业再制造产品进口试点。相关进口产品不适用我国禁止或限制旧品进口的相关措施，但应符合国家对同等新品的全部适用技术要求（包括但不限于质量特性、安全环保性能等方面）和再制造产品有关规定，并在显著位置标注"再制造产品"字样。试点地区根据

自身实际提出试点方案，明确相关进口产品清单及适用的具体标准、要求、合格评定程序和监管措施；有关部门应在收到试点方案后 6 个月内共同研究作出决定。有关部门和地方对再制造产品加强监督、管理和检验，严防以再制造产品的名义进口洋垃圾和旧品。（适用范围：上海、广东、天津、福建、北京自由贸易试验区和海南自由贸易港，以下除标注适用于特定试点地区的措施外，适用范围同上）

2. 对暂时出境修理后复运进入试点地区的航空器、船舶（含相关零部件），无论其是否增值，免征关税。上述航空器指以试点地区为主营运基地的航空企业所运营的航空器，船舶指在试点地区注册登记并具有独立法人资格的船运公司所运营的以试点地区内港口为船籍港的船舶。（适用范围：海南自由贸易港）

3. 对自境外暂时准许进入试点地区进行修理的货物，复运出境的，免征关税；不复运出境转为内销的，照章征收关税。（适用范围：海南自由贸易港实行"一线"放开、"二线"管住进出口管理制度的海关特殊监管区域）

4. 自境外暂时进入试点地区的下列货物，在进境时纳税义务人向海关提供担保后，可以暂不缴纳关税、进口环节增值税和消费税：符合我国法律规定的临时入境人员开展业务、贸易或专业活动所必需的专业设备（包括软件，进行新闻报道或者摄制电影、电视节目使用的仪器、设备及用品等）；用于展览或演示的货物；商业样品、广告影片和录音；用于体育竞赛、表演或训练等所必需的体育用品。上述货物应当自进境之日起 6 个月内复运出境，暂时入境期间不得用于出售或租赁等商业目的。需要延长复运出境期限的，应按规定办理延期手续。

5. 试点地区海关不得仅因原产地证书存在印刷错误、打字错误、非关键性信息遗漏等微小差错或文件之间的细微差异而拒绝给予货物优惠关税待遇。

6. 海关预裁定申请人在预裁定所依据的法律、事实和情况未发生改变的情况下，可向试点地区海关提出预裁定展期申请，试点地区海关应在裁定有效期届满前从速作出决定。

7. 在符合我国海关监管要求且完成必要检疫程序的前提下，试点地区海关对已提交必要海关单据的空运快运货物，正常情况下在抵达后 6 小时内放行。

8. 在符合我国相关法律法规和有关规定且完成必要检疫程序的前提下，试点地区海关对已抵达并提交通关所需全部信息的货物，尽可能在 48 小时内放行。

9. 如货物抵达前（含抵达时）未确定关税、其他进口环节税和规费，但在其他方面符合放行条件，且已向海关提供担保或已按要求履行争议付款程序，试点地区海关应予以放行。

10. 在试点地区，有关部门批准或以其他方式承认境外合格评定机构资质，应适用对境内合格评定机构相同或等效的程序、标准和其他条件；不得将境外合格评定机构在境内取得法人资格或设立代表机构作为承认其出具的认证结果或认证相关检查、检测结果的条件。

11. 对于在试点地区进口信息技术设备产品的，有关部门应允许将供应商符合性声明作为产品符合电磁兼容性标准或技术法规的明确保证。

12. 在试点地区，允许进口标签中包括 chateau（酒庄）、classic（经典的）、clos（葡萄园）、cream（柔滑的）、crusted/crusting（有酒渣的）、fine（精美的）、late bottled vintage（迟装型年份酒）、noble（高贵的）、reserve（珍藏）、ruby（宝石红）、special reserve（特藏）、solera（索莱拉）、superior（级别较高的）、sur lie（酒泥陈酿）、tawny（陈年黄色波特酒）、vintage（年份）或 vintage character（年份特征）描述词或形容词的葡萄酒。

二、推进服务贸易自由便利

13. 除特定新金融服务外，如允许中资金融机构开展某项新金融服务，则应允许试点地区内的外资金融机构开展同类服务。金融管理部门可依职权确定开展此项新金融服务的机构类型和机构性质，并要求开展此项服务需获得许可。金融管理部门应在合理期限内作出决定，仅可因审慎理由不予许可。

14. 试点地区金融管理部门应按照内外一致原则，在收到境外金融机构、境外金融机构的投资者、跨境金融服务提供者提交的与开展金融服务相关的完整且符合法定形式的申请后，于 120 天内作出决定，并及时通知申请人。如不能在上述期限内作出决定，金融管理部门应立即通知申请人并争取在合理期限内作出决定。

15. 允许在试点地区注册的企业、在试点地区工作或生活的个人依法跨境购买境外金融服务。境外金融服务的具体种类由金融管理部门另行规定。

16. 鼓励境外专业人员依法为试点地区内的企业和居民提供专业服务，支持试点地区建立健全境外专业人员能力评价评估工作程序。

三、便利商务人员临时入境

17. 允许试点地区内的外商投资企业内部调动专家的随行配偶和家属享有与该专家相同的入境和临时停留期限。

18. 对拟在试点地区筹建分公司或子公司的外国企业相关高级管理人员，其临时入境停留有效期放宽至 2 年，且允许随行配偶和家属享有与其相同的入境和临时停留期限。

四、促进数字贸易健康发展

19. 对于进口、分销、销售或使用大众市场软件（不包括用于关键信息基础设施的软件）及含有该软件产品的，有关部门及其工作人员不得将转让或获取企业、个人所拥有的相关软件源代码作为条件要求。

20. 支持试点地区完善消费者权益保护制度，禁止对线上商业活动消费者造成损害或潜在损害的诈骗和商业欺诈行为。

五、加大优化营商环境力度

21. 试点地区应允许真实合规的、与外国投资者投资相关的所有转移可自由汇入、汇出且无迟延。此类转移包括：资本出资；利润、股息、利息、资本收益、特许权使用费、管理费、技术指导费和其他费用；全部或部分出售投资所得、全部或部分清算投资所得；根据包括贷款协议在内的合同所支付的款项；依法获得的补偿或赔偿；因争议解决产生的款项。

22. 试点地区的采购人如采用单一来源方式进行政府采购，在公告成交结果时应说明采用该方式的理由。

23. 对于涉及试点地区内经营主体的已公布专利申请和已授予专利，主管部门应按照相关规定公开下列信息：检索和审查结果（包括与相关现有技术的检索有关的细节或信息等）；专利申请人的非保密答复意见；专利申请人和相关第三方提交的专利和非专利文献引文。

24. 试点地区人民法院对经营主体提出的知识产权相关救济请求，在申请人提供了可合理获得的证据并初步证明其权利正在受到侵害或即将受到侵害后，应不预先听取对方当事人的陈述即依照有关司法规则快速采取相关措施。

25. 试点地区有关部门调查涉嫌不正当竞争行为时，应对被调查的经营者给予指导，经营者作出相关承诺并按承诺及时纠正、主动消除或减轻危害后果的，依法从轻、减轻或不予行政处罚。

26. 支持试点地区内企业、商业组织、非政府组织等建立提高环境绩效的自愿性机制（包括自愿审计和报告、实施基于市场的激励措施、自愿分享信息和专门知识、开展政府和社会资本合作等），鼓励其参与制修订自愿性机制环境绩效评估标准。

27. 支持试点地区内企业自愿遵循环境领域的企业社会责任原则。相关原则应与我国赞成或支持的国际标准和指南相一致。

28. 支持试点地区劳动人事争议仲裁机构规范、及时以书面形式向当事人提供仲裁裁决，并依法公开。

六、健全完善风险防控制度

29. 试点地区应建立健全重大风险识别及系统性风险防范制度，商务部会同有关部门加强统筹协调和指导评估，强化对各类风险的分析研判，加强安全风险排查、动态监测和实时预警。

30. 健全安全评估机制，商务部会同有关部门和地方及时跟进试点进展，结合外部环境变化和国际局势走势，对新情况新问题进行分析评估，根据风险程度，分别采取调整、暂缓或终止等处置措施，不断优化试点实施举措。

31.强化风险防范化解，细化防控举措，构建制度、管理和技术衔接配套的安全防护体系。

32.落实风险防控责任，有关地方落实主体责任，在推进相关改革的同时，建立健全风险防控配套措施，完善安全生产责任制；有关部门加强指导监督，依职责做好监管。

33.加强事前事中事后监管，完善监管规则，创新监管方式，加强协同监管，健全权责明确、公平公正、公开透明、简约高效的监管体系，统筹推进市场监管、质量监管、安全监管、金融监管等。

各有关部门和地方要以习近平新时代中国特色社会主义思想为指导，深入贯彻党的二十大精神，坚持党的全面领导，认真组织落实各项制度型开放试点任务。要统筹开放和安全，牢固树立总体国家安全观，强化风险意识，树立底线思维，维护国家核心利益和政治安全，建立健全风险防控制度，提高自身竞争能力、开放监管能力、风险防控能力。要坚持绿色发展，筑牢生态安全屏障，切实维护国家生态环境安全和人民群众身体健康。商务部要发挥统筹协调作用，会同有关部门加强各项试点措施的系统集成，推动部门和地方间高效协同。各有关部门要按照职责分工加强指导服务和监督管理，积极推动解决改革试点中遇到的问题。有关自由贸易试验区、自由贸易港及所在地省级人民政府要承担主体责任，细化分解任务，切实防控风险，加快推进各项试点措施落地实施。对确需制定具体意见、办法、细则、方案的，应在本措施印发之日起一年内完成，确保落地见效。需调整现行法律或行政法规的，按法定程序办理。重大事项及时向党中央、国务院请示报告。

5. 国务院关于印发《全面对接国际高标准经贸规则推进中国（上海）自由贸易试验区高水平制度型开放总体方案》的通知

国发〔2023〕23 号

各省、自治区、直辖市人民政府，国务院各部委、各直属机构：

现将《全面对接国际高标准经贸规则推进中国（上海）自由贸易试验区高水平制度型开放总体方案》印发给你们，请认真贯彻执行。

国务院

2023 年 11 月 26 日

（本部分有删减）

全面对接国际高标准经贸规则
推进中国（上海）自由贸易试验区
高水平制度型开放总体方案

支持中国（上海）自由贸易试验区（含临港新片区，以下简称上海自贸试验区）对接国际高标准经贸规则，推进高水平制度型开放，是新时代全面深化改革和扩大开放的重要举措。为全面实施自由贸易试验区提升战略，更好发挥上海自贸试验区先行先试作用，打造国家制度型开放示范区，制定本方案。

一、总体要求

以习近平新时代中国特色社会主义思想为指导，全面贯彻落实党的二十大精神，贯彻落实总体国家安全观，坚持稳中求进工作总基调，完整、准确、全面贯彻新发展理念，构建新发展格局，推动高质量发展，更好统筹国内国际两个大局，统筹发展和安全，全面对接国际高标准经贸规则，稳步扩大规则、规制、管理、标准等制度型开放，在上海自贸试验区规划范围内，率先构建与高标准经贸规则相衔接的制度体系和监管模式，为全面深化改革和扩大开放探索新路径、积累新经验。

二、加快服务贸易扩大开放

（一）金融服务

1. 鼓励金融机构和支付服务提供者率先推出电子支付系统国际先进标准，开展数字身份跨境认证与电子识别。支持依法依规引进境外电子支付机构。电子支付监管机构应及时公开电子支付相关法律法规。

2. 在国家数据跨境传输安全管理制度框架下，允许金融机构向境外传输日常经营所需的数据。涉及金融数据出境的，监管部门可基于国家安全和审慎原则采取监管措施，同时保证重要数据和个人信息安全。

3. 深化金融科技国际合作，便利金融机构开展跨境资产管理，为境外设立的基金产品提供境内投资管理、估值核算等服务。有序推进数字人民币试点，探索数字人民币在贸易领域的应用场景。在风险可控前提下，审慎探索在临港新片区内放宽非居民并购贷款限制，扩大贷款适用场景，支持本地金融监管机构在充分总结个案试点经验和全面评估风险管理情况基础上研究制定业务指引。

4. 优化跨国公司跨境资金集中运营管理政策，支持跨国公司设立资金管理中心，完善资金池安排。在临港新片区内建设再保险国际板。支持保险资金依托上海自贸试验区内有关交易所试点投资黄金等大宗商品。

5. 提升自由贸易账户系统功能，优化账户规则，实现资金在上海自贸试验区与境外间依法有序自由流动。

6. 研究符合条件的资产管理公司（不含金融资产管理公司、基金管理公司、地方资产管理公司）开展资产支持证券跨境转让业务，探索融资租赁资产跨境转让并试点以人民币结算。支持商业保理公司在符合进出口与收付汇一致性要求前提下，办理基于真实国际贸易背景的商业保理业务。

（二）电信服务

7. 基础电信企业在不影响质量和可靠性前提下，提供合理和非歧视待遇，依法依规及时提供移动电话号码（非物联网号码）携号转网服务，并不断提高服务质量。

8. 在遵守法律法规和行业管理要求前提下，基础电信企业进一步完善移动通信转售业务服务体系，合理确定费率，且不设置歧视性条件。

三、提升货物贸易自由化便利化水平

（一）特定货物进口

9. 对符合条件的自境外暂时准许进入上海自贸试验区海关特殊监管区域内进行修理的货物实施保税，复运出境的免征关税，不复运出境、转为内销的须照章征收关税。

10. 在上海自贸试验区进口葡萄酒和蒸馏酒，且境内代理商注册地在区内的，贸易商可免于在容器、标签、包装上标示商标或商品名的中文译文以及有效日期、保质期、最迟销售日期。若由于包装、容器问题或易腐成分添加导致上述日期比消费者预期更短，贸易商应作标示。

11. 在上海自贸试验区进口医疗器械，且境外注册人或备案人指定的境内代理人住所在区内的，境内代理人可在医疗器械质量管理体系有效管控下，于销售或供应前在海关特殊监管区域内按规定粘贴中文标签或副标签。粘贴中文标签或副标签应向属地药品监管部门报告，并接受属地药品监管部门监督。海关、属地药品监管部门建立工作配合机制，共享上述粘贴中文标签或副标签进口医疗器械的信息，海关在进口环节根据属地药品监管部门提供的信息做好通关及检验监管。

（二）商用密码产品管理

12. 除列入商用密码进口许可清单的外，对不涉及国家安全、社会公共利益的商用密码产品进口，不采取限制措施。

13. 除涉及国家安全、社会公共利益外，对制造、出售、分销、进口或使用商用密码产品的，不强制制定或实施技术法规及合格评定程序以获取专有密码信息、要求与境内企业合伙或使用特定密码算法等。

14. 加快推进商用密码检测认证体系建设，鼓励积极采信商用密码检测认证结果。涉及国家安全、国计民生、社会公共利益的商用密码产品，应由具备资格的商用密码检测、认证机构检测认证合格后，方可销售或提供。

（三）通关便利化

15. 优化国际中转集拼平台运作模式，吸引全球拼箱企业在洋山特殊综合保税区内设立拼箱中心，允许开展出口拼箱、国际中转拆拼箱等多业态同场作业。对由境外启运，经洋山特殊综合保税区换装、分拆、集拼，再运往其他国家或地区的中转货物不检验（法律法规等另有规定的除外）。

16. 对在上海自贸试验区进口的货物，允许境外出口商或生产商通过其在区内的代理人向属地海关申请预裁定。

17. 对在境外实施符合要求检疫处理后的特定品类进口货物，简化境内检疫措施。

18. 支持境外利益相关方依法平等参与上海自贸试验区相关标准制修订。除依法需保密的外，上海自贸试验区在制定地方性法规和规章时，应将草案及其说明等向社会征求意见，期限一般不少于 60 日，鼓励重要文件同时提供外文版供参考。

19. 在确保数据安全前提下，支持上海国际贸易"单一窗口"建设数据跨境交换系统；采用国际公认标准及可获得的开放标准，加强系统兼容性和交互操作性；通过国际合作，分享数据交换系统开发和管理领域的信息、经验和最佳实践，共同开发数据交换系统试点项目。

20. 鼓励物流企业优化创新"最后一公里"配送解决方案。试点在洋山港建设自动化驾驶智能测试专用道。

21. 试点在洋山特殊综合保税区开展区港一体化管理，允许在口岸区域开展物流和加工，取消货物堆存期限限制。在符合监管条件前提下，经外高桥港区、浦东国际机场等上海其他口岸进出洋山特殊综合保税区的货物，试点适用海关一线径予放行政策。

（四）海关监管执法

22. 对有关经营主体依法依规向海关提交的秘密信息（包括一旦披露可

能损害信息提供者竞争地位的信息），上海自贸试验区应设置相关程序防止其未经经营主体授权被披露。

23. 对进出口的涉嫌侵权假冒货物，海关依职权采取边境措施。对发现的过境涉嫌侵权假冒货物，海关可将货物相关信息通报给货物目的国海关。

四、率先实施高标准数字贸易规则

（一）数据跨境流动

24. 企业和个人因业务需要确需向境外提供数据，且符合国家数据跨境传输安全管理要求的，可以向境外提供。

25. 按照数据分类分级保护制度，支持上海自贸试验区率先制定重要数据目录。指导数据处理者开展数据出境风险自评估，探索建立合法安全便利的数据跨境流动机制，提升数据跨境流动便利性。

26. 在遵守网络管理制度前提下，消费者可使用不对网络造成损害的终端设备接入互联网和使用网上可获得的服务与应用。

27. 实施数据安全管理认证制度，引导企业通过认证提升数据安全管理能力和水平，形成符合个人信息保护要求的标准或最佳实践。

（二）数字技术应用

28. 支持上海自贸试验区参考联合国国际贸易法委员会电子可转让记录示范法，推动电子提单、电子仓单等电子票据应用。

29. 加强全面数字化的电子发票管理，增强电子发票跨境交互性，鼓励分享最佳实践，开展国际合作。支持电子发票相关基础设施建设，支持对企业开展电子发票国际标准应用能力培训。

30. 支持上海自贸试验区研究完善与国际接轨的数字身份认证制度，开展数字身份互认试点，并就政策法规、技术工具、保障标准、最佳实践等开展国际合作。

31. 借鉴国际经验，研究建立人工智能技术的伦理道德和治理框架。支持设立人工智能伦理专家咨询机构。制定人工智能伦理规范指南，发布企业人工智能伦理安全治理制度示范案例。

32. 支持可信、安全和负责任地使用人工智能技术。优化"人工智能+

医疗器械"应用审评审批程序，对进入创新医疗器械特别审查程序的人工智能辅助诊断医疗器械加快审评审批。完善外资企业参与创新药物研发等领域人工智能创新合作的方式及要求。在保障安全前提下，探索开展高度自动驾驶车辆在高速公路和高架道路上测试及示范应用，加快推动智能网联汽车商业化应用。深入开展智能网联汽车高精度地图应用试点。

（三）数据开放共享和治理

33. 建立健全数据共享机制，支持企业依法依规共享数据，促进大数据创新应用。支持建设国际开源促进机构，参与全球开源生态建设。支持探索开展数据交易服务，建设以交易链为核心的数据交易和流通关键基础设施，创建数据要素流通创新平台，制定数据、软件资产登记凭证标准和规则。

34. 扩大政府数据开放范围，明确获取和使用公开数据方式，发布开放数据集目录。探索开展公共数据开发利用，鼓励开发以数据集为基础的产品和服务。

35. 举办数字中小企业对话会，促进中小企业合作与数字化发展。支持中小企业利用相关平台、数字工具等参与政府采购。

36. 推动境内外机构开展合作，搭建中小企业参与数字经济信息交流平台。支持开展数字包容性国际合作，分享数字经济可持续发展成果和最佳实践。

37. 加强对非应邀商业电子信息的监管，强化监管技术应用和国际合作。

38. 健全数字经济公平竞争常态化监管制度，发布数字市场竞争政策和最佳实践，促进竞争政策信息和经验国际交流，开展政策制定和执法能力建设培训。

五、加强知识产权保护
（一）商标与地理标志

39. 上海自贸试验区内经营主体提出商标注册申请时，主管部门应在商标注册公告和初步审定公告中标明货物或服务名称，并根据尼斯分类进行分组。

40. 充分公开国外地理标志（含意译、音译或字译）在中国获得保护的法律手段，明确异议处理及注销相关规定。

41. 通过规范以下行为，对地理标志产品实施高水平保护：使用地理标志指示产品源自非其真正产地的某一地理区域；指示并非来自该产地的某一相同或近似产品；指示不符合受保护名称产品规范的某一相同或近似产品。

（二）专利

42. 专利行政部门对发明专利申请满 18 个月未作出审查决定的，应当公布专利申请信息。对经初步审查不符合相关要求或还需进一步审查的，应说明原因。专利行政部门可依申请提早公布申请结果。

43. 对已获准在中国境内上市销售的新农用化学品的未披露实验等数据实施保护。即使该化学品在境内的另一专利保护期先行届满，仍应继续按该数据的保护期给予保护。

（三）行政监管和司法保护

44. 加大行政执法监管力度和对权利人的司法保护力度，规范具有商业规模、故意使用以下标签或包装的行为：未经授权在标签或包装上使用与已在中国境内注册商标相同或无法区别的商标；意图在商业交易过程中将标签或包装用于商品或服务，且该商品或服务与已在中国境内注册商标的商品或服务相同。

45. 对以营利为目的，未经授权在电影院放映过程中对电影作品进行复制且对权利人造成重大损害的行为，加大行政执法监管力度和对权利人的司法保护力度。

46. 进一步完善商业秘密保护制度，为商业秘密权利人提供全面法律救济手段。对以下侵犯商业秘密且情节严重的行为，加大行政执法监管力度和对权利人的司法保护力度：未经授权获取计算机系统中的商业秘密；未经授权盗用、披露商业秘密（包括通过计算机系统实施上述行为）。

六、推进政府采购领域改革

（一）采购程序

47. 在上海自贸试验区内，国家机关、事业单位、团体组织和指定的其他采购实体，为了自身履职或提供公共服务需要，以合同方式取得货物、工程和服务，以及订立"建设—运营—移交"合同和公共工程特许合同，适用本方案相关规定（涉及国家安全和国家秘密的项目除外）。

48. 在上海自贸试验区进行的政府采购一般应实行公开竞争。对以下情形，可采用单一来源方式采购：无投标、无合格投标、无合格供应商或存在串通投标；只能由特定供应商提供；为保持技术一致性或避免重新采购，对原采购补充采购；有限试用或委托研发的首创性货物及服务；发生不可预见的紧急情况，不能从其他供应商处采购等。

49. 政府采购实行有限竞争时，采购人应发布包括采购人信息、采购说明、资格要求等充分信息的资格预审公告，邀请供应商提交资格预审申请文件。如采购人有意选择有限数量的合格供应商投标，需说明相应选择标准和数量限额。

50. 政府采购实施邀请招标时，采购人应提前发布相关信息。开展 200 万元以上的货物、服务采购或 5000 万元以上的工程采购，采用邀请招标方式的采购人应设定提交资格预审申请文件的最后日期，一般应自资格预审文件发出之日起不少于 25 日，紧急情况下不少于 10 日。

51. 政府采购实施招标时，采购人设定提交投标文件的最后日期，一般应自招标文件发出之日起不少于 40 日。符合特殊情形的，可以适当缩短期限，但不得少于 10 日。

（二）采购管理

52. 采购人编制政府采购预算时，应充分考虑以下因素：各类费用、佣金、利息等；选择性购买的价格；同一采购项下的所有合同。

53. 依法依规进行政府采购信息公开。尽可能免费向供应商提供招标文件，并鼓励以中英两种语言发布采购公告。

54. 采购人有证据证明有关供应商在参与政府采购活动前 3 年内，履行与采购人或与采购人存在管理关系单位的采购合同时，发生过重大实质性违约且未及时采取合理补救措施的，可以拒绝其参与采购活动，但应当在采购文件中载明。

55. 采购人在编制政府采购需求时可以设置关于环境保护以及信息保护

的技术要求。采购标的存在国际标准的，采购人可根据实际情况采用国际标准。

56. 应未中标、成交供应商请求，采购人应向其答复未中标、成交的理由或中标、成交供应商的优势说明，答复内容不得涉及商业秘密。

57. 采购人、采购代理机构应妥善保存政府采购项目每项采购活动的采购文件、记录和报告，不得伪造、变造、隐匿或者销毁。采购相关文件应从采购结束之日起至少保存 15 年。

58. 提升政府采购电子化采购平台的数字技术应用水平，推动采购流程透明化、规范化和智能化，推进电子证照应用。

59. 政府采购应便于中小企业参与，鼓励通过电子化方式进行采购。根据采购的规模、设计和结构，可对中小企业实施合同分包。

（三）采购监督

60. 指定独立于采购人的审查主管机关，就供应商对政府采购活动提出的投诉进行审查。鼓励采购人和供应商通过磋商解决投诉。

61. 供应商认为政府采购文件、采购过程和中标结果、成交结果使自身权益受到损害的，可以在知道或应知道其权益受到损害之日起 10 日内，以书面方式向采购人提出质疑。

七、推动相关"边境后"管理制度改革

（一）国有企业改革

62. 深化国资监管机构职能转变，对国资监管机构持股的混合所有制企业、股权多元化的国有全资公司，实施有别于国有独资公司的管理新模式，规范股东履职程序，发挥好股东会作用。

63. 上海自贸试验区内指定专营企业购买、销售货物或服务时，应依照商业考虑进行决策。

64. 对在上海自贸试验区内提供公共产品和服务的企业，建立科学合理、稳定可靠的补偿机制。

65. 建立健全国有企业信息公开制度，持续完善、规范信息披露程序，加强对国有企业信息公开工作的分类指导，推动国有企业控股或参股上市公司提升治理运作的规范化水平。

（二）劳动者权益保护

66.支持上海自贸试验区内企业率先创建和谐劳动关系，全面落实劳动合同、集体合同制度，依法依规保障劳动者劳动报酬、休息休假、劳动安全卫生、社会保险、职业技能培训等基本权益，建立劳动者工资集体协商和正常增长机制，加强劳动保护，改善劳动条件。强化工会劳动法律监督，开展劳动用工法治体检。

67.依据相关法律法规规定，并参照国际劳工组织工商业劳动监察公约等要求，在上海自贸试验区配备劳动保障监察员，实施智慧监察，加大劳动保障监察执法力度。鼓励和支持开展国际劳工领域人才培养培训。

68.推动完善相关地方性法规、政府规章，地方政府、有关部门和机构不得为促进贸易或投资而降低劳动者权益保护水平。

69.健全协调劳动关系三方机制，日常受理劳动者、工会、企业等提出的相关意见；处理、接受有关领域公众书面意见，开展公众意见审议，酌情公开审议结果；积极培育基层劳动关系服务站点等，鼓励和支持社会力量参与劳动人事争议协商调解。

（三）环境保护

70.出台生物多样性保护政策，支持上海自贸试验区加强对生物多样性的保护和可持续利用。

71.支持开展绿色低碳领域国际合作、经验分享和能力建设。加快推进设立全国碳排放权交易机构。允许临港新片区内企业以加工贸易或保税物流方式开展以船供为目的的高低硫燃料油混兑调和业务，符合条件的仓储设施可以同时具备出口监管仓库和保税仓库功能。支持临港新片区加快氢能核心技术攻关与标准体系建设，允许依法依规建设制氢加氢一体站，开展滩涂小规模风电制氢，完善高压储氢系统。

72.支持设立认证机构，开展绿色产品和生态产品认证，进行认证产品溯源，建立认证产品溯源机制。

73.支持通过规范渔具渔法、减少捕捞时间、削减渔船数量、实施捕捞配额等措施，打击非法、不报告和不管制捕捞行为，以保护相关鱼类种群。

74. 鼓励环境产品和服务进出口，丰富绿色金融产品和服务体系，研究推广绿色债券以及环境、社会和治理（ESG）指数，推动开展环境产品和服务合作。

八、加强风险防控体系建设

75. 健全风险评估机制。及时跟踪试点进展，分析评估新情况新问题，根据风险程度，分别采取调整、暂缓或终止等处置措施。

76. 建立风险预警制度。以新技术为支撑提升监管效率，采用大数据分析技术判断识别风险，根据风险程度进行分类监管。

77. 加强金融风险防控。金融监管部门基于审慎原则采取合理措施，保护金融消费者合法权利，保障金融系统稳定运行。依法依规开展金融监管信息共享、监管协作和风险跨境处置合作。加强对跨境收支业务数据的采集、监测和运用。通过"沙盒监管"等监管机制创新，确保风险有效隔离。坚持金融业务持牌经营要求，通过风险提示、风控指标计算、信息报送等，加强相关风险监测和防范。

78. 加强监管互认与合作。借鉴国际通行惯例与规则，视情采信其他国家监管机构报告，研究启动监管互认机制，做好数据交换、结果互认、工作协同、执法互助。建立与境外网络安全机构合作机制，推动形成网络安全问题全球合作解决方案。

79. 强化安全审查机制。落实好外商投资准入负面清单，用好外商投资安全审查等机制。全面加强网络安全检查，落实关键信息基础设施防护责任。依法依规开展信息公开，进一步规范重要信息公开程序。

80. 推进全流程监管。完善监管规则，创新监管方法，健全权责明确、公平公正、公开透明、简约高效的监管体系，统筹推进市场监管、质量监管、安全监管、网络监管等，加强协同监管，堵塞监管漏洞。

上海市人民政府要强化主体责任，根据本方案确定的任务，进一步完善工作机制，扎实推进各项措施落实；要建立完善制度创新机制，鼓励大胆试、大胆闯；要用足用好浦东新区法规制定权，强化改革试点法治保障；要加强安全评估和风险防范，提升重大突发事件应对水平；要加快建设高水平专业化对外开放工作队伍，为打造国家制度型开放示范区提供有力支撑。国务院有关部门要按职责分工，给予积极支持，形成工作合力，确保各项措施落实到位。对确需制定具体意见、办法、细则、方案的，应在本方案印发之日起一年内完成，确保落地见效。商务部要加强统筹协调，组织开展成效评估，指导落实试点任务，支持上海总结成熟经验并及时复制推广。需调整现行法律或行政法规的，按法定程序办理。对本方案实施中出现的新情况、新问题，上海市人民政府和商务部要及时进行梳理和研究，不断调整优化措施，重大事项及时向党中央、国务院请示报告。

6. 中国（上海）自由贸易试验区临港新片区数据跨境流动分类分级管理办法（试行）

第一章　总则

第一条　指导思想

以习近平新时代中国特色社会主义思想为指导，以"五个重要"指示精神为统领，对标最高标准、最高水平，实行更大程度的压力测试，深化"五自由一便利"制度型开放，充分发挥国际数据要素价值赋能实体经济发展。全面深入对接国际高标准经贸规则，制定数据跨境流动分类分级管理办法，推动数据安全、高效、自由有序跨境流动，实现高水平对外开放，打造国际一流营商环境，提升数字经济的国际影响力。

第二条　目的和依据

为进一步指导和帮助数据处理者高效合规地开展数据跨境流动，中国（上海）自由贸易试验区临港新片区管理委员会（以下简称"临港新片区管委会"）根据《网络安全法》《数据安全法》《个人信息保护法》《国务院关于进一步优化外商投资环境加大吸引外商投资力度的意见》《全面对接国际高标准经贸规 则推进中国（上海）自由贸易试验区高水平制度型开放总体方案》《数据出境安全评估办法》以及《上海市数据条例》等文件，制定本办法。

第三条　适用范围

本办法适用于在临港新片区范围内登记注册的，或在临港新片区开展数据跨境流动相关活动的企业、事业单位、机构协会和组织等数据处理者。

第四条　基本原则

（一）安全有序：统筹发展与安全，保障国家安全、公共利益，释放数据价值，促进数据产业国际化发展。

（二）正当必要：数据处理者开展数据跨境流动时需遵守法律法规的规定，采取对数据主体影响最小的方式处理数据，不得损害数据主体的合法权益。

（三）需求导向：以问题为导向，案例为样本，通过清单化方式管理，增强数据跨境流动的便利性和实用性。

（四）分类分级：遵循国家数据分类分级保护要求，按照数据所属行业领域进行分类分级管理，通过建立数据跨境流动重要数据目录、一般数据清单的模式，分类施策，分级管理。

（五）动态更新：根据有关法律、法规、规章和政策的要求，对清单进行动态更新。

第二章　职责及分工

第五条　管理部门职责

临港新片区管委会负责建立数据跨境流动工作统筹推进协调机制，具体工作包括：

（一）建立数据跨境流动分类分级管理体系并统筹协调相关事宜；

（二）协调各行业主管部门，推动制定和更新数据跨境流动清单；

（三）对数据处理者的数据跨境流动进行日常监管，开展风险防范工作；

（四）接受市委网信办及各行业主管部门对数据跨境流动工作进行指导、监督。

第六条　数据处理者职责

数据处理者应当按照相关规定，做好自身的数据分类分级管理，并积极参与临港新片区相关数据跨境流动清单的研究制定。

数据处理者在开展数据跨境活动过程中，应开展数据出境风险自评估，主动识别申报重要数据。

第三章　数据跨境分类分级管理

第七条　数据跨境分类管理

结合上海"五个中心"建设，围绕汽车、金融、航运、生物医药等重点领域以及临港新片区相关行业的发展要求，以跨境需求最迫切的典型场景为切入口，对跨境数据进行分类管理。

第八条　数据跨境分级管理

按照《数据安全法》要求，跨境数据分级从高到低依次分为核心数据、重要数据、一般数据3个级别，核心数据禁止跨境，重要数据形成重要数据目录，一般数据形成一般数据清单。

第四章　重要数据目录管理

第九条　重要数据目录制定

临港新片区管委会负责制定纳入数据出境安全评估管理范围的重要数据目录，并报相关部门备案。同时按照要求制定纳入数据出境安全评估、个人信息出境标准合同、个人信息保护认证管理范围的数据清单，报经市委网络安全和信息化委员会批准后，报相关部门备案。

第十条　重要数据目录应用

数据处理者对重要数据目录内的数据，可通过临港新片区数据跨境服务中心申报数据出境安全评估。

第十一条　重要数据目录更新机制

临港新片区管委会负责对重要数据目录进行更新，并报相关部门备案，经批准后及时告知数据处理者。

第五章　一般数据清单管理

第十二条　一般数据清单制定

在确保国家安全、公共利益和个人隐私的前提下，临港新片区管委会负责制定一般数据清单。

第十三条　一般数据清单应用

数据处理者对在一般数据清单内的数据，可向临港新片区管委会申请登记备案，并在满足相关管理要求下自由流动。

第十四条　一般数据清单更新机制

临港新片区管委会负责对一般数据清单进行更新，并及时告知数据处理者。

若相关领域出台场景化重要数据目录，则该领域的一般数据清单自动失效。

第六章　监督管理及违规处置

第十五条　管理要求

开展数据跨境活动的数据处理者可向临港新片区管委会申请备案，对纳入临港新片区管委会备案管理的数据跨境活动，临港新片区管委会依托"临港新片区数据便捷流通公共服务管理平台"，提供数据跨境流动合规服务。相关数据清单调整后，数据处理者应及时更新备案。

第十六条　监督检查

临港新片区管委会负责对数据处理者的数据跨境活动进行日常监督检查以及抽查，数据处理者应予以积极配合。

第十七条　违规处置

若数据处理者在数据跨境流动过程中未严格履行相关承诺，或出现其他违规行为的，临港新片区管委会可立即暂停或终止数据跨境流动。数据处理者需继续开展数据跨境流动的，应按照要求整改，整改完成后重新备案。

第十八条　违规追责

数据处理者对自身所提交材料的真实性、安全性、合规性等承担法律责任，若发现故意违反有关法律、法规的行为，由相关单位依法追究其法律责任。

第七章　附则

第十九条　法律适用

（一）本办法未明确规定的，若法律、行政法规或者国家网信部门、行业主管部门等有关部门和上海市出台新的规定，从其规定；

（二）我国缔结或者参加的国际条约、协定有不同规定的，适用该国际条约、协定，但我国声明保留的条款除外。

第二十条　鼓励与支持

临港新片区管委会鼓励企业、科研院所、高等院校以及行业协会等各方参与制定相关领域的重要数据目录和一般数据清单，给予相应支持。

第二十一条　办法解释及试行日期

本办法由临港新片区管委会负责解释，自 2024 年 2 月 8 日起试行，有效期至 2025 年 2 月 7 日。

附录 A　相关名词解释

1. 核心数据：对领域、群体、区域具有较高覆盖度或达到较高精度、较大规模、一定深度的重要数据，一旦被非法使用或共享，可能直接影响政治安全。主要包括关系国家安全重点领域的数据，关系国民经济命脉、重要民生、重大公共利益的数据，经国家有关部门评估确定的其他数据；

2. 重要数据：特定领域、特定群体、特定区域或达到一定精度和规模的数据，一旦被泄露或篡改、损毁，可能直接危害国家安全、经济运行、社会稳定、公共健康和安全。仅影响组织自身或公民个体的数据，一般不作为重要数据；

3. 一般数据：核心数据、重要数据外的其他数据；

4. 数据分类：按照数据具有的某种共同属性或特征，采用一定原则和方法进行区分和归类，以便于管理和使用数据；

5. 数据分级：数据分级的目的是差异性保护数据安全，按照数据一旦遭到篡改、破坏、泄露或者非法获取、非法利用后对国家安全、公共利益、个人合法权益和组织合法权益的危害程度对跨境数据进行分级，为数据全生命周期管理的安全策略制定和分级监管提供支撑。

7. 促进和规范数据跨境流动规定

国家互联网信息办公室令

第 16 号

《促进和规范数据跨境流动规定》已经 2023 年 11 月 28 日国家互联网信息办公室 2023 年第 26 次室务会议审议通过，现予公布，自公布之日起施行。

国家互联网信息办公室主任　庄荣文

2024 年 3 月 22 日

促进和规范数据跨境流动规定

第一条　为了保障数据安全，保护个人信息权益，促进数据依法有序自由流动，根据《中华人民共和国网络安全法》、《中华人民共和国数据安全法》、《中华人民共和国个人信息保护法》等法律法规，对于数据出境安全评估、个人信息出境标准合同、个人信息保护认证等数据出境制度的施行，制定本规定。

第二条　数据处理者应当按照相关规定识别、申报重要数据。未被相关部门、地区告知或者公开发布为重要数据的，数据处理者不需要作为重要数据申报数据出境安全评估。

第三条　国际贸易、跨境运输、学术合作、跨国生产制造和市场营销等活动中收集和产生的数据向境外提供，不包含个人信息或者重要数据的，免予申报数据出境安全评估、订立个人信息出境标准合同、通过个人信息保护认证。

第四条　数据处理者在境外收集和产生的个人信息传输至境内处理后向境外提供，处理过程中没有引入境内个人信息或者重要数据的，免予申报数据出境安全评估、订立个人信息出境标准合同、通过个人信息保护认证。

第五条　数据处理者向境外提供个人信息，符合下列条件之一的，免予申报数据出境安全评估、订立个人信息出境标准合同、通过个人信息保护认证：

（一）为订立、履行个人作为一方当事人的合同，如跨境购物、跨境寄递、跨境汇款、跨境支付、跨境开户、机票酒店预订、签证办理、考试服务等，确需向境外提供个人信息的；

（二）按照依法制定的劳动规章制度和依法签订的集体合同实施跨境人力资源管理，确需向境外提供员工个人信息的；

（三）紧急情况下为保护自然人的生命健康和财产安全，确需向境外提供个人信息的；

（四）关键信息基础设施运营者以外的数据处理者自当年 1 月 1 日起累计向境外提供不满 10 万人个人信息（不含敏感个人信息）的。

前款所称向境外提供的个人信息，不包括重要数据。

第六条　自由贸易试验区在国家数据分类分级保护制度框架下，可以自行制定区内需要纳入数据出境安全评估、个人信息出境标准合同、个人信息保护认证管理范围的数据清单（以下简称负面清单），经省级网络安全和信息化委员会批准后，报国家网信部门、国家数据管理部门备案。

自由贸易试验区内数据处理者向境外提供负面清单外的数据，可以免予申报数据出境安全评估、订立个人信息出境标准合同、通过个人信息保护认证。

第七条　数据处理者向境外提供数据，符合下列条件之一的，应当通过所在地省级网信部门向国家网信部门申报数据出境安全评估：

（一）关键信息基础设施运营者向境外提供个人信息或者重要数据；

（二）关键信息基础设施运营者以外的数据处理者向境外提供重要数据，或者自当年 1 月 1 日起累计向境外提供 100 万人以上个人信息（不含敏感个人信息）或者 1 万人以上敏感个人信息。

属于本规定第三条、第四条、第五条、第六条规定情形的，从其规定。

第八条 关键信息基础设施运营者以外的数据处理者自当年 1 月 1 日起累计向境外提供 10 万人以上、不满 100 万人个人信息（不含敏感个人信息）或者不满 1 万人敏感个人信息的，应当依法与境外接收方订立个人信息出境标准合同或者通过个人信息保护认证。

属于本规定第三条、第四条、第五条、第六条规定情形的，从其规定。

第九条 通过数据出境安全评估的结果有效期为 3 年，自评估结果出具之日起计算。有效期届满，需要继续开展数据出境活动且未发生需要重新申报数据出境安全评估情形的，数据处理者可以在有效期届满前 60 个工作日内通过所在地省级网信部门向国家网信部门提出延长评估结果有效期申请。经国家网信部门批准，可以延长评估结果有效期 3 年。

第十条 数据处理者向境外提供个人信息的，应当按照法律、行政法规的规定履行告知、取得个人单独同意、进行个人信息保护影响评估等义务。

第十一条 数据处理者向境外提供数据的，应当遵守法律、法规的规定，履行数据安全保护义务，采取技术措施和其他必要措施，保障数据出境安全。发生或者可能发生数据安全事件的，应当采取补救措施，及时向省级以上网信部门和其他有关主管部门报告。

第十二条 各地网信部门应当加强对数据处理者数据出境活动的指导监督，健全完善数据出境安全评估制度，优化评估流程；强化事前事中事后全链条全领域监管，发现数据出境活动存在较大风险或者发生数据安全事件的，要求数据处理者进行整改，消除隐患；对拒不改正或者造成严重后果的，依法追究法律责任。

第十三条 2022 年 7 月 7 日公布的《数据出境安全评估办法》（国家互联网信息办公室令第 11 号）、2023 年 2 月 22 日公布的《个人信息出境标准合同办法》（国家互联网信息办公室令第 13 号）等相关规定与本规定不一致的，适用本规定。

第十四条 本规定自公布之日起施行。

图书在版编目(CIP)数据

高水平数字领域制度型开放 :《数字经济伙伴关系协定》释义解析 / 彭德雷等著. -- 上海 : 上海人民出版社, 2024. -- ISBN 978-7-208-19049-8

Ⅰ. D996

中国国家版本馆 CIP 数据核字第 20244HV960 号

责任编辑　冯　静　宋子莹
封面设计　一本好书

高水平数字领域制度型开放

——《数字经济伙伴关系协定》释义解析

彭德雷 等 著

出　　版	上海人民出版社	
	(201101　上海市闵行区号景路 159 弄 C 座)	
发　　行	上海人民出版社发行中心	
印　　刷	上海商务联西印刷有限公司	
开　　本	720×1000　1/16	
印　　张	22.75	
插　　页	4	
字　　数	334,000	
版　　次	2024 年 8 月第 1 版	
印　　次	2024 年 8 月第 1 次印刷	

ISBN 978 - 7 - 208 - 19049 - 8/D · 4368

定　　价　108.00 元